Maria Almana

Gelebter Eigensinn

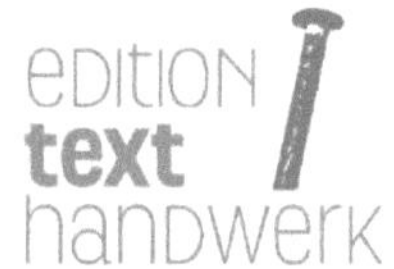

Maria Almana

Gelebter Eigensinn

Gespräche, Erinnerungen und Gedanken.
Ein Streifzug

Trilogie des Eigensinns

Band 3

Umschlagillustration:
Susanne Taggruber, München. https://sudelsurium.de
Umschlaggestaltung:
Uschi Ronnenberg, Aachen. https://ronnenberg-design.de

Druck und Distribution im Auftrag der Autorin:
tredition GmbH, Heinz-Beusen-Stieg 5, 22926 Ahrensburg

Verlag: edition texthandwerk/Maria Almana
Corray 30, 56856 Zell

Gefördert durch die Corona-Soforthilfe NRW

ISBN
Softcover: 978-3-384-15983-0
Hardcover: 978-3-384-15984-7

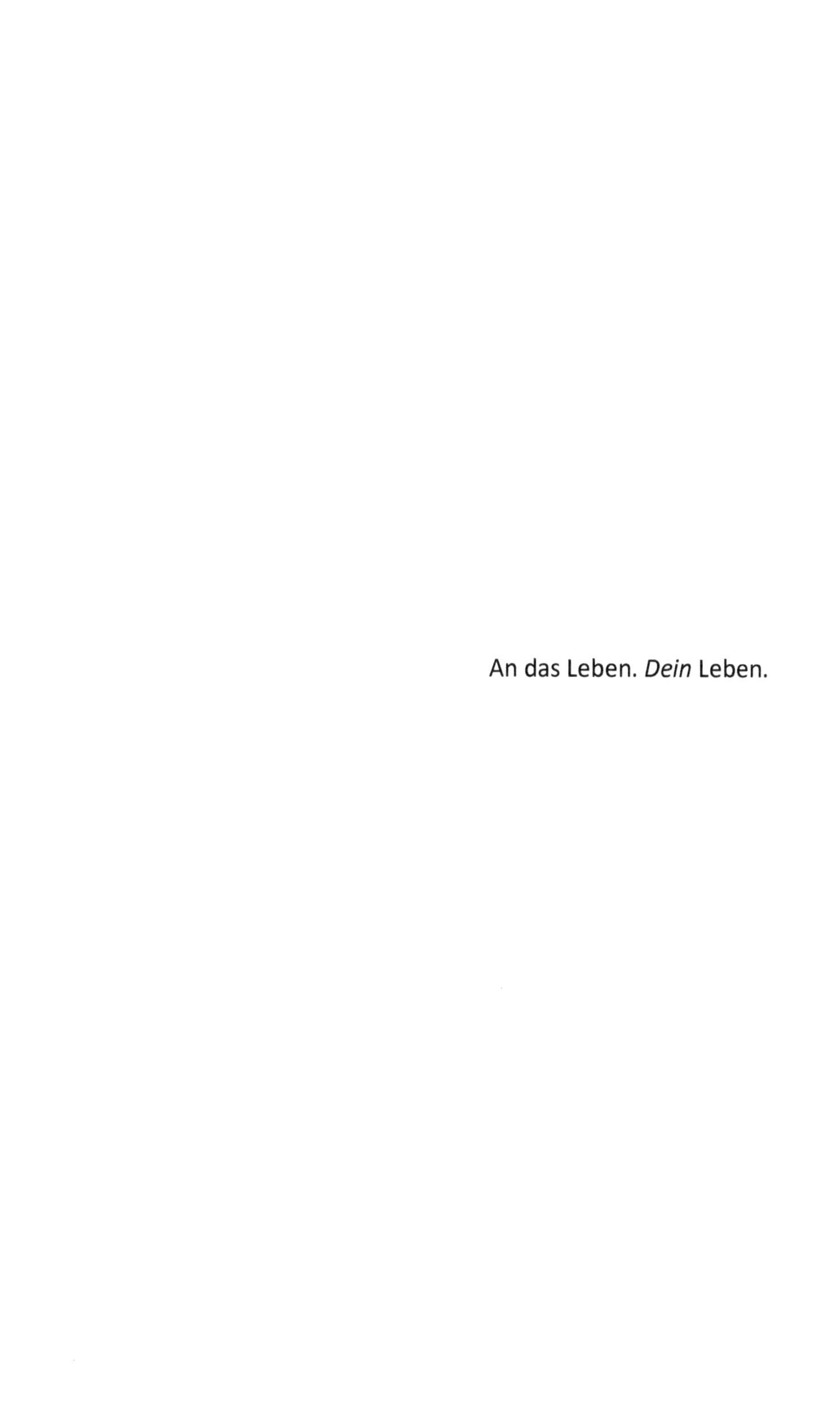

An das Leben. *Dein* Leben.

Inhaltsverzeichnis

Warum Eigensinn?

Warum nur ist es so schwierig, nicht eines Tages doch noch nachzugeben und resigniert, erschöpft oder unsicher auf einen dieser Ratschläge zu hören, die Tag und Nacht um mich rumschwirren? Meine Entscheidungen nicht schon wieder in Zweifel zu ziehen, wenn ich es mal wieder nicht schaffe, ohne Kompromisse meinem Eigensinn zu vertrauen – obwohl ich doch ganz genau weiß, dass ich exakt das will? Immer wieder begegnen mir solche Zweifel.

Eigensinn bietet eine Menge Stoff zum Nachdenken – lassen Sie uns beginnen!

****

Fragen und Zweifel verschwinden nie. Obwohl ich endlich zu verstehen begonnen habe, was mein Weg ist, was für mich Sinn macht. Obwohl mir klar geworden ist, wie ich „ticke" (und zwar völlig anders als Geschwister, Kollegen oder Nachbarinnen) – obwohl ich all das zu verstehen begonnen habe ... Da sollte es doch nicht allzu schwierig sein, diesen Weg, meinen Weg, im Blick zu behalten. Schließlich weiß – oder ahne – ich doch inzwischen, was mir guttut. Und was nicht. Wie ich bei mir bleiben kann, ohne mich zu verzetteln, mich zu verlieren oder gar andere Menschen nachahmen zu wollen ... Denn ich weiß ja, wie ich meinem Kompass folgen kann, wohin mich mein Sinn und meine Sinne führen wollen. Warum ist das nur so schwer zu leben?

Seit die ersten zwei Bände meiner Trilogie des Eigensinns erschienen sind, kam es immer mal wieder vor, dass mich jemand gefragt hat: „Und wo ist jetzt dein Eigensinn?!" Da musste ich schwer schlucken. Jedes Mal.

Dann dachte ich: „Ich lerne noch." Das stimmt. Denn kein Weg der Welt ist je zu Ende gegangen – wir lernen, so lang wir leben. Und der Eigensinn ist ein Weg – einer, den zumindest die meisten von uns erst einmal lernen müssen.

Die Fokussierung auf das, was für mich allein Sinn macht, kann und muss immer wieder neu „scharf gestellt" werden. Wie eine Kamera. Oder während eines Besuchs beim Augenarzt: Mit welcher Einstellung kann ich wirklich klar sehen? Es gibt dafür kein Patentrezept. Wie auch? Es geht schließlich nur um uns. Ganz individuell. Und darum hüte ich mich in jeder Hinsicht vor „guten Ratschlägen". Nur wir selbst können herausfinden, wo der Weg unseres Eigensinns liegt, wie er tickt. Und wie wir ticken.

Das alles sollten wir respektieren. Damit respektieren wir immer wieder aufs Neue unseren Eigensinn. Und den Eigensinn anderer Menschen. Darum geht es mir hier – unter anderem ...

Im ersten Band dieser Trilogie lautete meine Widmung: „Für alle, die *anders* sind. Wir sind viele!" Kaum etwas stieß auf ähnlich großen, positiven Widerhall bei Leserinnen und Lesern. Hat mich sehr gefreut. Denn spätestens da wusste ich: Ja, ich bin auf der richtigen Spur!

Doch noch einmal: Warum ist es oft so schwierig, unseren Eigensinn zu leben? Ganz simpel: Für mich ist es fast immer eine Frage der Reihenfolge. Erst kommt mein Eigensinn, dann der von anderen Menschen. Und manchmal geht beides gleichzeitig. Das sind Momente, die mich glücklich machen: „Guck mal, so geht der Eigensinn dieser Frau! So lebt dieser Mann seinen Eigensinn!"

Genau davon wird hier zu lesen sein.

Natürlich vergleiche ich dabei nie – weder diese Frau mit diesem Mann, noch mich mit ihr oder ihm. Das verbietet sich von selbst. Denn da ist immer völlig klar: Ja, es ist eigen. Das kann nur der, so funktioniert das nur bei ihr, so können nur die leben. Mein Weg dagegen muss und wird völlig anders sein – was für ein Glück, denn sonst wäre es ja nicht meiner ...

Und genau dieses Glücksgefühl, wenn ich sehe: „Da lebt jemand seinen Eigensinn" – das möchte ich in diesem Buch mit Ihnen teilen. Ich stelle Ihnen Menschen vor, die sich zu ihrem Eigensinn bekennen. Sie sind oft das, was als „anders" bezeichnet wird. Und das wirkt – zumindest auf mich – extrem beflügelnd. Ja, oft habe ich das Gefühl: Mit Blick auf diese Menschen wird das Leben ein bisschen leichter. Wenn wir sie sehen, ihnen begegnen, ahnen wir: Wir müssen uns nicht mehr durch das wühlen, was „angesagt" ist, was „man" angeblich tut. Denn fast immer sind das ja Dinge, die uns eher verwirren, uns unter Druck setzen, uns nicht guttun.

Aber wann wissen wir: „Das ist Eigensinn, mein Eigensinn"?!

Antwort: Wenn es zu uns, zu unserem Eigensinn passt, dann wissen wir das in aller Regel einfach. Ja, einfach so. Wir sollten nur unsere Wahrnehmung ein bisschen daraufhin trainieren ... Das habe ich vor allem in Band zwei dieser Trilogie darzulegen versucht. Manchmal funktioniert die Wahrnehmung sofort, manchmal kommt sie erst viel später. Planen lässt sie sich selten. Und abgeschlossen ist dieser Weg niemals.

Bei mir zum Beispiel dauert jede Art des Erkennens in der Regel ziemlich lange – das wurde mir einmal mehr klar, während ich dieses Buch schrieb. Auch, dass viele meiner „Wegmarken" mit Kunst zu tun hatten, merkte ich erst, als ich beschlossen hatte, nach zwei Büchern über den Eigensinn und das Schreiben die Welt der Bücher nicht mehr so stark in den Fokus zu stellen wie vorher. Und plötzlich hatte – schwupps – die Bildende Kunst ein mächtiges Wörtchen mitzureden ... Auch das ist Eigensinn. In diesem Fall meiner.

Doch noch immer sind längst nicht all meine Fragen geklärt ... So will ich immer noch wissen: Wie erkennen wir den Eigensinn eigentlich?

Wie können wir ihn leben? Abschließende Antworten gibts auch darauf nicht. Für mich gilt nach wie vor: Es sind die Geschichten, die unsere Lebendigkeit transportieren können – denn die sind teilbar. Mitteilbar.

Leben müssen wir unseren Eigensinn natürlich immer selbst. Ja, ich weiß: Das klingt nach einer arg pauschalen Aussage. Doch meiner Erfahrung nach lohnt es sich immer, so scheinbar „simple" Dinge mal näher anzusehen. Oft steckt da was Wichtiges, allzeit Gültiges, Hilfreiches drin.

Während des Schreibens habe ich auch gemerkt: Ob ich will oder nicht, bei der Frage nach der Lebbarkeit unseres Eigensinns muss auch mein eigener Weg vorkommen. Sonst wird das „wir sind viele" unglaubwürdig. Mein Weg war lang, hatte viele Stolpersteine. Ein Weg eben. Ganz typisch: holprig und nie beendet. Am Ende habe ich hier viel mehr über mich erzählt, als ich ursprünglich vorhatte.

Ich liebe den Gedanken, dass dies zwar mein Weg war und ist, ich damit aber nie komplett allein bin, sondern in Gesellschaft zahlreicher Menschen, die ihren eigenen Weg suchen. Wir erkennen einander oft schnell. Deshalb war der Arbeitstitel dieses Buchs lange Zeit: „Eigensinn verbindet". Ich finde immer noch: Ja, das tut er. Doch als Buchtitel war mir das am Ende zu dogmatisch. Allerdings gebe ich den Gedanken nicht auf ... Es ist und bleibt eine meiner Hoffnungen, dass der Eigensinn uns auch verbinden kann.

Besonders gut gefällt mir die Doppeldeutigkeit des Wortes „verbinden" – denn Eigensinn kann aus meiner Sicht auch heilsam sein. Ich glaube, ich habe manche Wunde mit seiner Hilfe verbunden – dann wird Eigensinn zur Erst-Hilfs-Maßnahme. Der natürlich weitere Schritte folgen sollten.

Willkommen in der Welt des Eigensinns!

*Eigensinn kann uns verbinden. Denn er hat Heilkraft
und kann uns der Anwesenheit anderer Menschen versichern.*

****

Ich möchte mich ausdrücklich bei all jenen Menschen bedanken, die sich hier zu ihrem Eigensinn bekannt haben: Ihr macht mein Leben optimistischer, bunter, leichter, ihr öffnet Möglichkeitsräume, ihr vertreibt jeden „Tunnelblick", ihr geht voran, gebt Mut und Hoffnung, zeigt immer wieder, dass Dinge möglich sind, die „man" bisher oft nicht für möglich gehalten hat ... Oder tut ganz selbstverständlich Sachen, die im Grunde genommen immer schon auf der Hand lagen, bisher aber übersehen oder vergessen worden sind. Ihr seid bei euch, bleibt menschlich und individuell, habt großartige Ideen und Gedanken – und füllt all das auch noch mit Leben. Wow!

Eigensinn gibt Mut. Und Hoffnung.

****

Ein riesiges Dankeschön also an: Michael Braungart, Claudia Dabringer, Ruth Frobeen, Annefried Hahn, Geertje Jürgens, Angelika Kindt, Etelka Kovacs-Koller (du hörst es – ich weiß es genau!), Jana Mänz, Maren Martschenko, Annette Mertens, Hans Mörtter, Daniela Pucher, Astrid Stockinger, Tommie, Sandra Uschtrin!

Warum ich dieses Buch schreiben kann

Weil ich ein wunderbares Netzwerk habe, on- oder offline spielt dabei keine Rolle. Unter diesen Menschen hat es sich herumgesprochen, dass der Eigensinn mein Thema ist. Da kommen Anregungen und Fragen, Menschen nehmen aktiv teil, schenken mir Stichworte, ich greife sie auf.

„Gemeinschaft" wäre dafür ein zu großes Wort, aber „soziales Miteinander" trifft es ganz gut. Das ist mir auch viel lieber als eine Gemeinschaft, die ja meistens ein übergeordnetes Ziel, vielleicht sogar eine Art Ideal braucht, dem sich alle unterordnen müssen. Oder es wird schnell kompliziert, im Hadern um die richtigen Wege, Entscheidungen, Umsetzungen ... Keine gute Ausgangslage für Eigensinn.

Das soziale Miteinander

Im sozialen Miteinander sind für mich alle wichtigen Voraussetzungen erfüllt, um Eigensinn leb-bar zu machen. Dazu gehören:

- **Achtsamkeit**, sprich: freundliche Zuwendung und aktives Zuhören
- **Respekt**: Wir anerkennen, dass wir alle unseren Eigensinn haben. Der ist nicht verhandelbar und natürlich bei jedem und jeder völlig anders.
- **Sichtbarkeit**: Ich sehe dich und du siehst mich. Wir nehmen einander ernst.
- Wahrung der jeweiligen **Individualität**. Auch das ist nicht verhandelbar. Selbst, wenn es bedeutet: Was für dich gilt, muss nicht unbedingt auch für mich gelten. Schließlich nehmen wir die Welt alle komplett unterschiedlich wahr, wie ich in „Wer schreibt, darf eigensinnig sein" gezeigt habe. Individualität heißt also auch: Dein Weg ist dein Weg. Und mein Weg ist mein Weg.

- Sehr platt gesagt: Wir sollten alle „**Ich**" sagen können, sonst kann es diese Art von Miteinander gar nicht geben. Indem wir aber „Ich" sagen, wissen wir gleichzeitig, dass neben uns ein anderes „Ich" steht. Und dann beginnen wir wieder von vorn, nämlich mit der Achtsamkeit ...

Menschen, mit denen ich mich gut verstehe, wissen all das und erkennen es an. Daraus entsteht für mich **das soziale Miteinander**. Und das ist mir viel wert.

Kreativität, (Buch-)Schätze und Emotionen

In 64 Jahren habe ich mir meinen eigenen Erfahrungkompass aufgebaut, manchmal bewusst, viel häufiger aber, ohne es zu merken. Der besteht hauptsächlich aus Büchern, besser gesagt: aus Gedanken, Erkenntnissen, Träumen, ganzen Welten. Geschrieben von Menschen, von denen einige schon lange tot sind, gelesen durch die Brille meiner Emotionen, Wünsche und Wahrnehmungen.

Mit diesem Erfahrungkompass kann ich fast beliebig viele Querverbindungen herstellen, meistens zu, in und mit Büchern: „Ach, dieses Thema kenne ich doch ... Habe ich – so ähnlich – bei Xyz gelesen."

Noch spannender finde ich es, wenn sich Dinge, Gedanken, oft sogar ganze Welten ergänzen lassen ... aufregend, wenn sie einander gegenüberstehen. Da frage ich mich manchmal: „Und wo stehe ich, was schließt mich ein, was aus, wo fehlt noch was, wo stehe ich?" Wohlgemerkt: Vergleiche sind das nicht. Ich rede einfach nur mit mir selbst – und kein Mensch ist besser oder schlechter als ein anderer.

Was diese Art der Buch-Gedanken und -Fragen angeht, habe ich ein unglaublich langes Gedächtnis – das wundert mich manchmal selbst. Es macht mich dankbar, hindert mich aber natürlich nie daran, diesen „Schatz" ständig vergrößern zu wollen ...

Anders gesagt: Ich möchte mich weiterentwickeln. Und tue es. Ständig. Da gehe ich auch schon mal vor und wieder zurück, krame uralte

Buchschätze aus und lese sie wieder. Plötzlich sind sie völlig neu, denn meine Gedanken und Wahrnehmungen haben sich verändert. Oder ändern sich, während ich dieses Buch zum zweiten oder dritten Mal lese. Andere Dinge mochte ich früher mal sehr, heute überhaupt nicht mehr.

Ganz ähnlich funktioniert das für mich mit allem, was aus der großen Welt der Bildenden Kunst stammt. Diese Welt ist mir mal näher, mal ferner. Im Moment wieder ziemlich nah.

Das alles sind erste Schritte zur **Kreativität**.

„Was, so unspektakulär?", fragen jetzt vielleicht manche. Ja, denn Kreativität bedeutet – ganz grundlegend definiert – nichts anderes als: Nimm Bestehendes und sortiere es neu.

Wenn ich mich derart durch meinen Erfahrungsschatz – geborgen aus Buch- und Kunst-Welt – bewege, fühle ich mich sicher. Und damit frei: Ich weiß, was ich mag, will und kann, habe meinen Kompass immer bei mir.

Außerdem bin ich stark kurzsichtig und habe ein ganz schlechtes Zahlengedächtnis ... Jahrelang habe ich mich gefragt: „Woran orientierst du dich eigentlich?!" Bis mir klar wurde: Ich habe ein ausgeklügeltes System an **Emotionen**. Das umfasst auch Gegenstände, Erinnerungen, Texte, Bilder und Skulpturen, Töne, Sätze und Worte, Möbel, Steine, ganze Straßenzüge, einzelne Häuser ... eigentlich alles hat bei mir einen Wert, der sich in einer Emotion spiegelt. Ein bisschen vielleicht so, wie andere Menschen „Auren" sehen. Tue ich nicht. Vieles in diesem System kann ich schwer bis gar nicht be-nennen, kann oft einfach nur meinen Emotionen folgen. Sie allein weisen mir zuverlässig den Weg – nach einem System, das vermutlich ich allein kenne.

Ich kann diese Sicht aber auch anderen Menschen anbieten – zu einigen Kund:innen habe ich als Buchhebamme schon mal – nur halb im Scherz – gesagt: „Ich bin jetzt Ihr Medium". Funktioniert nicht mit allen Menschen. Natürlich gehört Vertrauen dazu. Wichtig ist aber auch, dass wir das beide nicht allzu ernst nehmen. Dann funktioniert es oft – auf nahezu magische Weise. Dann ist es die perfekte Mischung aus Distanz und Nähe.

Auch das kann ein Weg des Eigensinns sein … Ich möchte hier nur mal eben festhalten: Emotionen sind – für mich jedenfalls – äußerst wichtig. Diese Feststellung muss ganz und gar nicht beinhalten, dass eigensinnige Menschen nicht auch sehr systematisch denken und handeln können. Kann ich manchmal auch. Aber zu meinem Kompass gehören zuerst Emotionen, systematisch reagiere ich dann eher auf das, was mein Kompass mir anzeigt – wenn es denn Sinn macht.

In jedem Fall bin ich sehr sensibel für alles, was droht, meine Emotionen außer Kraft zu setzen. Genau das ist bei den Mechanismen sogenannter Künstlichen Intelligenz der Fall. Dass sie damit auch kaum noch persönliche Entwicklung zulassen, ist für mich ein weiterer, wichtiger Aspekt. Damit habe ich lange Zeit gehadert: Soll dieses Thema in einem Buch wie diesem Platz finden? Am Ende habe ich entschieden: Ja, denn es ist wichtig. Das ist das vielleicht Schönste an Emotionen: Sie ändern sich ständig. Und ich mich mit ihnen.

Natürlich weiß ich gleichzeitig immer, dass meine Wahrnehmungen nur einen winzigen Teil der Gesamtwelt darstellen. Aber das spielt für mich keine Rolle. Denn sie sind allein mein Schatz. Den kann mir niemand nehmen, den kann ich teilen, mit wem ich will. Und ich möchte ihn gern mit möglichst allen Menschen teilen. Nichts wünsche ich mir mehr, als dass alle Menschen ihre eigene Stimme, ihren Weg, ihren Sinn finden. Dass sie sich ihren eigenen „Schatz" aufbauen, ihn finden, enthüllen, bergen. Und bewahren.

Nur so funktioniert dann auch die Sache mit dem sozialen Miteinander. Beides gehört für mich zusammen.

Auch eigensinnige Menschen sind Teil eines sozialen Gefüges.

****

Eigensinn?! Eigensinn!

Ich weiß: Es gibt Menschen, die nicht wirklich vom Wert des Eigensinns überzeugt sind ... Alle kann und will ich auch gar nicht überzeugen. Aber ein paar vielleicht dann doch. Denen empfehle ich jetzt mal schlicht, eins oder beide Bücher aus meiner Trilogie des Eigensinns zu lesen. Die lassen sich ohne Probleme auch wunderbar getrennt voneinander lesen, denn sie bilden zwar eine „Familie", haben aber ganz unterschiedliche Schwerpunkte.

Die Trilogie des Eigensinns

Sie halten gerade Band drei davon in der Hand.

Im ersten Band, in „Mein Kompass ist der Eigensinn", geht es darum, wie wir den Eigensinn erkennen und für uns entwickeln können. Aber auch darum, wo er seine Grundlagen hat, welche Vorbilder ich gefunden habe – und, wie er uns helfen könnte. Als Kompass zum Beispiel. Oder beim Schreiben, Gestalten und Präsentieren von (eigenen) Büchern. Ich versuche in diesem Band aber auch, den Eigensinn gegen alles abzugrenzen, was er eben nicht ist: Eigensinn ist weder egoistisch noch arrogant, weder albern noch lächerlich, kindisch, rechthaberisch, stur, verzweifelt oder trotzig. Das ist jedenfalls meine Definition – und wer möchte, folgt ihr.

Damit tun sich unter Umständen ganz neue Gestaltungs-, Lebens- und Denkräume auf: durch Individualität, Kreativität, spielerischen Ernst, Intuition, Philosophie oder ein ganz neues Buchgenre, eine unerwartete Kunstform.

Im Idealfall geht es um eine Idee, die schon sehr lang in Ihnen geschlummert hat, sich aber – mangels Eigensinn – kein Gehör verschaffen konnte. Darum versuche ich, alles Beschriebene nicht nur theoretisch in den Blick zu nehmen, sondern Sie immer wieder einzubinden, Sie sozusagen selbst zu Wort kommen zu lassen. Mehr als einmal frage ich in diesem Buch, sehr konkret: „Und, wie steht es um Ihren Eigensinn?"

Eigensinn möchte sich fast immer Gehör verschaffen – in welcher Form, das bestimmen allein wir.

****

In „Wer schreibt, darf eigensinnig sein" steht eigentlich schon alles Wichtige im Titel: Es geht um die praktische Realisierung des Schreibens mit Eigensinn, um Kreativität, aber auch um Selfpublishing. Dafür gibt es in diesem Band jede Menge Praxistipps, Übungen und sehr konkrete Beispiele. Auch die Spiellust kommt nicht zu kurz, denn meiner Ansicht nach ist sie ein wichtiges Instrument der Kreativität. Natürlich geht es in Band zwei vor allem um das Schreiben, darum habe ich dort auch einen Selbsttest erfunden: „Welcher Schreibtyp bin ich eigentlich?" Der zieht sich – augenzwinkernd bis ernst – durch das ganze Buch. Am Ende wartet eines von zwölf interessanten Tieren als Ergebnis auf Sie.

Tipp: Wenn Sie alle Buchausgaben – Hardcover oder Taschenbuch – auf einen Blick sehen wollen, geben Sie am besten im Shop der Autorenwelt (https://shop.autorenwelt.de/) meinen Namen ein: Maria Almana. Dann bekommen Sie alle Ausgaben angezeigt. Und können sie natürlich auch bestellen. Ja, dafür bekomme ich 7 Prozent Erlös zusätzlich – wie alle Autor:innen, die sich dort angemeldet haben. Genau das ist dieses besondere Konzept, das Sandra Uschtrin (mit)entwickelt hat. Ich werde mich später hier mit ihr darüber unterhalten – denn das ist gelebter Eigensinn „im Dienst von anderen".

Sollten Sie lieber bei Amazon, Hugendubel, Thalia oder so kaufen wollen: funktioniert dort genauso wie in jeder Buchhandlung bei Ihnen um die Ecke, vor Ort.

Hilft Älterwerden auf dem Weg zum Eigensinn?

Darauf habe ich eine sehr klare Antwort: definitiv ja!

Erstens braucht der Weg des Eigensinns auch Mut. Den zu entwickeln, müssen wir alle erst einmal lernen. Angelika Kindt erzählt hier weiter hinten nachdrücklich davon, denn der Mut zum Eigensinn begleitet sie schon ihr Leben lang.

Eigensinn braucht Mut. Mut, zu uns selbst zu stehen.

****

Und zweitens gehören Erfahrung und Eigensinn eng zusammen. Denn wenn ich darauf verzichte, mir von anderen Menschen „einflüstern" zu lassen, was gut oder richtig für mich sein könnte, bleibt mir ja gar nichts anderes übrig, als mich zur Orientierung allein auf mich selbst zu verlassen. Was wäre da besser, als auf alle Erfahrungen zurückzugreifen, die ich bereits gemacht habe? Daran kann ich mich wunderbar orientieren. Klar, oder? Je älter wir sind, desto besser funktioniert das, denn der Erfahrungsschatz wächst ständig.

Was mich sehr freut: Angelika Kindt ist ganz und gar nicht die einzige Frau über 70, die hier zu Wort kommt ... Es gibt noch zwei andere: die leider bereits verstorbene Etelka Kovacs-Koller und die noch sehr lebendige Annefried Hahn. Beide waren beziehungsweise sind ebenfalls über 70. Ich bin sehr glücklich, dass sie dabei sind, denn in gewisser Weise denke ich: Der klar und bewusst gelebte Eigensinn kann auch so etwas wie eine „Belohnung" unseres Älterwerdens sein. Damit können wir die Ernte einfahren, die wir jahrzehntelang gesät haben.

Ich finde, das ist äußerst ermutigend – und bemerke diese Entwicklung auch bei mir ... Dabei bin ich erst Anfang 60. Registriere aber sehr deutlich, wie mir der Eigensinn Tag für Tag selbstverständlicher wird. Und das fühlt sich äußerst gut an! Für mich ein Grund, mich auf das fortschreitende Älterwerden zu freuen.

Doch auch jenseits des Gedankens an Eigensinn stellen sehr viele Menschen fest, dass ihnen, je älter sie werden, immer unwichtiger wird, was andere von ihnen sagen, über sie denken ... Genau das ist eine perfekte „Startrampe" für gelebten Eigensinn.

Eine gute Startrampe für gelebten Eigensinn:
„Mir doch egal, was andere über mich sagen, von mir denken!"

✳ ✳ ✳ ✳ ✳ ✳ ✳ ✳ ✳ ✳ ✳ ✳ ✳ ✳ ✳ ✳ ✳ ✳

Eigensinn als Märchen und in der Realität

Kennen Sie die grimmschen Märchen? Blöde Frage! Natürlich kennen Sie Schneewittchen und Frau Holle, Rapunzel oder Aschenputtel, den Froschkönig, Hänsel und Gretel … Oder haben zumindest schon mal von ihnen gehört.

Weniger bekannt ist die Tatsache, dass diese Märchen von Anfang an nicht nur Kinder, sondern auch Erwachsene im Blick hatten – Jacob und Wilhelm Grimm schrieben sie nicht zuletzt aus sprachlichem und „volkskundlichem" Interesse auf. Später kamen diverse Deutungen aus psychologischer, psychoanalytischer Sicht hinzu, etwa von Sigmund Freud, C.G. Jung oder Eugen Drewermann. Und noch viele weitere Deutungsansätze.

Es wird bereits klar: Einfach ist das alles nicht. War es nicht, wird es auch nie werden. Es kann nämlich keine Rede davon sein, dass alle Märchen „märchenhaft" sind und stets ein Happy End haben. Dafür gibt es viele Beispiele, direkt aus dem grimmschen Märchenbuch.

Und es gibt ein Märchen, das fällt so komplett aus allen erwartbaren Märchen-Rastern, dass ich als Reaktion darauf schon die Gegenfrage gehört habe: „Bist du sicher, dass das wirklich ein Märchen ist?" Ja, bin ich. Um genau zu sein: Das Märchen, von dem ich spreche, ist heute noch als Nummer 177 in den Kinder- und Hausmärchen der Brüder Grimm enthalten. Es heißt Das eigensinnige Kind und ist schnell erzählt:

„Es war einmal ein Kind eigensinnig und tat nicht, was seine Mutter haben wollte. Darum hatte der liebe Gott kein Wohlgefallen an ihm und ließ es krank werden, und kein Arzt konnte ihm helfen, und in kurzem lag es auf dem Totenbettchen. Als es nun ins Grab versenkt und die Erde über es eingedeckt war, so kam auf einmal sein Ärmchen wieder hervor und reichte in die Höhe, und wenn sie es hinlegten und frische Erde drüber taten, so half das nicht, und das Ärmchen kam immer wieder heraus. Da musste die Mutter selbst zum Grabe gehen und mit der Rute auf das Ärmchen schlagen, und wie sie das getan hatte, zog es sich hinein, und das Kind hatte nun erst Ruhe unter der Erde."

Unglaublich, oder? Wie konnte so etwas unter die wohl bekanntesten Märchen der Welt geraten? Kein Happy End, ganz im Gegenteil: ein doppelt grausames Ende. Diese Kürze! Ist ja nicht mal wirklich eine Geschichte – die zumindest bieten doch sonst eigentlich alle Märchen. Und was ist die Moral von dieser kurzen Begebenheit?! Das ist die Frage, die mich beschäftigt, seit ich dieses Märchen kenne. Denn das, was da erzählt wird, sagt sehr viel über den Stellenwert von Eigensinn aus: Er ist schlecht, schlecht, schlecht! Er gehört ausgerottet, sozusagen mit Stumpf und Stiel, bis zum letzten (Kinder-)Ärmchen! Sollen wir das glauben?! Müssen wir uns das zu eigen machen?

Nein, sagt die Erzählerin und Märchenkennerin Christiane Räder.

Sie führt aus: Dieses Märchen „bildet lediglich ab, was Menschen dachten und denken, wie sie handelten und noch handeln. Was wäre, wenn ich mich nicht als das Kind in dieser Geschichte sähe, sondern das Märchen aus Sicht einer Erwachsenen betrachtete? Dann wird es möglicherweise zur Mahnung für uns: Eigensinn lässt sich nicht einfach vertreiben, und wenn, dann geht das nur zum Preis der Lebendigkeit."

Räder hat viele Jahre in die Erforschung der Les-Art von Märchen investiert. Sie ist eine Märchen-Fachfrau. Darum kann sie jetzt auch sagen: „Die Märchenfrau, die gelernt hat, zwischen den Zeilen zu lesen und weiß, dass Märchen ursprünglich Erwachsenengeschichten waren, kann diese Geschichte auch anders denken. Ersetze ich das eigensinnige Kind durch Eigensinn, könnte es zur Warnung für Erwachsene werden: Eigensinn ist nicht zu unterdrücken. Wenn man es versucht (gar unter Hinzuziehen von Gott!), kann es nur krank machen und zum Verlöschen allen Lebens führen. Unterkriegen lässt der Eigensinn sich nicht und das Märchen zeigt die ganze Tragik einer unterdrückenden Erziehung."

Räder setzt hier also sehr entschieden unseren Eigensinn mit unserer Lebendigkeit gleich.

Das sollten wir uns gut merken, denn es ist ein sehr wichtiger Gedanke:

Eigensinn bedeutet Lebendigkeit!

****

Dann gibt es auch noch die Überlegungen von Ursula Nuber, die sind nicht weit davon entfernt: Die 1954 geborene Diplom-Psychologin und ehemalige Herausgeberin der Fachzeitschrift „Psychologie heute" hat 2016 ein Buch mit dem Titel: „Eigensinn. Die starke Strategie gegen Burn-out und Depression – und für ein selbstbestimmtes Leben" geschrieben. Für sie ist fehlender Eigensinn eine der wichtigsten Wurzeln für psychische Verletzungen, die bis zur Depression führen können. Anders herum: Dem „Prinzip Eigensinn" wohnen Heilkräfte inne. Die benennt Nuber sehr exakt. Ihr Credo: „Eigensinn ist eine Grundvoraussetzung, um in der heutigen Zeit mit ihren vielfältigen Herausforderungen seelisch stabil und gesund zu bleiben."

Sie sieht die Lebendigkeit des Eigensinns also gleich schon im Licht – oder Schatten – unserer seelischen Gesundheit.

Damit haben wir also schon zwei äußerst gute Gründe, um uns mit dem Eigensinn zu beschäftigen:
- Er repräsentiert unsere Lebendigkeit.
- Er kann uns seelisch gesund halten. Oder gesund machen.

Und ich möchte ergänzen: Wenn wir wollen, kann uns der Eigensinn Tür und Tor zu unserer Kreativität öffnen. Und zwar zu unserer ganz eigenen Kreativität. Einer, die uns entspricht. Die für uns Sinn macht. Für uns allein. Kaum jemand könnte das besser repräsentieren als Maren Martschenko, die sich selbst ein sehr kreatives „Passion Projekt" geschaffen hat … Das begeistert mich schon seit einiger Zeit. Frappiert hat mich aber auch ein einzelnes Buchprojekt wie das von Jana Mänz – es ist ebenso eigensinnig wie seine Schöpferin. Und darum kann hier gleich dessen komplette Entstehungsgeschichte nachgelesen werden.

Nicht ganz unwichtig finde ich außerdem, dass die Welt eigensinnige Menschen braucht. Unbedingt sogar, in Zeiten der „Künstlichen Intelligenz" dringender denn je. Denn eigensinnige Menschen finden nicht nur neue Wege – dort, wo zuvor noch nie ein Mensch gegangen ist. Sie können auch Trost spenden, Energie oder Kraft geben, Wegweiser, neudeutsch „Role Models" sein. Das zeigt unter anderem die Geschichte meines Eigensinns. Der hat allerdings nur mir Kraft gegeben. Wogegen jene Menschen, die ich „eigensinnig im Dienst von anderen" nenne, weit darüber hinausgehen. Sandra Uschtrin beispielsweise.

Vielleicht am allerwichtigsten: Nach allem, was ich mittlerweile über Eigensinnige weiß, sind es sehr oft gerade sie, die dafür einstehen, dass das „menschliche Maß" (das ist ein Zitat von Alexander Kluge) erhalten wird und weitergegeben werden kann. Dafür kann ein Pfarrer stehen, der mit seiner Arbeit ein ganzes Stadtviertel geprägt hat. Oder all die Frauen, die andere inspiriert, sie ermutigt und angeleitet haben, Projekte initiiert, gecoacht und nachgedacht haben, ihre Selbstreflexion hochgehalten und als sinnvolle Quelle mit anderen geteilt haben … Danke euch!

Wie sieht gelebter Eigensinn aus?

Die Frage ist eigentlich gar nicht zu beantworten ... Ich versuche es trotzdem mal – und orientiere mich dabei an den Geschichten, die hier erzählt werden:

- Er kann dafür stehen, immer wieder neuen **Mut** zu schöpfen – selbst dann, wenn Dinge oder gar das eigene Leben gerade ziemlich „schwarz" aussehen.
- Er kann eins zu eins als schöpferische – sprich: kreative – **Kraft** gesehen und gelebt werden.
- Er kann eine einzige **Idee** in den Mittelpunkt eines ganzen Lebens stellen, kann erst mal aussehen wie eine fixe, kaum umsetzbare Idee – und dann doch Realität werden.
- Er kann sich in der Selbstwahrnehmung von der größten Schwäche in die größte **Stärke** verwandeln.
- Kann zum Leitstern, zum **Kompass**, zur lebenslang in Variationen wiederkehrenden Frage werden und damit verlässlichen Halt bieten.
- Er kann auch aus der Ferne an anderen, vielleicht sogar „prominenten" Menschen wahrgenommen und damit zur **Ermutigung** für den – natürlich stark abgewandelten – eigenen Weg werden.
- Er kann spielerisch und kontrovers wahrgenommen werden, zur **Verantwortung** sich selbst gegenüber anstacheln.
- Er kann fast alles leisten, was anderen Menschen **Hilfe** bietet, ihnen zugutekommt – auch, wenn die Betreffenden das vielleicht anfangs noch gar nicht wissen.
- Er kann wundervolle Kunst, Bücher, soziales Miteinander, alternative Therapiemöglichkeiten oder ökologisch sinnvolle Systeme **kreieren**.
- Er kann das **Älterwerden** einfacher, sinnvoller werden lassen.

Eigensinn, wie ich ihn verstehe, führt zu sinnvollen Handlungen.

****

Dazu kommen Eindrücke, Impressionen und teilweise recht persönliche Geschichten: Wo bin ich eigensinnigen Menschen begegnet? Anfangs wusste ich meistens überhaupt nicht, wie ich das einschätzen, es benennen könnte. Da habe ich oft nur gemerkt: Wow, was für ein bemerkenswerter Mensch!

Da mir solche Menschen meistens lange Zeit im Gedächtnis blieben, kann ich noch Jahrzehnte später problemlos von diesen Eindrücken erzählen. Genau das werde ich tun.

Und interessanterweise waren da – absolut ungeplant – auch immer wieder Menschen darunter, die in und mit ihrer Arbeit durchaus Erfolg hatten. Und deren Arbeit war fast immer kreativ, getragen von Eigensinn. Auch das habe ich erst Jahrzehnte später verstanden ... Vor allem die Begegnung mit solchen Menschen war es, die sich tief in mein Gedächtnis eingegraben hat. In er Regel war mir das überhaupt nicht klar – bis ich jetzt begonnen habe, diese Begegnungen zu sammeln. Sie waren Wegweiser meines Lebens – etwas, das ich eine Zeitlang wirklich dringend brauchte.

Aus alldem ergeben sich Themenkomplexe, die wenigstens ansatzweise die Vielfalt des gelebten Eigensinns abbilden können.

Eigensinn hat so viele unterschiedliche Facetten,
wie es Menschen auf dieser Welt gibt.

****

Über Eigensinn sprechen

Im Lauf der Zeit habe ich immer deutlicher bemerkt: Es ist gar nicht so einfach, über Eigensinn zu schreiben. Oder zu sprechen. Denn der funktioniert am allerbesten, wenn er gelebt wird. Einfach gelebt, ohne Diskussionen, ohne Kommentare.

Eigensinnige Menschen sehen selten einen Sinn darin, das, was sie tun, öffentlich einzuordnen. Denn das „Warum" steht selten zur Diskussion. Allenfalls das „Wie", manchmal auch ein „Wohin?"

Wenn wir den Weg des Eigensinns einschlagen, spielt sich ein großer Teil unserer Wegmarkierungen, unserer Kartografie zwischen unseren eigenen Stimmen und Sinnen ab, im Inneren also.

Und das Ergebnis muss nach außen hin noch nicht mal sonderlich eigensinnig aussehen. Nur wir können wissen, dass es so ist. Dass Mut dazu gehörte, dass wir uns in Unbekanntes gewagt haben ... Wer außer uns kann das erahnen, es gar angemessen schätzen?! Doch es genügt ja auch völlig, wenn wir allein es wissen.

Dann haben wir uns vielleicht von fremden Flüster- und „Du-musst"-Stimmen frei gemacht, sind den beruflichen Weg gegangen, der uns an dieser Weggabelung sinnvoll erschien, oder haben uns Dinge erlaubt, die wir uns bis dahin nicht zugestanden haben – die Geschichte von Daniela Pucher erzählt deutlich genau davon. Dinge, von denen wir erkannt haben, dass sie zu uns gehören, uns wichtig sind, für die wir vielleicht sogar einstehen wollen. Dann erst kann und wird unser Eigensinn sichtbar sein.

Oft haben wir uns auch von Dingen oder Menschen abgewendet, die uns nicht guttun. Wir sind achtsamer mit uns selbst geworden. Oder haben uns für etwas eingesetzt, sind entschiedener geworden, vielleicht sogar ein bisschen „kämpferischer", im Sinne von: „Das gehe ich jetzt an. Ganz bewusst." Oft kennen nur wir selbst den Weg dorthin, wissen, wie viel Kraft oder Mut es uns gekostet hat. Und oft ahnen wir: Dieser Weg ist noch lange nicht zu Ende. Das alles ist schwierig nach außen zu kommunizieren.

Eigensinnige Menschen wollen ihren Eigensinn oft auch gar nicht kommunizieren. Vor allem nicht Menschen gegenüber, die den Weg des Eigensinns bis zu jenem Punkt überhaupt nicht kennen, nicht kennen können. Weil sie uns nicht schon unser Leben lang kennen, weil wir vieles vorher gar nicht öffentlich gemacht, uns vielleicht hinter einer Rolle versteckt haben, die schon lang nicht mehr zu unserem Eigensinn passt.

Auch der Zeitfaktor ist wichtig: Warum sollten wir uns auf etwas festlegen, von dem wir wissen: Das ist noch lange nicht das Ende unseres Weges? Warum sollten wir das jetzt unnötigerweise „festklopfen"? Und vor allem: Wen interessiert das eigentlich – außer uns?

Wenn der Eigensinn aber – wie bei mir – zu einer Art Mission wird, entsteht unweigerlich ein Dilemma. In dem auch ich mehr als einmal stecken blieb, immer wieder stecken bleibe ...

Vom Nutzen eines eigensinnigen Goldfischs

Ich habe dieses „Steckenbleiben" an den Reaktionen der Menschen erlebt, die vor allem „Mein Kompass ist der Eigensinn" mochten. Viele fühlten sich durch das Buch gesehen, bestärkt, einige riefen sogar spontan und begeistert: „O ja, auch ich bin eigensinnig!" Doch die Beschreibung ihres Eigensinns fiel ihnen schwer, sehr schwer. Auch mir fällt das oft schwer. Immer noch.

> *Von Eigensinn zu erzählen, kann schwierig sein.*
> *Leichter ist es, ihn zu leben.*

****

Dies ist das Dilemma, das ich meine: Manchmal ist es ziemlich schwierig, den Eigensinn sichtbar zu machen.

Meine Lösung lag – einmal mehr – im Schreiben. Für die „sozialen Netzwerke" habe ich den eigensinnigen Goldfisch erfunden. Denn dort wollte ich unbedingt vom Eigensinn erzählen, von all seinen Facetten und Chancen. Dabei kann natürlich nur mein Eigensinn zu Wort kommen. Und gleichzeitig wollte ich mein Ich nicht dauernd in den Vordergrund stellen. Schon gar nicht auf LinkedIn, dem Netzwerk, das vor allem Berufliches im Blick hat. Doch genau dort tummelt sich jetzt mein eigensinniger Goldfisch. Dort erzählt er zum Beispiel, warum er keine Challenges mag. Oder darf auch schon mal wortreich all das geißeln, was er für das Verhalten menschlicher Lemminge hält. Oder er erzählt davon, dass er die Einsamkeit liebt.

Diesen eigensinnigen Goldfisch als Kunstfigur zu entwickeln, war wie ein Befreiungsschlag für mich. Er steht dort in meinem Profil, der Bezug zu meiner Person und meinem Eigensinn ist klar. Und gleichzeitig muss ich nicht ständig sagen: „Ich bin eigensinnig, weil ..."

Doch, manchmal sprechen wir auch genau darüber, der Goldfisch und ich. Er ist eine Art Katalysator geworden, schafft Distanz und ist mir doch ganz nah. Genau diese Katalysator-Funktion brauche ich, dringend. Denn mir ist immer völlig klar, dass kein Weg des Eigensinns anderen Wegen ähneln kann. So klar, dass es mir fast übergriffig scheinen würde, meinen Weg allzu sehr in den Vordergrund zu rücken, wenn ich von *dem* Eigensinn erzählen will. Andererseits kann ich ja nur von *meinem* Weg erzählen.

Diese Lösung ist nur ein Beispiel von unzählig vielen, denkbaren Wegen. In diesem Buch finden sich glücklicherweise Beispiele für andere Wege. Darum kann ich mich hier auch problemlos in die Reihe anderer Wege einordnen, denn es wird hoffentlich immer klarer: Jeder Weg des Eigensinns ist anders. Das ist mir äußerst wichtig. Denn nur so bleibt jeder und jede von uns frei für den eigenen Weg.

Ein erfundener, eigensinniger Goldfisch in einem beruflichen Netzwerk online ist dagegen per se schon so einzig, dass er – im Gegensatz zu mir – problemlos seine Ansichten in die Welt tragen kann. Genau das ist es, was ich mit „Befreiungsschlag" meine: Der Trick dabei ist die Distanz, die solch eine Kunstfigur sofort schafft. Und, ja, ein bisschen Kreativität gehört auch dazu.

Etwas Distanz auf dem Weg in den kreativen Eigensinn schadet sicher nie. Auch, wenn es bisweilen ein schwieriger Balance-Akt ist: Einerseits wollen wir ganz und gar bei uns sein und bleiben. Andererseits ist die völlige Selbstvergessenheit – um nicht zu sagen: der Flow, der Rausch oder die Ekstase – ganz klar eine Grenze des Eigensinns. Damit werden wir uns noch beschäftigen.

Meinen eigensinnigen Goldfisch sehe ich vor allem als Anregung: Dafür, wie wir bei uns selbst bleiben und eigensinnig handeln, gleichzeitig mit etwas Distanz auch davon erzählen können. Er war und ist mein Weg, dieses Dilemma zu lösen. Und mit etwas Kreativität lassen sich da sicher Millionen anderer Möglichkeiten finden ...

Nur zu Erinnerung: Kreativität hat nichts mit Genie oder ähnlich schwammigen Dingen zu tun, sondern bedeutet erst einmal nichts anderes, als bestehende Elemente neu zu kombinieren – mit welchen kreativen Mitteln auch immer ...

Wie das vonstattengeht, hat viel mit unseren Sinnen, unserer Wahrnehmung und unseren Erinnerungen zu tun – über all das erfahren Sie mehr in Band eins und zwei dieser Trilogie. Es soll jetzt nicht noch einmal Thema werden.

Eigensinn mündet gern in Kreativität.

****

Was ich hier sagen will, ist vor allem: Eigensinn will und muss gelebt werden. Um ihn – in welcher Form auch immer – zu vermitteln, schaden ein bisschen Kreativität und etwas Distanz sicher nicht.

Das ist ein sehr gutes Stichwort, um das Wort einer Frau zu überlassen, die all das bestens kennt ...

Poesie, Eigensinn und Wandelsinn: Geertje Jürgens

Geertje Jürgens kam über die Sozialen Medien in mein Leben. Mindestens fünf Anläufe haben wir schon unternommen, um uns auch mal im „echten Leben" zu treffen, bisher erfolglos. Der Ort immerhin stand von Anfang an fest: am Meer. Wo sonst? Denn sie verbindet uns stark, unsere Faszination für das Meer. Es kamen immer neue Verbindungsstücke dazu. Als ich noch gar nicht von Eigensinn sprach, schrieb Geertje schon über den Wandelsinn – was das ist, erklärt sie gleich selbst.

Ganz sicher verbindet uns die Liebe zur Sprache. Geertje tut, was ich früher auch getan habe: Öffentlichkeitsarbeit für evangelische Gemeinden. Ist mein Gottvertrauen ähnlich wie ihres? Wir wissen es nicht. Ich vermute: Sie glaubt wie ich an das Gute im Menschen – so weit das möglich ist. Geht das überhaupt (noch)? Die Frage werde ich später noch ausführlicher, aber etwas allgemeiner stellen ...

Und dann ist da auch noch die Sache mit den Geschichten von Kriegsenkeln. Ganz typisch: Geertje und ich, wir sind beide sehr spät dran, um uns auf diesen Weg zu machen. Wege sind wichtig, beim Wandeln wie mit Eigensinn. Darin sind wir uns einig.

Alles, was sie über den Eigensinn schreibt, ist für mich sehr nah an der Poesie. Es hat eine so eigene, eigensinnige Kraft, dass ich ihr in diesem Buch einfach nur Raum geben möchte. Ihren Raum.

Eigensinnige Reflexionen von Geertje

Ich habe dir einen Geist gegeben. „Mach was draus!" So nehme ich es wahr.

Haben wir nicht von jeher einen eigenen Sinn, den wir gut nützen können und dürfen?! Den wir weiter entwickeln dürfen, immer wieder neu. Gottvertrauen ist gut, jedoch sollten wir immer auch unsere eigenen Möglichkeiten nutzen, um etwas auf den Weg zu bringen. Aber nicht nur für andere, sondern unbedingt auch für uns selbst. Nicht im egoistischen Sinn, sondern sinnvoll. Für mich. Für uns.

Wenn wir uns gut fühlen, bringen wir viel Sinniges zustande, das auch unserer Welt zugutekommt. Ich denke durchaus auch an spätere Generationen. Selbst, wenn wir schlechte Erlebnisse erfahren, kann daraus Gutes entstehen. Ich war nicht nur einmal betroffen. Gewünscht hatte ich mir solche schlechten Erfahrungen nicht und wünsche sie niemanden. Doch auch das hatte was. Daraus entstand etwas, ich konnte und durfte daraus etwas machen. Etwas entstehen lassen. Im Herbst meines Lebens weiß ich, dass es noch viel schlechtere Situationen im Leben gibt als die, die ich aushalten musste.

Wege sind immer eigensinnig

Nie großartig hadernd, bin ich einfach weitergegangen. Weiter wandeln, gehen auf Gottes Wegen, den Spuren und guten Beispielen folgen, die Jesus uns vorlebte, wenn wir in der Bibel lesen. Dafür brauchen wir nicht im christlichen Sinn zu glauben. Und was ist das überhaupt? Die Geschichten über Jesus sind gute Beispiele, wie wir miteinander leben könnten. Nur ein wenig mehr Liebe in unserem Reden und Tun und unbedingt für mich im Schreiben. Nie mit erhobenem Zeigefinger! Ich arbeite stets selbst daran, mich zu bewegen, mich weiterzuentwickeln. Das ist mein Wandelsinn[1]. Und der ist sehr eigensinnig! Wandelsinn heißt auch, eine andere Perspektive einzunehmen. Auch das bietet mir die Möglichkeit, mein Gegenüber besser zu verstehen. Und dann anders zu reagieren, anders zu handeln als aus dem ersten Impuls heraus gedacht.

Indem ich eigensinnig unterwegs bin, mache ich vieles, wie ich es für richtig halte. Mein Wandelsinn schafft mir immer wieder neue Möglichkeiten. Ich darf meine Meinung ändern. Ich muss nicht immer stringent unterwegs sein, geradlinig bin ich dann doch wieder eigensinnig. Es gibt für mich *den eigenen* Weg. Meine Gedichte, lesen sich öfter mal wie ein Poetry-Slam. Der Text geht seinen Weg. Meine Gedanken gehen, mein Text entsteht. Wie von selbst. Eigensinnig.

Reifen wie eine leckere, süße Pflaume

Eigensinnig war ich immer schon. Vielleicht auch, weil ich mich schon als Jugendliche als besonderen Menschen wahrnahm. Ich frage mich, woher ich es nahm, mich so einzuschätzen. Meinen jüngeren Bruder nahm ich aus seinem Kinderwagen, wenn ich mit ihm spazieren ging, obwohl es die Mutter mir verboten hatte. Es war doch so viel schöner, mit dem kleinen Kerl zusammen im Sand zu sitzen und

---

[1] Wandelsinn (Mehrfach in Blogs beschrieben, was das Wort ausmacht) ist ebenfalls eine eigene Erfindung. Ich suchte ein Wort, das es nicht gibt und meinem Sinn von Lebenswandel entspricht. So entstand das Wort Wandelsinn, das noch nicht im Duden steht. Wer weiß. Das könnte durchaus passieren, irgendwann. Denn ist nicht ständig alles im Wandel? Für mich keine Frage. Denn auch Sprache verändert sich. Wie es auch im sprachlichen Kontext immer ein „Dazwischen" gibt. Ich habe mehrere Möglichkeiten, meine Texte zu schreiben, meinen Lebensweg zu gehen. Je nach Situation und dem Lauf der Zeit neu eigensinnig zu entscheiden für mein Leben, für mein Sein. Für meine innere Balance gerne auch allein, nicht nur gesellig unterwegs, doch auch das gerne!

gemeinsam Kuchen zu backen, auch ohne Förmchen und Spaß zu haben. *Eigensinn sinnig angewandt.*

Später wurde mein Eigensinn öfter mal unterdrückt – durch Ratschläge in der Familie, die ich doch gefälligst befolgen sollte. Gefallen hat mir das nicht. Es war eine besondere Herausforderung, sich davon zu befreien, um meinen persönlichen Eigensinn zu leben, so, wie ich es mochte. Wie ich es für richtig hielt. Dennoch schaffte ich es immer gut, meinen eigenen Unsinn einzusehen, meine Wegrichtung zu korrigieren. Meine Werte zu leben. Eigensinnig. Meinen wirklichen und wirksamen Eigensinn zu leben, auch das waren nicht immer leichte Wege, die ich ging.

Wenn Eigensinn auf Eigensinn trifft, artet das aus unter Umständen, die Wege holprig oder gar unbegehbar machen. Und an dieser Stelle denken wir vielleicht, dass Eigensinn Sturheit sein könnte. Doch das denke ich keineswegs! Eigensinn beinhaltet Bewegung. Wie auch mein Wandelsinn Bewegung bedeutet. Frei zu sein für Neues, immer auch Veränderungen zuzulassen. Damit wir reifen können wie eine leckere, süße Pflaume. Damit wir uns entwickeln und uns und unseren Nächsten etwas weitergeben. Ich schreibe es in dieser Reihenfolge. Denn nur, wenn ich mich entwickele, auf mich selbst achte, mich liebe, wirke ich fort. In kleinen, gar winzigen Nuancen. Doch. Es wird. Es könnte.

Sehr „zickig" bin ich manchmal, wenn es nicht nach meinen Vorstellungen läuft. Das steckt im Eigensinn drin, wie er landläufig verstanden wird. „Boah, ist die eigensinnig, das ist ja nicht auszuhalten", wer hat das nicht schon einmal zu hören bekommen.

Inzwischen bin ich je nach Themen recht gelassen, doch wenn mir etwas sehr wichtig ist, mag ich meine Einstellung und Haltung nicht ändern. Ich beharre auf meiner Meinung. Eigensinnig. Manchmal gar nicht einfach, doch ist daraus öfter etwas sehr Gutes entstanden. Am Ende war ich froh, es ausgehalten zu haben. Manche Anstrengung wurde später belohnt, obwohl ich nicht immer daran glaubte. Und so wird es immer schwieriger, mir meinen Eigensinn zu nehmen. Ich bleibe dran!

Gut ist oder vielleicht besser: schön ist, wenn sich der eigene Sinn auf die Nächsten überträgt. Manchmal gelingt es, auch mal nicht. Doch das ist es sowieso nicht, was ich will. Und manchmal doch. Die Möglichkeiten werden kommen, die Zufälle, die begünstigen.

Es fällt mir zu. War das eine göttliche Eingebung, frage ich mich manchmal dann. Warten können. Nie eine leichte Aufgabe für mich. Ich lerne. Immer. Auch loszulassen. Einsichten im Laufe meines selbstbestimmten Lebens: „Das wollte nicht sein.“

Noch gestern bekam ich eine Rückmeldung auf meine Texte, dass jedes gesprochene oder geschriebene Wort seine Energie schickt. Es war die Reaktion einer Leserin auf meine Reflexion des allgemeinen Weltgeschehens, das an vielen Orten und in einigen Ereignissen so hoffnungslos aussieht. Wir eigentlich nicht viel ändern können und doch, ich schrieb, versuchte, ermutigend einzuwirken auf dies und das.

Meinen Eigensinn trage ich ständig bei mir, auch wenn er nicht immer zum leichten Gepäck gehört. Doch gehört er zu mir wie mein Name Geertje. Wie auch mein Wandelsinn!

Wenn eigensinnige Menschen aufeinandertreffen

Was ist, wenn eigensinnige Menschen aufeinandertreffen, mit ihrem ganz eigenen Sinn? Wenn er sehr speziell ist. Jedoch: Welcher Mensch ist nicht speziell? Ein Individuum mit seinen Prägungen. Mit seiner Erziehung. Mit seinen Erlebnissen. Wie ist der Mensch zu seinem Eigensinn gekommen? Denn hat nicht jeder Mensch seinen eigenen Sinn, den er verfolgt, den er lebt?

Ich denke an Krieg, an Terror. Menschen sind unschuldig mittendrin, selbst, wenn sie ihn nicht wollen. Geht der eigene Sinn für das Leben verloren, wenn ich mich ängstige, auch um mein eigenes Leben? Wie würde ich agieren oder reagieren, wenn ich Hitler erlebt hätte? Wie hätte ich diesen Krieg erlebt? Was hätte ich getan? Oder auch nicht. Wie wird ein Mensch so, wie wir ihn wahrnehmen? Mich hat mein christlicher Glaube geprägt. Auch. Ohne ihn wäre ich nicht die, die ich bin. Meiner Meinung nach ist dies nicht die schlechteste Voraussetzung für ein Leben, das ich moralisch mit meinem Gewissen verbinden kann.

Noch feiner wird es, wenn zwei Menschen sich begegnen, deren Sinne sich zu einem ganzheitlichen Eigensinn vermischen, vereinen. Das kann ganz wunderbar sein. Ich durfte und darf so etwas erleben. Dann werde ich noch eigensinniger. Weil ich bestätigt werde in meinem Sinn. Meine Gedanken und mein Tun finden einen Weg, eine Nische ... ganz speziell für mich. Für ein „Wir auch".

In der Welt der Bücher

Bücher retteten mich, wie ich mich selbst rettete und auf die Straße flüchtete, im kindlich jugendlichen Alter. Ich entzog mich meiner Mutter, sie nannte mich Rumtreiber. (Das -in wurde damals kaum genutzt. Kannte man das überhaupt? Keine tatsächliche Frage hier!)

Wenn es nach meiner Mutter gegangen wäre, sollte ich mehr im Haushalt agieren, um dort zu glänzen, vielleicht im wahren Sinn des Wortes. Mein Humor: auch eigensinnig, doch er belebt. Bücher störten das Ansinnen meiner Mutter. Ich setzte meinen Sinn ihrem entgegen, was nicht leicht war. Der Eigensinn meiner Mutter war sehr ausgeprägt. Wer weiß schon, von wem ich ihn habe? Wie immer, ist er eine Mischung von vielen Einwirkungen auf uns.

Lange Zeit ahnte ich nicht, wie betroffen auch ich bin von den Auswirkungen des Krieges, den meine Eltern in ihrer Kindheit erlebten.

Mein Vater wurde noch als 16Jähriger in den letzten Wochen des Krieges eingezogen. Meine Mutter verlor ihre Mutter, meine Großmutter, durch Suizid. Die Wirkung auf mich spürte ich zeitweise, konnte es damals nicht recht einordnen. Hier darüber mehr zu schreiben, würde den Rahmen sprengen.

Mein Großvater väterlicherseits rettete sich in Bücher, noch mal anders als ich, vermute ich heute. Er erlebte schon den Ersten Weltkrieg. Meiner Mutter missfiel, dass ich ihm nacheiferte. Das interessierte mich nicht, ich las weiter, wie heute: intensiv. Und schreibe! Durch meine Kurzgeschichte 'Meta aus der Tonne' verstand meine Mutter das Anliegen meines Wesens besser. Das sagte sie mir.

Liebender Eigensinn

Mit Liebe und viel Offenheit für unsere Umgebung, für die Menschen, die uns begegnen, lässt sich sehr viel machen, vielleicht sogar mehr in schriftlicher Form. Wie oft wird in den Medien mehr das gelesen, was ungeheuerlich aufregend ist? Mit meiner Art Texte zu schreiben, die den lesenden Menschen mitnehmen möchte auf einen konstruktiven Weg, möchte und kann ich viel erreichen im Weltgefüge. Meine Art zu schreiben, auch meine eigensinnige Lyrik, die keine Regeln beachtet, wirkt auf die Menschen intensiver, das habe ich schon öfter erfahren dürfen. Kann ich vielleicht beispielhaft wahrgenommen werden?

Manchmal habe ich den Eindruck, dass mehr wahrgenommen wird durch das Lesen von Worten als beim Zuhören-Müssen. Aufmerksamer. Doch gerade auch gutes Vortragen von Texten begeistert die Menschen. Auch das durfte ich schon erfahren.

Schreiben und schreiben

Wenn ich niemanden oder wenige nur erreiche, ist das nicht wesentlich. Für mich ist es sehr wesentlich, ihn zu leben, meinen Sinn für das Leben, mein Leben. Für mich und andere.

Dankbar bin ich, schreibend zu leben. Zu leben, um zu schreiben. Mich auszutauschen in Schrift und Wort. Das Miteinander, das Reden. Über das Leben, unser Leben. Auch über das Schreiben mich auszutauschen, macht mir Freude und belebt meine Sinne. Gerade beim Schreiben bin ich sehr eigensinnig unterwegs. Rechtschreibung und Grammatik sind mir gut bekannt. Und doch halte ich mich nicht an Vorgaben. Ich vermische Genres, meine Lyrik ist eine eigensinnige. Ausnahmen sind Pressetexte, doch selbst da befördere ich meine eigene sinnige Lebendigkeit in die Artikel. Und es wird gemocht.

Geschichten im Kopf

Das bedeutet Leben. Mein Leben. Wenn ich in der Natur unterwegs bin und das sehr gerne auch allein, genieße ich, spüre Leben. Und noch mal ganz besonders am Meer. Da rauschen, rollen meine Gedanken. Mir schwirren Worte durch meinen Sinn. Es entstehen Texte im Kopf. Schreibe ich? Lebe ich?

Ich lebe in Texten à la couleur. Ich schreibe lebend. Lebendig. Es gibt Zeiten, in denen ich nicht weiß, ob ich in einer Geschichte unterwegs bin, real oder fiktiv. In Büchern, in Texten, in meinem eigensinnigen Leben. Allein am Schreibtisch. Allein, nicht einsam. Glücklich. Es vermischt sich. Eigensinnig. Geertje, die schreibende Fledercat [2]. Früher

---

[2] Fledercat ist die Bezeichnung für meinen persönlichen, eigensinnigen Schreibstil, der durch einen Test entstanden ist. Wer das selbst einmal herausfinden will oder versuchen mag, kann das tun im zweiten Band der Trilogie zum Eigensinn von Maria Almana: *Wer schreibt, darf eigensinnig sein, Band 2.* Es ist ein spielerischer Zugang zum eigenen Schreiben, zum Schreibstil. Mir hat es Freude bereitet. Und da ich ein „Mischtyp" bin, habe ich eine eigene Wortwahl kreiert, da bin ich ganz eigensinnig. Meine Testauswertung ergab, ich sei eine schreibende Fledermaus oder Katze. Von beiden habe ich etwas, irgendwas mittendrin im Dazwischen und dann doch eigensinnig anders.

schrieb ich „Tagebuch", manchmal heute noch. Doch meistens gehe ich sofort in mein Blog 'Wandelsinn' und veröffentliche meine Gedanken dort, lasse andere daran teilhaben. Für mich macht das mehr Sinn, als es nur für mich zu behalten. Obwohl ich in erster Linie, meistens durch einen Impuls, für mich schreibe, was mich beschäftigt. Was für einen Einfall ich hatte.

Eigensinnige Lyrik

Schreiben ist wie
Übern Zaun schaun
Wiesen riechen
Kirschen schmecken
Neues entdecken
Lerchen hören
Himmel so weit
Wie das Gelände
Überhaupt weiter
Fühlen die Welt
beschreibend
laufend in Bewegung
rauschen die Wellen
am Meer Ich bin
ich schreibe
ich bin
für mich
für dich
zum Wir

Wandelsinn trifft Eigensinn

Ich reise gern, bin gern unterwegs. Das war und ist für mich wie ein kleines oder gar großes Abenteuer. Schon als junge Schülerin setzte ich mich durch. Ich schrieb etwas ganz anderes, als im Deutschunterricht gefordert wurde. Mir war bewusst: Das wird bestimmt mit Themaverfehlung benotet. Doch mein Eigensinn hatte Erfolg. Sowohl die Lehrerin als auch die Schulklasse waren beeindruckt, was ich über die Indianer, die am Orinoco leben, zu berichten, zu erzählen hatte. Ich musste meinen Aufsatz vor der gesamten Klasse vortragen. Ein wenig aufgeregt war ich, doch es gelang mir gut. Ich bemerkte, dass es mir Freude machte. Darauf baute ich auf, eigensinnig wandelnd durch Raum und Zeit. Weiter geht's ...

Geertje Jürgens wurde 1956 in Essen geboren. Immer schon beobachtete sie ihre Umwelt, die Natur und die Menschen mit wachem Sinn. Doch ihr eigener Sinn für sie ganz allein brachte sie weiter, das erkannte sie sehr früh und wurde irgendwann zu ihrem ganz speziellen Eigensinn. Sie erkannte, dass sie sich durch ihre Erziehung zu sehr hatte ausbremsen lassen. Daraus entstand der Wandelsinn, der ihre Vielfalt lebt. Sie schreibt eigensinnig mit Freude von jeher, bedient verschiedene Genres. Das ist etwas, was sie will, nicht möchte! https://www.wandelsinn.de/

Das eigensinnige Buch in Handarbeit von Jana Mänz

Als Maria mich bat, ihr einige Fragen zu beantworten, sagte ich nicht nur spontan zu, sondern fragte mich gleichzeitig: Bin ich ein eigensinniger Mensch? Ich hatte mich bis dahin nie als solchen bezeichnet, vielmehr fielen mir Attribute wie loyal, sensibel, empathisch, kompliziert, nachdenklich, ernsthaft, kreativ, spontan und ehrgeizig ein.

Bin ich eigensinnig? Jana fragt, ChatGPT antwortet

Als ich ChatGPT fragte, was eigensinnige Menschen ausmacht, welche Vor- und Nachteile sie haben, wurde mir geantwortet:

„Eigensinnige Menschen zeichnen sich dadurch aus, dass sie einen starken Willen und eine unabhängige Denkweise haben. Sie handeln oft gegen den Mainstream und folgen nicht blind den Meinungen und Normen der Mehrheit. Diese Eigenschaft kann sowohl positive als auch negative Aspekte haben.

Vorteile von Eigensinnigkeit: Kreative Problemlösung, Unabhängigkeit, Innovatives Denken, Stärke und Durchsetzungsvermögen

Nachteile von Eigensinnigkeit: Soziale Konflikte, Sturheit, Isolation, Fehlende Kompromissbereitschaft

Es ist wichtig zu betonen, dass Eigensinnigkeit eine ambivalente Eigenschaft ist und in angemessener Dosierung sowohl positiv als auch negativ wirken kann. Ein gewisses Maß an Eigensinnigkeit kann zu persönlichem Wachstum, Kreativität und Selbstverwirklichung führen, während übermäßige Eigensinnigkeit zu zwischenmenschlichen Problemen und Inflexibilität führen kann. Die Fähigkeit, eigensinnig zu sein, aber auch offen für andere Sichtweisen und Kompromisse zu sein, kann ein gesundes Gleichgewicht schaffen und eine positive Entwicklung ermöglichen."[3]

Außen- und Innenwahrnehmung

Nach der Beantwortung meiner Fragen musste ich mir eingestehen, dass Maria mich wohl zu Recht als eigensinnig erkannt hatte. So ist das mit der Außen- und Innenwahrnehmung und je älter man wird, desto besser lernt man sich selbst kennen.

Erst vor ein paar Jahren, nachdem mir als Kind immer wieder gesagt wurde, ich solle nicht so überempfindlich, übersensibel sein, habe ich mit über 40 Jahren festgestellt, dass diese Eigenschaft den schönen Namen Neurosensitivität (ich spreche lieber von Hochsensibilität) trägt und ich damit nicht allein bin, auch wenn es sich oft so anfühlt. Gepaart mit den Eigenschaften „Scanner-Persönlichkeit" und „synästhetische Wahrnehmungen" fühle ich mich manchmal nicht von dieser Welt und habe mich oft gefragt, was an mir anders ist. Als Kind habe ich sehr darunter gelitten, weil ich nicht wusste, was anders ist, nur, dass die anderen mich das immer spüren ließen. Das ist bis heute so geblieben.

Menschen mit viel Eigensinn sind zwangsläufig einsam. Schon allein deshalb, weil sie mit Eigenschaften wie Kreativität, innovativem Denken, Unabhängigkeit etc. andere Menschen oft überfordern. Die positiven Eigenschaften des Eigensinns in den Alltag, ins Berufsleben zu integrieren, ist nicht einfach. Vor allem, wenn man freiberuflich arbeitet. Kreativität, Spontaneität, Innovation müssen sorgfältig dosiert werden und es braucht ein feines Gespür, wie weit man gehen kann. Manchmal ist es ein Drahtseilakt, der vor allem mich unzufrieden zurücklässt, wenn ich nicht das tun kann, was ich möchte.

---

[3] Quelle: chat.openai.com

Bitte kein Mittelmaß

Noch schlimmer ist es, wenn ich merke, dass andere sich mit Mittelmaß zufriedengeben, obwohl es Möglichkeiten gäbe, etwas Neues und Anderes zu machen. Das war der Hintergrund, aus dem ich meine Bücher selbst verlegen wollte. Endlich konnte ich selbst kreativ sein, hatte keine Grenzen (außer Zeit und Geld). Ich habe gesehen, was gestalterisch und buchbinderisch alles möglich ist und hatte diesen Drang, es zu verwirklichen. Aber als auch noch die Komponenten „nachhaltig und plastikfrei" dazu kam, stieß ich an meine Grenzen.

Nachhaltigkeit ist ein Modewort!

Viele können es schon gar nicht mehr hören. Nicht nur, weil es überall propagiert wird, sondern auch, weil es oft nicht mehr als ein Marketing-Gag ist. Mit Nachhaltigkeit lässt sich Geld verdienen, aber die wenigsten Projekte oder hergestellten Produkte sind es. Leider.

Trotzdem möchte ich über Nachhaltigkeit schreiben, weil es – obwohl es in aller Munde ist – immer noch unglaublich schwierig ist, ein Projekt so umzusetzen, dass es wirklich nachhaltig ist.

Gefühl und Verstand – Naturfotografie

Aus diesem Grund möchte ich über die Umsetzung meines Herzensprojekts „Gefühl und Verstand – Naturfotografie" berichten. Welche Hürden ich überwinden musste. In einem Storytelling-Seminar habe ich einmal gelernt, dass sich ein Produkt, eine Sache mit einer Heldengeschichte besser verkauft.

Ist mein Sachbuch aus Graspapier eine Heldengeschichte?

Nein, so fühlt es sich nicht an, auch wenn ich das Projekt letztendlich erfolgreich abgeschlossen habe. Anfang 2018 kündigte ich offiziell ein neues Sachbuch über Naturfotografie an. Ich hatte meinen Titel

„Gefühl und Verstand – Naturfotografie" gefunden und die Nieder-schrift meiner Ideen in einem Manuskript sollte ein Kinderspiel wer-den. Ende 2019 sollte es erscheinen. Zwei Jahre schienen mir unend-lich lang, aber diesmal wollte ich mir Zeit lassen. Zumal ich wusste, dass ich inhaltlich neue Wege gehen wollte und das Buch keine Fo-toschule werden sollte.

Dass ich mit meiner zweijährigen Planung völlig daneben lag und al-les anders kommen würde als geplant, ahnte ich nicht. Rückblickend weiß ich nicht, ob ich noch einmal den Mut hätte, so viele Höhen und Tiefen auf mich zu nehmen. Im Corona-Sommer 2020 war ich an ei-nem absoluten Tiefpunkt, weil nichts von dem, was ich mir vorge-nommen hatte, in Erfüllung ging.

Was war passiert? Eine Heldenreise ohne Heldin

Als ich das Buchprojekt 2018 startete, war für mich von Anfang an klar, dass ich das Buch selbst herausgeben möchte. Inhalt und Ge-staltung des Buches wollte ich unbedingt selbst bestimmen.

Mach es selbst!

Auslöser war, dass ich zu meinem Buch „Naturfotografie mal ganz anders" oft die Kritik bekam, dass der Inhalt sehr gut sei, aber die Verarbeitung, die Papierwahl, die Bindung nicht besonders hoch-wertig. Ich habe es selbst gesehen, konnte aber als Autorin nichts dagegen tun.

So entstand mein größter Wunsch, genau diese Dinge, die neben dem Inhalt die Qualität eines Buches maßgeblich beeinflussen, selbst in die Hand zu nehmen. Ich kannte die Vielfalt hochwertiger Papiere und die Möglichkeiten kreativer Buchgestaltung und wollte mich voll einbringen.

Umweltfreundliche, nachhaltige Buchherstellung?

Dass mein neues Buch vor allem umweltfreundlich produziert werden sollte, war für mich von Anfang an selbstverständlich. Ich habe damals alle bekannten „grünen" Druckereien in Deutschland angefragt und gefühlt eine Million Angebote bekommen. Ich merkte, dass meine Wünsche und die Finanzierung nicht zusammenpassten und war vor allem davon beeindruckt, wie die „grünen" Druckereien für sich warben.

Nach hartnäckigem Nachfragen wurde mir klar, dass sich hinter dem propagierten „klimaneutralen Drucken" oft nur ein Handel mit CO^2-Zertifikaten, also eine Art moderner Ablasshandel, verbarg. Dass "grün" von den Unternehmen nicht wirklich gelebt und umgesetzt wurde. In den folgenden Monaten tauchte ich immer tiefer in die Materie ein. Dabei half mir, dass ich schon zu Verlagszeiten viel mit Druckereien zu tun hatte und deren „Sprache" verstand.

Mir war klar, dass ich das Buch nach meinen damaligen Vorstellungen nur über eine Crowdfunding-Kampagne finanzieren konnte. Für mich ging es um unglaubliche Summen, um eine kleine Auflage produzieren zu lassen. Um zu üben, wie dieses Modell funktioniert und ob meine Leser und Leserinnen das unterstützen würden, erarbeitete ich ein alternatives Crowdfunding für das Buch „Naturfotografie mit dem Smartphone", das ich als kleines Buchprojekt dazwischenschob und innerhalb von sechs Wochen Anfang 2019 abschloss.

Die Finanzierung war erfolgreich, aber ich hatte zu diesem Zeitpunkt als Einzelkämpferin alle Kraftreserven aufgebraucht. Ich verfiel in eine Schreibblockade und das Einholen weiterer Kostenvoranschläge, die Überzeugungsarbeit „plastikfrei" zu produzieren und die darauffolgenden, endlosen, sinnlosen Diskussionen (an denen ich merkte, dass die Firmen ihren grünen Anstrich gar nicht umsetzen wollten) zermürbten mich immens. Ich hatte das Gefühl, gegen Windmühlen zu kämpfen. Denn zum Thema „umweltfreundlich" kam noch der Aspekt „plastikfrei" hinzu.

Warum kunststofffrei? Kunststoffe sind doch gut

Auslöser war der Dokumentarfilm „Plastik Planet", [4]der mich monatelang intensiv beschäftigte. Zu sehr hatten mich die gezeigten Bilder unserer Erde erschüttert, zu wenig war mir das Ausmaß unseres Plastikproblems bewusst.

Daraufhin habe ich bei mir zu Hause vieles geändert: Bad und Küche wurden immer plastikfreier. Kleidung aus Baumwolle und so weiter. Trotz aller Bemühungen habe ich es bis heute nicht geschafft, komplett plastikfrei oder Zero Waste einzukaufen. Es ist bis heute ein ewiger Kampf, der auch durch die europäische Bürokratie (Verpackungsverordnung etc.) erschwert wird.

Verstehen Sie mich nicht falsch: Ich bin keine radikale Umweltschützerin, die andere missionieren will. Aber ich sehe auf meinen Wanderungen in der Natur und später auf meinen Naturfotografien den vielen Müll und denke dabei an mein Kind und dessen Zukunft. Ich spüre die Veränderungen in der Natur in den letzten Jahren deutlicher und es macht mich hilflos, wenn ich das Baumsterben in meiner Region beobachte oder wenn sich wunderschöne Wildblumenwiesen im heimischen Stadtwald in illegale Müllkippen verwandeln.

Ich habe das Gefühl, dass jeder von uns mehr tun könnte. Sich immer zurückzulehnen, mit dem Finger auf andere zu zeigen und zu sagen „Was kann der Einzelne schon ändern", war noch nie meine Devise. Im Gegenteil, wir haben viel mehr Möglichkeiten als wir denken. Und so kam es, dass ich mich intensiv mit dem Thema Kunststoffe in der Buchherstellung beschäftigte.

Bis dahin hatte ich mir keine Gedanken darüber gemacht, ob ein Buch wirklich nur aus Papier, Pappe, Faden, Leder, Leinen usw. be-

---

[4] *Filmtipp: Plastik Planet [2009] von Werner Boote www.wernerboote.com*

steht – im Gegenteil. Mir war nicht bewusst, dass Faden, Leder, Leinen usw. zum überwiegenden Teil aus Kunststoffen bestehen und auch nur so genannt werden.

Dazu kommen noch Folieneinschweissungen, Lesebändchen etc. Dass gerade hochwertige Bildbände, Kochbücher und vor allem Kinderbücher besonders viele Kunststoffe enthalten, hat mich überzeugt, einen anderen Weg zu gehen.

Umweltfreundlich, kunststofffrei, von Hand gebunden

Die Idee, mein Buch umweltfreundlich und vor allem kunststofffrei produzieren zu lassen, brachte mein Projekt ins Stocken. Ich fand keine Druckerei und keine Buchbinderei, die das Projekt in seiner vermeintlichen Radikalität umsetzen wollte. Überall stieß ich auf Widerstände und falsche Behauptungen. Damals verstand ich es nicht, heute weiß ich, was die Ursachen waren und sind. Dazu später mehr.

Alles nur Greenwashing?

Im Jahr 2019 arbeitete ich weiter am Manuskript, doch es ging nicht voran, sodass ich das Veröffentlichungsdatum auf Weihnachten 2020 verschob. Ich versuchte weiterhin, Unterstützer per Crowdfunding zu finden, stieß aber selbst in der grünen, plastikfreien Szene auf verschlossene Türen. Es war für mich schwer zu verstehen, dass immer mehr Bücher zum Thema „Leben ohne Plastik" die Buchläden eroberten, aber ausgerechnet diese Bücher mit viel Plastik hergestellt wurden. Ich verlor den Mut und fragte mich, wofür ich diesen Kampf führe, wenn es nicht einmal die interessiert, die unter anderem in den Sozialen Medien als Influencer für Nachhaltigkeit stehen. Ist das alles eine große Marketinglüge, Greenwashing?

2020, das Jahr, in dem sich von heute auf morgen alles verändert hat. Als Künstlerin habe ich alle Aufträge verloren. Im Sommer `20, nachdem ich noch einmal eine neue Kalkulation versucht hatte und feststellen musste, dass sich die industriellen Produktionskosten während Corona mehr als verdoppelt hatten, wusste ich, dass mein Buchprojekt vor dem endgültigen Aus stand. Keine Aufträge, kein motivierendes Projekt für die Zukunft. Depressive Stimmungen verstärkten das Gefühl. So ein schlechtes Jahr hatte ich in den zehn Jahren meiner Selbstständigkeit noch nicht erlebt.

Was mir half, weiterzumachen

Spaziergänge in der Natur und natürlich die Naturfotografie halfen mir, die Themen zu verarbeiten. Naturfotografie ist gut für die Seele. Ich begann, mein Manuskript zu überarbeiten, neue Kapitel zu schreiben. Aus der größten Sinn- und Schaffenskrise meines bisherigen Berufslebens entwickelten sich neue Gedanken und Ideen. Im Nachhinein denke ich, dass es „da oben" jemanden gegeben haben muss, der der Meinung war, dass ich dieses Projekt gegen alle Widerstände unbedingt weiterführen müsse.

Am Tiefpunkt im Sommer 2020 traf ich unverhofft einen Kollegen in der Schweiz. Wir hatten einige Gespräche und nachdem ich ihm meine Geschichte erzählt hatte, fragte er: "Jana, warum machst du dein Buch nicht selbst?" Ich war schockiert und antwortete: „Weil ich keine Ahnung vom Buchbinden habe".

„Dann lernst du es eben", antwortete er.

Aber ich zweifelte: Wie sollte ich jemals eine kleine Auflage von Büchern selbst herstellen? Ich hatte weder die Technik noch das Wissen. Und mit meinen perfektionistischen Ansprüchen an die Buchgestaltung würde es schon gar nicht gehen. Doch dann passierten im Spätherbst zwei Dinge gleichzeitig: Mein Kollege schickte mir ein Überraschungspaket mit Buchbinderwerkzeug und Materialien für Einsteiger. Und bei einem meiner Spaziergänge durch die Stadt entdeckte ich einen Flyer: Neueröffnung Schaubuchbinderei. Nur wenige Tage später rief ich dort an und vereinbarte einen Termin. Ich besuchte die Schaubuchbinderei mit historischen Geräten und aus einer halben Stunde Zuschauen und Reden wurde ein ganzer Tag.

Altes Handwerk lernen

Von da an kam alles anders. In dem über 80-jährigen Buchbindermeister fand ich den, der mich das ganze Jahr 2021 mit meinem Buchprojekt und seinem ganzen Herzblut unterstützte. Auch, wenn er dem Thema „kunststofffrei" anfangs sehr skeptisch gegenüberstand, konnten wir nach vielen Gesprächen einen Workflow erarbeiten.

Mein Schweizer Kollege brachte mir während des Lockdowns die älteste Bindung der Welt, die Koptische Bindung, per Zoom bei und ich besuchte zusätzliche Online-Kurse in Großbritannien, um weitere Bindearten zu erlernen.

2021 wurde trotz Corona mein Jahr. Seitdem gehe ich einmal in der Woche ehrenamtlich in die Schaubuchbinderei und lerne das Handwerk an alten, fast musealen Buchbindemaschinen. Die meisten ohne Strom und Computertechnik, stattdessen mit Augenmaß, Erfahrung und Muskelkraft. Ich lernte, wie man mit einer Handleimmaschine unzählige Buchdeckel herstellt, wie man mehrere Buchblöcke gleichmäßig beschneidet und wie man mit einer uralten Heißprägemaschine Titel prägt. Ich lernte Falzen, Heften, Schneiden. [5]

Mit 46 Jahren lerne ich nach 20 Jahren ausschließlich digitaler Berufserfahrung jetzt ein altes, analoges Handwerk, bei dem meine Hände statt Maus und Tastatur verschiedene Werkzeuge bedienen müssen. Die ersten Monate waren wirklich nicht einfach und ich glaube, unser Buchbindermeister ist so manches Mal verzweifelt, wenn ich das Werkzeug falsch gehalten oder vergessen habe, wie

---

[5]Link zum Youtube-Video; https://youtu.be/N8tHN4EuV6c?feature=Share

man es bedient. Wer glaubt, Buchbinder sei ein trivialer Beruf, irrt sich gewaltig.

Ich lerne viel über Klebstoffe und wie sie sich bei verschiedenen Papiersorten, Luftfeuchtigkeit und Temperatur verhalten. Gleichzeitig tauche ich in die Welt der Papiere ein: Vorsatzpapiere aus aller Herren Länder werden zu meiner Leidenschaft. Überhaupt das Thema Papier: Laufrichtung, Bestandteile, Festigkeit, Grammatur und Verhalten – das ist eine Wissenschaft für sich.

Es ist wichtig, ganzheitlich zu denken

Während des ganzen Prozesses war mir bewusst, dass der Verzicht auf Kunststoffe die Probleme der Papierherstellung oder des illegalen Holzeinschlags nicht löst. Deshalb habe ich mich für Graspapier entschieden, weil es zu 40 Prozent aus Heu von heimischen Wiesen besteht und bei der Herstellung weniger Wasser verbraucht als herkömmliches Papier. Es bringt nichts, bei einem Projekt eine Komponente isoliert zu betrachten. Es ist wichtig, ganzheitlich zu denken, um nicht das Kind mit dem Bade auszuschütten. Ich denke da immer an die vermeintlich umweltfreundlichen Elektroautos, bei denen anscheinend niemand fragt, woher die Rohstoffe für die Batterien kommen und wie der Strom erzeugt wird. Grüner Atomstrom?

Herbst 2021 war es so weit: Mein erstes handgebundenes Musterbuch auf Graspapier war fertig. Die Kapitel hatte ich selbst nach dem Goldenen Schnitt gesetzt, die Schriften nach Lesbarkeit auf Graspapier ausgewählt und das Manuskript professionell lektoriert.

Schwierig wurde es noch einmal, als ich meine Fotos für den Druck auf Graspapier am PC farblich anpassen musste. Im Vorfeld hatte eine Druckerei behauptet, man könne keine Fotos auf Graspapier drucken, weil die Farben nicht halten würden. Heute ist das eine meiner Lieblingsanekdoten, weil ich mir immer vorstelle, wie meine Fotos aus dem Buch fallen, wenn ich es aufschlage.

Von Kritikern, Zweiflern und Zweifeln

Auf meinem Weg habe ich viele Kritiker erlebt, die mir neben meinen eigenen Zweifeln das Leben noch schwerer machten, indem sie unsinnige, falsche Behauptungen aufgestellt oder das Problem der Kunststoffe leugneten. Aber eine meiner Stärken ist, dass ich nicht nur weitermache, wenn ich hinfalle, sondern dass ich selbst ausprobiere. Ich höre dann immer die Stimme meines verstorbenen Vaters, der mir schon als Kind eingeschärft hat: Glaube nicht alles, hinterfrage, lerne und bilde dir deine eigene Meinung – sei eigensinnig! Heute eine nicht zu unterschätzende Eigenschaft.

Und noch mal anders als geplant

Die vierjährige Reise, die im Sommer 2020 fast zu Ende ging, verlief anders als geplant. Dank eines Stipendiums konnte ich das Buchprojekt Ende 2021 ohne aufwendige Crowdfunding-Kampagne und in Handarbeit abschließen. Hätte nie gedacht, dass ich mein Buch ohne Plastik selbst herstellen kann: Baumwollgarn, Graspapier, Buchbinderpappe, Bienenwachs und veganer Kleber aus geröstetem Mais – das sind meine Zutaten.

Es war harte Arbeit, denn oft wäre es einfacher gewesen, wenn ich in der Buchbinderei auf Materialien aus Kunststoff hätte zurückgreifen können. So manches Mal habe ich mich standhaft geweigert und lange mit meinem Buchbindermeister diskutiert, auch wenn der Einsatz Zeit gespart hätte oder der Arbeitsschritt einfacher gewesen wäre. Aber darum ging es nicht. Zeit spielte ab Sommer 2020 keine Rolle mehr. Für mich war es wichtig, die Sache gewissenhaft anzugehen. Aus einem industriell vorgeplanten Sachbuch über Naturfotografie wurde ein handgebundenes, nachhaltiges Kunstbuch mit viel Gefühl und Verstand.

Heute weiß ich, warum meine Suche nach einer Buchbinderei, die kunststofffreie Bücher herstellen kann, scheitern musste: Weil alle modernen Buchbindermaterialien und Werkzeuge aus Kunststoffen bestehen. Fadenheftmaschinen sind auf Kunststofffäden abgestimmt, weil die elastischer sind und man damit schneller und mehr Bücher pro Stunde binden kann. Bücher werden mit Kunststoffleim geklebt, weil der schneller trocknet. Die Liste ließe sich beliebig fortsetzen. Die gesamte Buchproduktion müsste maschinell umgestellt werden, wenn wir auf die vielen Kunststoffe verzichten wollten. Man müsste den Mut haben, die Buchbranche innovativ zu verändern, neue Wege zu gehen.

Wie viel Kunststoffe habe ich bei meiner Buchproduktion eingespart?

Ich konnte mit Hilfe einer Buchbinderkollegin ausrechnen, dass ich bei meinem Buch bei einer Auflage von tausend Büchern etwa 36 kg Kunststoff eingespart habe. Das ist keine exakte Angabe, es ging mir darum, ein Gefühl dafür zu bekommen, wo überall Kunststoff drin ist. 36 kg klingt erst einmal nicht viel, aber man muss das hochrechnen auf die Masse der Bücher, die pro Jahr produziert werden.

Weltweit werden jährlich etwa 1,8 Millionen Bücher mit einer durchschnittlichen Auflage von ca. 3.000 Stück veröffentlicht. Nun kann man sich ausrechnen, wie viel Kunststoff verbraucht wird. Man geht davon aus, dass rund 10 Prozent aller Bücher nach drei Monaten aus dem Buchhandel genommen und makuliert werden. Dass Bücher mit einem hohen Kunststoffanteil schlecht oder gar nicht recycelt werden können und stattdessen thermisch verwertet werden, sollte nicht verwundern.

Wie geht es weiter?

Mein Buch werde ich Stück für Stück in Handarbeit herstellen. Ich produziere nur so viele Bücher, wie bestellt werden, sodass kein Buch unnötig makuliert werden muss. Ich bin mir bewusst, dass mein handgemachtes Buch für große Verlage, Buchbindereien oder andere Selbstverleger kein nach heutigen Maßstäben rentables Geschäftsmodell ist. Auch wenn ich weiß, dass sich Umweltzerstörung und Ressourcenverbrauch nicht im Buchpreis niederschlagen.

Das war auch nicht mein Ziel. Mir ist es wichtig, auf die Problematik der Kunststoffe im Verlagswesen aufmerksam zu machen und eine Lösungsmöglichkeit aufzuzeigen, nämlich nachhaltige Bücher auch ästhetisch herzustellen. Wenn man Bücher so sehr liebt wie ich, wenn man selbst gerne liest, wenn Naturfotografie die größte Leidenschaft ist und wenn man sieht, wo überall in der Natur Plastik zu finden ist, ist es dann nicht an der Zeit, etwas zu ändern?

Janas Fazit

Ja, ich muss zugeben, dass ich ein ziemlich eigensinniger Mensch bin. Aber ich weiß auch, dass das nicht jedermanns Sache ist.

Ich musste lernen, meine künstlerische Seite mit meiner wissenschaftlichen, technischen und neuerdings auch handwerklichen Seite zu verbinden. Von klein auf lernt man, sich auf eine Sache zu konzentrieren. Ein Experte für ein kleines Detail zu werden. Das hatte ich so verinnerlicht, dass ich mich nicht getraut habe, meine anderen Seiten zu leben, weil ich sie nicht mit einem Zeugnis belegen konnte.

Es gehört viel innere Stärke dazu, all diese Facetten vor allem beruflich zu leben und auch zu seinem Eigensinn zu stehen.

Jana Mänz, 1976 in Halberstadt geboren, kam über ihr Geografie-Studium zur Fotografie. Nachdem Studium arbeitete sie als Multimedia-Redakteurin, seit 2011 als freiberufliche Künstlerin unterwegs. Mehr unter www.jana-maenz.de

Annette Mertens: Eigensinn als Coaching-Instrument

Annette Mertens ist Systemischer und Avance Coach, Diplom-Sozialarbeiterin, Bloggerin, Schuldnerberaterin und Verwaltungsfachangestellte, außerdem qualifizierte Hospiz- und Sterbebegleiterin.

Seit 2014 hat sie einen Blog, der „Ruhrköpfe"[6] heißt. Allein der Name gefällt mir schon. Beim Lesen stelle ich fest, dass in den kompakten Porträts häufig von „krummen Lebenswegen" die Rede ist. Da werde ich hellhörig: Könnte so ein krummer Weg nicht auch Eigensinn beinhalten? Ich lese noch aufmerksamer, suche nach dem Wort „Eigensinn" oder wenigstens „eigensinnig". Leider Fehlanzeige.

Schnell kommen wir miteinander ins Gespräch – es wird ein sehr langes Telefonat, danach machen wir schriftlich weiter. Denn zum Glück signalisiert sie mir, dass der Eigensinn sie sehr wohl anzieht. Fast hätte ich geschrieben: „magisch anzieht". Hat sie aber nicht gesagt.

Okay, erste Frage: Wie siehst du die Sache mit der Anziehungskraft, liebe Annette?

Zieht er mich an? Ja, passt schon. Authentizität und Vielschichtigkeit ziehen mich an. Gehen sie vielleicht sogar mit Eigensinn konform? Das ist mehr so eine Frage an mich – oder uns alle, die mir durch den Kopf geht. Je mehr ich über deine Frage und den Begriff Eigensinn nachdenke, desto mehr glaube ich, dass er in uns allen naturgemäß vorliegt, jedoch durch Sozialisation, Erziehung, Bildungssystem, gesellschaftliche Anpassung und einiges mehr, oft durch uns selbst, wie auch durch äußere Einflüsse unterdrückt wird. Was heute als eher störend, negativ besetzt daherkommt, war vermutlich in früheren

---

[6] https://ruhrkoepfe.wordpress.com

Zeiten, als wir noch in Stämmen miteinander lebten, überlebenswichtig, weil erst durch den Eigensinn die jeweiligen Stärken und Schwächen der einzelnen Mitglieder zutage treten konnten…

Könnte man sagen, dass dich der Eigensinn „magisch anzieht"? Wenn ja, wie erklärst du dir das? Wie konnte es dazu kommen?

Von außen betrachtet, ließe sich das vielleicht bei mir entdecken. Ich selbst merke das gar nicht. Mein Interesse ist geweckt, sobald mir ein Mensch begegnet, der eigenen Pfade durchs Leben baut und sich nicht ausschließlich an breiten, gut ausgebauten, oft bequemeren Pfaden anderer Menschen orientiert. Vermutlich hat sich das bei mir so entwickelt, weil ich im Lauf meines Lebens meinen eigenen Weg lange gesucht habe. Ich habe beruflich vieles ausprobiert, fühlte mich nie sehr lange wohl, bisweilen extrem eingeengt und langweilte mich schnell. Das brachte mich dahin, mir die Leben anderer Menschen genauer anzusehen. Interessant fand und finde ich immer die, die viele, verschiedene Dinge ausprobieren, ihren Eigensinn leben. Mit ihnen kann ich mich identifizieren und gelegentlich bekomme ich dadurch Impulse für meinen eigenen Weg.

Du hast gesagt: Als Coach MÜSSE man sogar eigensinnig sein. Wie geht das? Wie kann ich mir das vorstellen, ganz konkret?

Ein Systemischer Coach hat ja nicht nur die einzelne Person, sondern – je nach Fragestellung/Auftrag – meist dessen gesamtes System aus Arbeit, Familie, Freunde, Hobbys und so weiter im Blick. Durch meinen eigensinnigen Blick von außen bin ich imstande, emotional distanziert zu bleiben, mich also nicht mit meinen Kunden und Kundinnen zu identifizieren, sondern eine wohlwollend-kritische und dabei nicht wertende Position einzunehmen. Letztlich kann ich die Antwort jedoch auf meine vorherige Aussage beziehen, dass ich davon überzeugt bin, dass alle Menschen naturgemäß eigensinnig daherkommen, bei vielen liegt er bloß brach oder ist noch vergraben. Wenn ich nicht eigensinnig wäre, wäre ich kaum imstande, das temporär ins Stocken geratene System von Kund:innen oder deren verdrehtes Mobile, wie ich es gerne nenne, auseinanderzuklamüsern und wieder in die natürliche Schwingung der einzelnen Mobile-Teile zu bringen.

Wenn ich als Systemischer Coach dem allgemeinen Mainstream entspräche, könnte ich nicht meine volle Leistung abrufen. Viele meiner Perspektivwechsel, Denkweisen, das Infragestellen von Werten und Glaubenssätzen sind mir erst durch meine eigensinnige Entwicklung schnell zugänglich und abrufbar. Ich "muss" eigensinnig sein, um das volle Potenzial und bei Bedarf auch den Eigensinn meines Gegenübers fördern und fordern zu können.

Welche Sportarten liebst du eigentlich? Gibt es da Verbindungen zum Eigensinn? Und was ist mit dem Flippern?

Laufen, Fahrradfahren, Inlinern, Wandern, alles, was ich allein und mit anderen zusammen machen kann. Vermutlich sind alle Sportarten, die Menschen auch allein ausüben können, mit Eigensinn verbunden, denn dabei können sie ganz so sein, wie sie sein wollen. Eine Ausnahme bildet Yoga, was ich nicht als Sport empfinde. Dabei möchte ich unbedingt allein sein. Mutet für Außenstehende, die Yoga nur in Gruppen praktizieren, oft seltsam und eigensinnig an, ist für mich hingegen total logisch.

Das Flippern, ja, gute Frage, lach. Es ist für mich ein reaktionsschnelles Hobby aus früheren Zeiten, mit dem sich die Reflexe gut trainieren lassen. Und obwohl alle Spieler:innen erst mal für sich allein spielen, macht es mir am meisten Spaß, im Wechsel mit anderen zu spielen. Natürlich streichelt es mein Ego, meine Eitelkeit, in der Highscore weit oben zu stehen, das war für mich jedoch nie ausschlaggebend, denn ich mag es, gemeinsam erfolgreich zu sein. Allein an der Spitze ist es auf Dauer sehr einsam.

Und die dadurch gut trainierten schnellen Reflexe retten mir noch heute öfter mal das Leben beim Motorradfahren. So hat alles seinen Sinn, sogar das Flippern.

Siehst du deinen Eigensinn eher im beruflichen oder im privaten Kontext? Lässt sich das überhaupt trennen?

Sowohl als auch. Vermutlich lässt sich das gar nicht trennen. Es ist keine Uniform, die sich an- und ausziehen lässt. Wozu auch?

Als Freiberuflerin halte ich es sogar für notwendig, um auf meinem Weg zu bleiben und immer mal auftauchende Hindernisse und Unwägbarkeiten zu bewältigen, während es in meiner Zeit als Angestellte eher hinderlich war und von meinen damaligen Arbeitgeber:innen sowieso unerwünscht.

Beim Lesen deiner Ruhrkopf-Porträts ist mir aufgefallen, dass ziemlich oft die kreative Seite eines Menschen eine Rolle spielt. Weil du mir erzählt hast, dass du alle Porträtierten sorgfältig auswählst, frage ich mich, ob und in welcher Form das „kreative Element" eine Rolle spielt – natürlich für die Porträtierten, aber vor allem auch für dich?

Wenn ich etwas von einem Menschen höre oder lese, das mich emotional berührt, möchte ich mehr erfahren. Denn wenn es mich berührt, kann es auch andere berühren, mitnehmen und im Idealfall inspirieren.

Dieser Moment ist im Grunde die Geburt eines Ruhrkopfes. Dass Kreativität dabei eine Rolle spielt, ist mir selbst noch nicht aufgefallen – vielleicht ist sie, wie der Eigensinn, naturgemäß in unterschiedlicher Ausprägung bei uns allen vorhanden!?

Was mir bei deinen eigenen Texten auffiel, ist ein starker Bezug zur Natur, zu Gärten, Parks und Brachen, außerdem wanderst du gern. In welchem Verhältnis stehen dein Eigensinn und deine Beziehung zur Natur zueinander?

Wir sind als Menschen Teil der Natur. Die Natur ist ein Teil der Menschen, auch wenn wir das heute oft vergessen: Wir Menschen können nicht ohne die Natur existieren. Wie ließe sich das voneinander trennen?

Wenn ich in der Natur eine Pflanze, einen Baum, ein Tier genauer betrachte, springt mir der Eigensinn sofort entgegen: Ein Baum hat beispielsweise seinen individuellen Standort, einen speziellen Boden mit einer bestimmten Beschaffenheit, auf ebener Fläche oder in Hanglage usw. Diesen einen speziellen Baum gibt es nur ein einziges Mal auf diesem Planeten und nur an dieser Stelle. Er hat sozusagen seinen eigenen Fingerabdruck, nein, mehr als das, er muss seine eigenen Wurzeln und seine eigenen Äste und sein Blattwerk bilden, um sein Überleben zu sichern, alles individuell von seinem festen Platz aus. Ein wunderbares Bild, den Eigensinn zu erklären, oder?

Sind wir Menschen nicht ganz ähnlich? Wir werden an einem bestimmten Ort, in irgendeinem Land, in einer ganz bestimmten Familie geboren. Wir haben Geschwister oder auch nicht. So viele verschiedene Einflüsse prägen unsere Entwicklung und unsere Erfahrungen. Von der Kindheit über das Erwachsenenalter bis zum Tod entwickelt sich dadurch alles an uns einzigartig und individuell. Es gibt – zumindest bisher – keinen Klon von uns. Selbst eineiige Zwillinge gehen nicht zu hundert Prozent dieselben Wege, erleben nicht alles gemeinsam oder im selben Moment. Führt diese Einzigartigkeit jedes Menschen dadurch nicht ganz logisch zur Entwicklung des Eigensinns, sofern er nicht völlig aberzogen oder unterdrückt wurde?

Wo lässt sich für dich der Eigensinn am besten realisieren/ausleben? Wo spürst, wo und wie erlebst du ihn?

Gute Frage. Für mich ist der Eigensinn inzwischen immer da und allgegenwärtig. Er ist mein Kompass, ganz so wie du es in deinem Buchtitel "Mein Kompass ist der Eigensinn" genannt hast. Ich wäre nicht Ich ohne ihn. Vermutlich bin ich durch ihn erst "mein authentisches Ich". Vorher habe ich mich in die jeweiligen gesellschaftlichen, beruflichen Gegebenheiten und Zwänge eingefügt. Das klemmte oft wie ein zu enges Paar Schuhe und machte mich immer unzufriedener.

Heute tue ich mir das nicht mehr an und nach anfänglichen Ruckeleien und äußeren wie inneren Widerständen fügen sich inzwischen die Teile meines Lebens(-bildes) wie zu einem Puzzle zusammen. Es klemmt nicht mehr, sondern fühlt sich frei und richtig an. Ganz im Sinne des Tao/Dao ergeben sich inzwischen viele Dinge, wie zum Beispiel die Begegnung mit deinen Büchern und das Interview hier.

Kannst du mit meiner Überlegung was anfangen „Eigensinn verbindet uns"? Wenn ja: Wie könnte das aussehen? Hast du es schon erlebt?

Unbedingt! Der Eigensinn macht uns zu Individuen, schafft uns ein gesundes Selbstbild/Selbstbewusstsein. Wer seinen/ihren Eigensinn lebt, ist authentisch, verbiegt sich nicht, fühlt sich gut, kann und will sich gern mit anderen verbinden.

Eigensinn verbindet uns, weil wir uns nicht alle gleich machen wollen oder müssen, sondern wir fühlen uns richtig, so wie wir sind und erleben unsere Gegenüber als Bereicherung, nicht als Bedrohung. Das fühle ich mit zunehmender Dauer immer mehr und es fühlt sich sehr gut an. Da geht es nicht um Rang- oder Hackordnungen, sondern um echtes, demokratisches Miteinander.

Wie geht gelebter Eigensinn? Für mich? Für dich? Für uns alle?

Davon ausgehend, dass der Eigensinn in allen Menschen (oder vielleicht sogar in allen Wesen dieses Planeten?) angelegt ist, ist es wohl eine Frage, ob oder wie zufrieden wir mit unserem Leben, unserem Werdegang, unserem Lebensweg, unserer aktuellen Lebenssituation sind. Fragen sind immer sehr hilfreich und ganz typisch für Coaching-Situationen: Wie geht es dir? Was beschäftigt dich? Was belastet dich? Wie kannst du eine Änderung hin zu einer Verbesserung erreichen? Ist gerade alles gut, wie es ist? Was ist unerträglich für dich? Was macht dir Angst? Was würdest du tun, wenn diese Angst nicht da wäre?

Das wären so meine Ansatzpunkte für Menschen, die ihren Eigensinn mehr leben wollen. Und wer dabei begleitet werden möchte, findet in deinen Büchern und bei einem Coach mit entsprechendem Background gute Unterstützungsmöglichkeiten.

Was lässt dich eigentlich eigensinnig sein?

Mein unbändiger Wunsch nach, wie es der französische Leitspruch bestens beschreibt, Freiheit – Gleichheit – Brüderlichkeit. Gleichheit. Natürlich im ursprünglichen Sinne der Gleichberechtigung, nicht des Gleichmachens, wie es manchmal von Einzelpersonen oder Gruppierungen mit Macht- und Dominanzansprüchen wegen der leichteren

Führbarkeit und für die Durchsetzung von deren Interessen gefordert wird oder weil sie sich vom Eigensinn bedroht fühlen.

Je mehr ich darüber nachdenke und schreibe, desto mehr fühlt es sich so an, als wäre Eigensinn ganz natürlich und selbstverständlich, ein fester Bestandteil des Menschseins, so wie jeder Mensch einen Kopf hat, ohne den er oder sie nicht leben kann.

These und ein schönes Schlusswort: Wären wir ohne Eigensinn nicht eher ein Roboter als ein Mensch?

Die Sache mit den Kühen: Maren Martschenko

Wenn wir Tiere eigensinnig nennen, liegt es oft schlicht daran, dass wir nicht verstehen, nicht verstehen können: Wie ticken die eigentlich? Was kann ein Hund alles riechen und hören, wie fühlt es sich an, auf acht Beinen zu krabbeln, hängen dem Bison nicht die Haare so in die Augen, dass er sich dringend und sofort einen Friseur wünscht, wird einem Faultier nicht auch mal langweilig und warum müssen sich Geweihträger immer so brutal gegenseitig in die Geweihe kriegen?

Viel zu wenig Wissen über die Tierwelt, viel zu viel Projektion menschlicher Erfahrung ... nein, das kann nicht gut gehen. Alles reine Spekulation. Vor allem natürlich in Bezug auf den Eigensinn – kriegen wir den doch schon oft genug in Bezug auf die eigene Spezies kaum zu packen. Ich behaupte also: Wir werden niemals wissen, ob ein Tier eigensinnig ist.

Doch es gibt noch einen anderen Aspekt: Menschen, die Tiere malen, gibt es schon seit Beginn der Menschheit, man denke nur an die großartigen Höhlenmalereien in Lascaux und anderswo, die Jagdbilder aus allen Epochen, Europa als Stier, Leda als Schwan. Mythen und Tiere – wir kennen diese Geschichten, die Raben im Märchen, die Drachen überall, die Wale und Delfine, Fabeln und Fabelwesen, Hase, Igel und Fuchs – gern auch allegorisch. Am eigensinnigsten waren vielleicht die Bremer Stadtmusikanten: Was Besseres als den Tod finden wir allemal – vor allem, wenn wir eine Gemeinschaft bilden. Doch Eigensinn scheint bei Tieren eher selten zu sein – zumindest kriegen wir selten etwas davon mit (was sicher nicht bedeutet, dass es ihn nicht gibt ...)

Ganz anders sieht die Sache aus, wenn Menschen versuchen, sich so weit als möglich in ein Tier hineinzuversetzen, beispielsweise, um es zu malen. Und da habe ich einen Verdacht. Nein, eigentlich zwei: Menschen, die sich darauf versteifen, möglichst nur *ein* Tier zu malen, haben einen Hang zum Eigensinn. Und ein Tier, das sich scheinbar allen malerischen Wiedergabeversuchen widersetzt, könnte durchaus auch eigensinnig sein – wissen wir es? Natürlich nicht.

Mein Verdacht ist schon recht alt. Und begann mit einem anderen großen Eigensinnigen – mit Josef Beuys. Einer seiner Lehrer war Ewald Mataré. Von dem sind regelrecht schmerzhafte Ausrufe überliefert: Jahrzehntelang hat er versucht, sich diesem „Biest" zu nähern – sein Wort. Und es gelang ihm nach eigenem Empfinden nie, das Tier wenigstens „einzukreisen", wie er oft wütend schimpfte.

Es geht um Kühe. Er hat sie gemalt und gezeichnet, als Plastiken gegossen und geschnitzt, sie dreieckig gemacht, winzig und groß, immer wieder auch versucht, sie zu abstrahieren. Doch die Kuh entzog sich ihm immer wieder, bei jedem neuen Versuch – und er hat sicher mehrere Hundert Anläufe genommen.

Was die Kühe dabei fühlten, werden wir nie erfahren. Für Ewald Mataré war es purer Eigensinn, die Kuh immer wieder neu in ihrem Kuh-Sein sehen zu wollen, es zumindest immer wieder neu zu versuchen. Das waren ständige Versuche, jeder davon ein Essay mit den Mitteln der Zeichenkunst. Matarés wichtigstes Ziel war, *das* Kuhhafte zu finden. Und darzustellen. Kontemplativ und ruhig, so war das Wesen seiner idealen Kuh. Eine, die in sich selbst ruht. Dieses Wesen bekam er aber nie zu fassen – fand er zumindest selbst, denn einige seiner Kühe wirken durchaus, als ob sie gerade meditieren würden. Oder wie die Kuh schlechthin, wie ein Urbild von Kuh.

Natürlich hat Mataré noch viele andere Dinge gemacht – Dinge, die von ihm erwartet wurden: Denkmäler, Skulpturen, Plastiken und Kirchentüren, er war Lehrer und Professor … Doch die Kuh, die war ihm wichtiger als das meiste andere. An ihr hing für ihn viel. Und das erlaubte er sich. Ganz eigensinnig, wieder und wieder.

Den nächsten eigensinnigen Menschen, den ich hier vorstellen möchte, habe ich tatsächlich über ihre Kühe gefunden: Maren Martschenko. Ewald Mataré kann ich nicht mehr fragen, ob er sich selbst als eigensinnig sah, ob er fand, dass er eigensinnig gelebt hat – und wie das gehen könnte. Aber Maren kann und werde ich gleich danach fragen ...

Doch zunächst möchte ich gern die Sache mit den Kühen abschließen: Wieder und wieder habe ich mir Marens Freitagskühe angesehen, mehr als einmal überlegt, mir eins dieser Bilder zu kaufen. Am Ende aber immer gedacht: Nein! Ich kann mich nie für eine – und damit gegen alle anderen – entscheiden! Manche vibrieren regelrecht, in Farben und mit Haarzotteln wie aus einer unbekannten Welt. Andere möchte ich beschützen, herzen, streicheln. Manche sind knallbunt – und gucken doch sehr nachdenklich, wieder andere scheinen Farbe zu scheuen, fast alle sind auf jeweils eigene Weise unglaublich stark, sogar die Kälbchen. Keine duckt sich weg, alle sehen mich direkt an. Doch sie sind alles andere als Super-Cows, ganz und gar nicht, sie denken nach, hadern, träumen, manche scheinen nach ihrem MUH zu suchen, ihrem ganz eigenen Muh.

Ich liebe sie alle, will und werde mich da niemals entscheiden – denn was für meinen Eigensinn, für mein eigenes Leben wichtig ist, muss ja nicht auch für Freitagskühe gelten. Im ersten Fall treffe ich ständig Entscheidungen: Was macht hier, jetzt und für mich Sinn? Die Kühe machen aber alle Sinn. Jede für sich.

Ich hoffe, Maren versteht das. Sie hat mir eben noch den Link zu einem Youtube-Video geschickt – darin spricht sie über den Eigensinn. Und über Bademantel-Momente. Da sagt sie unter anderem: „Eigensinnige Menschen können neue Maßstäbe setzen."

Keine Frage! Im ersten Buch habe ich schon von der Avantgarde gesprochen, von Menschen, die vorangehen und im besten Fall dort Wege bahnen, wo vorher noch gar keine waren. Natürlich braucht es dazu oft auch Mut. Mut, der eigenen Intuition zu vertrauen, auch, wenn alle anderen Menschen ganz anderer Meinung sind ... Ebenfalls ein Maren-Zitat. Und auch das stimmt natürlich.

Wenn schon eigensinnig, dann konsequent kultiviert

Maren Martschenko arbeitet als freiberufliche Markenberaterin in München. Und malt seit Jahren regelmäßig immer freitags großformatige Acrylbilder, seit 2011 ausschließlich Kühe. Sie nennt das ihr „Passion Projekt" und beschreibt es so:

„Dabei steht nicht das perfektionistische Abbild ihrer Modelle im Vordergrund, sondern das Malerlebnis, inspiriert von der Natur und den Farben der Musik." Farben und Pinselduktus wählt sie intuitiv nach Rhythmus und Stimmung des Liedes. Dabei entstehen einfühlsame, farbintensive Kuhporträts. Manche Bilder bleiben bewusst unfertig.

Mich hat allein schon das Wort #Freitagskuh elektrisiert und das war mal wieder so ein klassisches SoMe-Ding ... Wir kennen uns gar nicht. Und doch schien mir Maren vom ersten Moment an unglaublich nah. Vermutlich mal wieder die alte These: Eigensinn verbindet. Mehr noch – ich habe immer mal wieder im Netz gefragt: Kennt ihr Menschen, die ihr für eigensinnig haltet? Mehr als einmal fiel der Name Maren Martschenko.

Zu ihrem 50. Geburtstag hat sie eine Liste der "50 Dinge, die ich in den letzten 50 Jahren gelernt habe" online gestellt. Ziemlich weit vorn, an siebter Stelle, steht da: "Mein Eigensinn ist nicht meine größte Schwäche, sondern meine größte Stärke."

Okay. Sie ist präsent, eine bekennend eigensinnige Frau, da frage ich doch am besten gleich nach:

Liebe Maren, wie lebst du deinen Eigensinn?

Mein Eigensinn und ich, das war lange ein komplizierter Beziehungsstatus. Als Kind lernte ich, dass es nichts Gutes sein kann, eigensinnig zu sein. Ich eckte an. Stolperte über mein Verhalten. Stieß mit dem Kopf an Wände. Ich sammelte viele unsichtbare Blessuren. Am liebsten wäre ich angepasster gewesen, verhaltensunauffälliger. Aber irgendwie gelang es mir nicht. Denn ich war und bin eigensinnig. Es ist ein Feature meiner Persönlichkeit, so wie ich gerne lache und klug bin. Letzteres mögen Menschen.

Und wie hat sich das entwickelt?

Ich brauchte sehr lange, bis ich merkte, dass mein Eigensinn nicht meine größte Schwäche, sondern meine größte Stärke ist. Denn er bewahrt mich davor, in die Fußstapfen anderer zu steigen. Er hilft mir, mich abzugrenzen, Nein zu sagen, wo andere vielleicht noch Ja sagen. Er macht mich zu einer (be)merkenswerten Persönlichkeit, die erkennbar anders ist. Er leitet mich, meine eigenen Entscheidungen zu treffen. Für mich einzustehen. Meinen Standpunkt klar vertreten – auch gegen Widerstände. Als Unternehmerin und Markenberaterin ist das unbezahlbar.

Schlüsselerlebnis war ein Netzwerktag am Pool, den ich mit einer Gruppe großartiger Unternehmerinnen im Bademantel in einem Spa verbrachte. Wir zeigten uns, wie wir waren: ungeschminkt, nackt bis auf die Haut unserer Persönlichkeiten. Am Ende des Tages hatte ich drei neue Beratungsaufträge, einfach, weil ich mich gezeigt habe, wie ich bin. Das hat mich sehr bestärkt, meinen Eigensinn ganz offen zu leben. Ein sehr befreiendes Erlebnis. Solche Momente bezeichne ich seitdem auch als Bademantel-Momente des Lebens.

Bist du damit heute gesellschaftsfähig?

Nein. Eigensinnige Menschen sind zwar wichtig für das System, weil sie immer wieder durch Störung Veränderungen herbeiführen. Sie sind allerdings meist auch nicht besonders obrigkeitshörig und fügen sich nicht so leicht ein. Störfaktoren eben. Als Erwachsene habe ich mir ein System gebaut, in dem ich meinen Eigensinn als Stärke ausleben kann. Dazu gehört, mein eigenes Unternehmen zu führen, in dem ich arbeiten kann, wann, wo, wie und mit wem ich will. Habe meine eigene Familie mit herrlich eigensinnigen Lieblingsmenschen. Wenn schon eigensinnig, dann konsequent kultiviert.

Und wie eigensinnig sind die Freitagskühe? Für sich allein – und in deinem (Berufs-)Leben?

Freitagskühe sind sehr eigensinnig. Sie wollen nur am Freitag und nur zu jeweils einem Song gemalt werden. Anders geht es nicht. Jedes Bild ist anders und erzählt für mich die Geschichte hinter dem Song oder dem Motiv. Welche das ist, verrate ich nicht immer. Viele Menschen, die meine Bilder sehen, verbinden eigene Geschichten damit. Es ist immer wieder bereichernd, sie zu hören.

Tatsächlich ist mir irgendwann eine Gemeinsamkeit zwischen meiner Malerei und meiner Arbeit aufgefallen: Das Leitmotiv in meiner Beratung lautet „Konzentriere dich auf das Wesentliche und das Wirksame". Das ist auch mein Ansatz beim Malen. Zuerst entscheide ich über die Farben, dann skizziere ich die Kuh in groben Zügen. Wenn diese erste Skizze sitzt, geht es ans Ausarbeiten. Es geht um Ausdruckskraft, nicht um Perfektion.

Maren Martschenko hat BWL und Organisationspsychologie studiert, ist gestaltende Beraterin und kreative Unternehmerin. „Lebendig. Humorvoll. Inspirierend. Selbst denkend. Leidenschaftlich. Good to work with. Markenmacherin. OK Master der Digital Media Women. Autorin des Buches »Design ist mehr als schnell mal schön«. Gründerin des Magnetprodukt-Clubs. Chief Enthusiasm Officer. Auf-den-Punkt-Bringerin". [7]

---

[7] *Zitiert von ihrer Webseite: https://marenmartschenko.de/*

Und die Freitagskühe sind hier zu finden: https://paintinginprogress.de/

Eigensinnig im Dienst von anderen

Es gibt so Ideen ... Da frage ich mich immer: Warum ist denn da nicht schon früher jemand draufgekommen?! So sinnvoll, so evident und nützlich, oft genug auch noch: so bestechend simpel!

An solchen Ideen – und natürlich deren Umsetzung – zeigt sich für mich jedes Mal wieder die Kraft des Eigensinns. Wie auch schon in „Mein Kompass ist der Eigensinn" erwähnt: Die Welt braucht eigensinnige Menschen! Wir brauchen sie, die Gesellschaft braucht sie. Dringend! Denn sonst würde sich nie was ändern. Sie sind es, die vorangehen können. Und sie tun es.

Wie oft verläuft der Weg zu sinnvoll Neuem weit abseits aller eingetretenen Pfade! Weil jemand die alles entscheidende Idee hat, nicht auf die laut schreienden „Abers" und andere Einwände hört. Diesen Weg so unbeirrbar verfolgt, dass sich einer der Protagonisten dieses Kapitels sogar laut lachend selbst „Ohne Trick Pony" nennt – ein Zirkuspferd, das nur eine einzige Sache sicher beherrscht.

Es geht um Menschen, die so entschieden, bestechend klar und für alle sichtbar einen sinnvollen Weg erkennen, ihn unbeirrt nutzen, immer wieder zur Sprache bringen, ihn zur Not auch mit Zähnen und Klauen verteidigen, nie von ihm ablassen – wenn es sein muss. Und oft genug muss es sein!

Sicher: Das braucht viel Mut, Selbstvertrauen, den richtigen Kompass. Oder schlicht das Wissen darum, dass es eben richtig *ist*. Das genügt ja eigentlich völlig, oder? Was soll denn noch mehr kommen als die Gewissheit: Genauso und nicht anders kann und soll es gehen.

Tja, manchmal entstehen solche Wege und Ideen auch viel zu früh. Wenn die Zeit noch gar nicht reif dafür ist. Der Druck auf all die, die es angeht, noch nicht groß genug ist, Zusammenhänge noch locker zur Seite gewischt werden können: „Nö, brauchen wir doch gar nicht! Ist ja noch immer gut gegangen? Warum soll da ein neuer Weg entstehen, eine neue Idee Realität werden?"

Wohlgemerkt: Ich bin absolut keine Verfechterin des „Neu ist immer besser". Ganz und gar nicht. Mein Hauptaspekt ist da glasklar: Sinnvoll muss es sein! Das zeigt sich oft genug an der Frage, wem die neue Idee in welcher Hinsicht nützt.

Wirklich: Es kann oft so einfach sein! Dafür stehen unter anderem die drei Menschen, die ich hier in den Blick nehmen will. Zum Beispiel die Frau, die erkannt hat, wie unwürdig es ist, dass Buchautorinnen und Buchautoren oft gar nicht von ihrer durchaus harten Arbeit leben können. Und einen gar nicht mal komplizierten Weg gefunden hat, wie dieser Tatsache – die oft erschreckend widerspruchslos hingenommen wird – abgeholfen werden kann. Von dem Moment an, in dem sie das erkannt hatte, tat sie nicht mehr viel anderes, als den Weg ihres Eigensinns unbeirrt auszubauen. Sandra Uschtrin heißt sie und kommt gleich selbst zu Wort.

Oder der Mann, der sich als Pfarrer manchmal so gar nicht an geltende Regeln hielt, dass er sich immer wieder von Vorgesetzten ermahnen lassen musst – hat ihn nie auch nur im Geringsten gestört. Denn er wusste immer genau, wem er helfen wollte. Und warum. Wofür er stehen will. Und wofür nicht. Inzwischen ist Hans Mörtter zwar offiziell im Ruhestand, wurde aber für sein ehrenamtliches Engagement vom Landschaftsverband Rheinland mit dem Rheinlandtaler in der Kategorie „Gesellschaft" ausgezeichnet.

Eigensinn darf großzügig sein.

✴✴✴✴✴✴✴✴✴✴✴✴✴✴✴✴✴✴✴✴✴✴✴✴✴✴✴✴✴✴

Und dann gibt es da noch einen promovierten Chemiker, der hat nicht weniger als gleich die gesamte Menschheit plus unseren ganzen Planeten im Blick. Darf ich vorstellen:

Professor Dr. Michael Braungart, Mister Cradle to Cradle

Er ist der „Vater" der Cradle-to-Cradle-Idee. Und sein erster Satz in dem Gespräch, das ich mit ihm führe, ist ein lachender Ausruf: „Aber natürlich bin ich eigensinnig!"

Braungart ist promovierter Chemiker und Verfahrenstechniker, Gründer und wissenschaftlicher Geschäftsführer von EPA, einem international agierenden Umweltforschungs- und Beratungsinstitut mit Hauptsitz in Hamburg. Das Cradle-to-Cradle-Prinzip ist seine Antwort auf viele unserer drängendsten Fragen in Bezug auf Klima- und Umweltschutz. Worum geht es hier?

Wörtlich übersetzt, heißt Cradle to Cradle: Wiege zu Wiege. Also: Von der Wiege zurück in die Wiege, statt von der Wiege bis zur Bahre. Das erklärt schon ziemlich viel. Tatsächlich geht es Braungart vor allem darum, Müll, Abfall, schädliche Gase oder Plastik in den Meeren, kurz: überschüssiges, nicht wiederverwendbares Material erst gar nicht entstehen zu lassen. Statt all das – wie bisher meist üblich – nach der Entstehung verzweifelt (und oft nicht sonderlich erfolgreich) erst wieder „eindämmen" zu müssen, beispielsweise durch Recycling. Da wäre es doch tausendmal besser, all diesen Müll gleich gar nicht erst entstehen zu lassen!

Das ist eine dieser Ideen, die mich aus dem Stand weg elektrisieren können. Ja, die ist ganz sicher eigensinnig. Dafür steht Michael Braungart als „One Trick Pony", wie er sich selber nennt. Das ist ein

Lebewesen, das nur einen einzigen „Trick" beherrscht, den aber bravourös. Und was für ein riesiges Kunststück Michael Braungart damit im Sinn hat!

Der Chemiker weiß nur zu genau, wie viele Schad-, manchmal regelrechte Gift-Stoffe uns trotz aller Recycling-Anstrengungen noch immer umgeben. Das kann unmöglich der richtige Weg sein, findet er. Und plädiert dafür, noch sehr viel radikaler zu denken, zu planen, zu produzieren und zu bauen. Auf seiner Webseite[8] schreibt er: „Der Mensch soll mit dem, was er tut, nützlich sein für andere Stoffkreisläufe. Seine Produkte sollen in Stoffkreisläufen funktionieren, sodass es keinen unnützen Abfall, sondern nur noch nützliche Rohstoffe gibt. Dass das funktionieren kann, zeigen mehrere Hundert Produkte auf der Welt, die nach diesem Prinzip entwickelt worden sind."

Seine Erfahrung: „Die funktionierenden Wechselwirkungen zwischen natürlichen Systemen legen nahe, dass die Etablierung von nachhaltigen Systemen der Produktion und des Konsums keine Frage der Reduzierung der Größe unseres ‚ökologischen Fußabdrucks' ist, sondern die Herausforderung ist eher, wie dieser ‚Fußabdruck' als nie versiegende, unterstützende Quelle für natürliche Systeme errichtet werden kann."

Schon beim Lesen seiner Webseite dachte ich: „Wow, was bringt dieser Mann für eine Unbeirrbarkeit mit sich!"

Ja, bestätigt er mir in unserem Gespräch, er verfolge nur dieses eine Ziel, wichtig genug ist es ja. Und er versteht sehr viel von „seinem Thema", nicht nur seines Studiums wegen, sondern hat „jahrelang allen möglichen Menschen einfach nur zugehört". Erst dann begann er, sich zu Wort zu melden. Das ist ihm wichtig.

---

[8] https://michaelbraungart.com/

Aus all den Vorüberlegungen sowie aus seinem ganz persönlichen Lebens- und Berufsweg entstand eine Erkenntnis, die ich auch in Bezug auf den Eigensinn für eminent wichtig halte: „Ich fühle mich moralisch anderen Menschen niemals überlegen." Das betont er mehrfach und spitzt diesen Satz im Lauf unseres Gesprächs noch zu: „Selbstoptimierung" interessiere ihn nicht die Bohne, Zielstrebigkeit dagegen sehr wohl.

Weniger schlecht, ist noch lang nicht gut

Interessant, was Michael Braungart alles unter „Selbstoptimierung" fasst – die „Langlebigkeit" diverser Produkte zum Beispiel. Die sei absolut nicht zielführend – denn am Ende entstehen ja doch wieder nur Tonnen an Abfall, woraus auch immer. Und in der Zwischenzeit dürfen wir uns darüber streiten, wer sich und seinen Teil der Umwelt besser „optimieren" kann, indem Müll recycelt, Plastik immer leichter gemacht wird, sodass die Plastikflaschen nur so durch die Luft fliegen und erst recht im Meer landen! Ein aussichtsloses, sinnloses Unterfangen. Alles andere als zielstrebig.

„Der Mensch ist das einzige Lebewesen, das nicht verwertbaren Abfall produziert", sagt er. Das kann durchaus zu einer Frage der Perspektive werden ...

Braungart scheut sich nicht, selbst menschliche Exkremente als wiederverwertbares Produkt zu definieren – als Dünger beispielsweise, der vielerorts dringend gebraucht wird. Er erzählt von seinen Reisen nach China, bei denen er in ländlichen Gebieten zum Essen eingeladen war. Da gilt es als extrem unhöflich, das Haus des Gastgebers zu verlassen, bevor man die Toilette aufgesucht hat – extrem ausgedrückt, ließe sich das sogar als „Diebstahl von Nährstoffen" werten.

Noch extremer das Beispiel einer Essenseinladung bei den Yanomami, „die mich schwer beeindruckt haben". Da stehe auf dem Mittagstisch schon mal ein Glas mit der Asche Verstorbener – und jeder darf seinem Essen ein Löffelchen davon zufügen. Das sei durchaus sinnvoll, oft sogar notwendig, denn sonst sei das Essen eher kalzium- und natriumarm, erzählt Braungart. Und selbst verstorbene Menschen werden auf diese Weise niemals zu etwas, das „entsorgt" werden muss. Wie gesagt: Bitte nie moralisieren! Das ist ein Motto, an das der bekennend eigensinnige Braungart sich auch in seinem Privatleben durchaus hält.

Seinen Weg zu diesem eigensinnigen Projekt namens Cradle to Cradle stelle ich mir nicht unbedingt einfach vor ... Darum versuche ich mehrfach, ihn zu fragen, wie er denn mit Anfeindungen, ignoranten Kommentaren und dergleichen umgehe. Da bleibt er völlig gelassen, zieht sich auf seine Definition für Qualität zurück – und die muss schlicht und einfach ohne die Produktion von Abfall auskommen. Das geht. Mehr und mehr, immer besser. Oder: „Weniger schlecht, ist noch lange nicht gut", wie er betont.

Zum Beispiel im Bausektor: Der wichtigste Grundsatz für das Bauen nach dem Cradle-to-Cradle-Prinzip ist, dass die Materialien, mit denen gebaut wird, leicht zu demontieren, sortenrein trennbar und dadurch vollständig recycelbar sein müssen. Ziel ist: Auf diese Weise werden Gebäude zu langlebigen, werthaltigen Rohstoffdepots, die die Ressourcen nach dem Ende ihrer Nutzungszeit wieder freigeben und somit zum Werterhalt der Immobilie beitragen.

Einfach machen!

Gebäude nach dem Cradle-to-Cradle-Prinzip besitzen einen positiven Fußabdruck, beispielsweise, indem sie die Außenluft oder das Regenwasser reinigen oder Lebensräume für Pflanzen und Tiere schaffen. Durch die Nutzung und Produktion von erneuerbarer Energie können solche Gebäude langfristig mehr Energie liefern, als sie verbrauchen – „energiepositive Gebäude" nennt Braungart das. Es gibt bereits sehr konkrete Beispiele für diese Art des Bauens. Beispielsweise das Rathaus im niederländischen Venlo. Für solche Gebäude wird ganz eigenes Baumaterial entwickelt. Weitere Projekte sind der Neubau der RAG Zeche Zollverein in Essen oder das Feuerwehrhaus Straubenhardt.

In einer Online-Plattform werden alle materialbezogenen Informationen zu Produkten und Baustoffen gesammelt und nach deren Verwendbarkeit in Bauvorhaben strukturiert. So besteht die Möglichkeit, sich über kreislauffähige und gesunde Bauprodukte zu informieren, in Kontakt mit den Herstellern zu treten und das Datenmanagement für Bauprojekte zu organisieren. Am Ende gibt es für jedes erfolgreich realisierte Bauprojekt nach dem Cradle-Cradle-Prinzip einen sogenannter Building Material Passport – ein Art Pendant zum Energieausweis, aber eben für die Materialverwendung.

Doch das ist noch lang nicht alles. Braungart erzählt auch von Geschäftspartnern, die sich auf seinen Weg eingelassen haben – und durchaus selbst eigensinnig sind – „die haben es einfach gemacht!" Ja: Eigensinn verbindet wirklich!

Selbst einer wie trigema-Manager Wolfgang Grupp, der „ja aus einer ganz anderen Welt kommt", wie Braungart sagt, selbst der konnte nicht widerstehen, sich Braungarts eigensinnigen Ideen anzuschließen. Ja, das machte selbst für Wolfgang Grupp Sinn. Seit 2022 produziert auch er seine T-Shirts nach dem Cradle-to-Cradle-Verfahren. Die kann man im Zweifelsfall auf den Komposthaufen werfen und in neun Monate haben sie sich restlos aufgelöst. Braungart lacht: „Erst hat er mich noch öffentlich attackiert, dann hat er sich in Ruhe angesehen, was wir so machen. Und dann wollte er auf einmal auch Teil dieser Bewegung werden!"

Auch da moralisiert ein Michael Braungart nicht ... Egal, ob es um die „Fear of Missing out" geht – die ständige Furcht jüngerer Menschen, etwas zu verpassen, oder um das Ego des trigema-Mannes Wolfgang Grupp, die Beweggründe sind ihm vollkommen egal. Er nutzt sie –

einmal erkannt – ganz einfach im Interesse von Cradle to Cradle. Warum auch nicht? Hauptsache, mit der Dummheit der Menschen, ständig Abfall produzieren zu müssen, ist endlich Schluss! Genau das sagt er dann nämlich auch noch: „Nur Idioten produzieren Abfall!"

Nach meinem Gespräch mit Michael Braungart steht für mich einmal mehr fest:

Wer seinem Eigensinn folgt, kommt zu einer klaren Haltung. Und muss sich nicht (mehr) scheuen, auch mal deutliche Worte zu sagen.

****

Professor Dr. Michael Braungart wurde 1958 geboren, ist Chemiker, Professor an der Erasmus-Universität Rotterdam und der Leuphana Universität Lüneburg, Professor für Eco-Design, Geschäftsführer der EPEA, der Environmental Protection Encouragement Agency und wissenschaftlicher Leiter des Hamburger Umweltinstituts. Außerdem hat er den Bereich Chemie bei Greenpeace Deutschland mitaufgebaut und 1985 bis 1987 geleitet.

Nicht ohne mein Team!

Die zwei Menschen, die ich jetzt gleich vorstellen möchte, kennen sich überhaupt nicht. Und doch gehörten beide von Anfang an zu den Stimmen, die ständig in meinem Kopf rumorten, als ich darüber nachdachte: Wie geht das eigentlich, gelebter Eigensinn?! Wen könnte ich dazu mal befragen?

Beide haben etwas gemeinsam: Sie legen den größten Wert darauf, dass gelebter Eigensinn ohne das richtige Team ein Ding der Unmöglichkeit ist.

Das freut mich natürlich sehr, beweist es doch einmal mehr meine Feststellung, dass Eigensinn und Egoismus absolut nichts miteinander zu tun haben. Eigensinnige Menschen sind alles andere als egozentrisch – jedenfalls die beiden nicht, die sich da schon so lang als optimale Beispiele für den „Eigensinn im Dienst von anderen" in meinem Kopf regelrecht festgekrallt hatten.

Wie erleichtert war ich, als sie einem Interview zustimmten ...

Sandra Uschtrin und das Verantwortungseigentum. Oder: die Autorenwelt

Die Autorenwelt, ein kleines Unternehmen, schlägt derart neue Wege ein, dass so etwas für mich nur mit Eigensinn zu erklären ist. Ist das wahr? Ist sie eigensinnig? Ich werde Sandra Uschtrin gleich danach fragen.

Doch erst einmal: Ihr bin ich besonders dankbar für unser Interview, denn ohne sie wäre die Trilogie des Eigensinns für mich unvollständig. Sie stand mir schon beim Schreiben meiner allerersten Zeilen immer wieder vor Augen, wie eine Art guter Geist ... Ja, das ist sie für mich. Und wer mit Büchern zu tun hat, wird ihren Namen sicher schon mindestens einmal gehört haben ...

Sandra Uschtrin steckt hinter dem Klassiker für alle (angehenden) Autor:innen, dem stets aktualisierten Handbuch für Autorinnen und Autoren, pickepackevoll mit Informationen und Adressen aus dem deutschen Literaturbetrieb und der Medienbranche. Und sie war 2019 „Bücherfrau des Jahres" – eine Ehrung, die jährlich vom Netzwerk der BücherFrauen vergeben wird – „Die Branche ist weiblich", sagen die und haben sich darum zu einem Netzwerk zusammengefunden, in dem Frauen aus allen Bereichen rund ums Buch vertreten sind.

Das sind nur zwei Ergänzungen zu Sandra Uschtrin, die mir wichtig scheinen. Doch hier soll es um die Autorenwelt gehen. Was ist das?

Die Autorenwelt ist eine Plattform zur Professionalisierung und Vernetzung von Autorinnen und Autoren im Internet. Zu dieser Welt gehören der Verlag, in dem Bücher wie das Handbuch für Autorinnen und Autoren, aber auch die Fachzeitschriften „Federwelt" und „Selfpublisher" erscheinen, außerdem eine Onlinebuchhandlung und der Autorenwelt-Shop mit seinem Autorenprogramm.

Und da fangen die Besonderheiten bereits an: Alle Autorinnen und Autoren können am Autorenprogramm teilnehmen und werden dann mit 7 Prozent vom Ladenpreis an jedem verkauften Buch beteiligt. Ganz egal, ob sie Selfpublisher sind, einen Verlagsvertrag haben und auch egal, welche Gewinne sie sonst noch mit ihren Büchern erzielen. Einzige Teilnahmevoraussetzung – neben der aktiven Registrierung – ist: Die Bücher müssen beim Buchgroßhändler Libri gelistet sein, denn der versendet im Auftrag der Autorenwelt die Bücher an die Kundinnen und Kunden, die im Online-Shop eingekauft haben. Der Versand ist innerhalb von Deutschland kostenlos und geht rasend schnell. Ist bei Selfpublishing-Titeln ebenso möglich wie bei Verlagstiteln. Autor:innen und seit einiger Zeit auch Übersetzer:innen erhalten von der Autorenwelt also Geld, was sie sonst nirgendwo erhalten. Diese 7 Prozent zieht die Autorenwelt von der eigenen Buchhandelsmarge ab.

Warum macht jemand so was? Freiwillig? Die Frage wird gleich beantwortet.

Zunächst noch eine weitere Besonderheit: Es geht um eine GmbH in Verantwortungseigentum. Bedeutet: Die Autorenwelt gehört nur sich selbst, ist unverkäuflich. Alle Gewinne werden reinvestiert oder für gemeinwohlorientierte Zwecke verwendet, niemals privatnützig ausgeschüttet. Wer genauer wissen möchte, was das ist, dem sei der Wikipedia-Eintrag „Verantwortungseigentum" empfohlen.

Denn das ist wirklich was Besonderes: Geschäftsführerin Eva Stütze sagt dazu: „Mich motiviert die Arbeit in einem Unternehmen in Verantwortungseigentum und die Pionierarbeit, die wir hier für eine faire, nachhaltigere Wirtschaft am Beispiel der Buchbranche leisten."

Liebe Sandra Uschtrin, was ist deine Rolle bei alldem? Ganz am Anfang und was ist sie heute? Von wem stammt die „Initialzündung" dazu?

Bei der Autorenwelt sind wir derzeit ein Team von vier Leuten. Der Ursprung geht auf einen Relaunch meiner Verlagswebsite uschtrin.de zurück. Ich hatte dort Informationen für Autor:innen gesammelt, zum Beispiel Ausschreibungen von Literaturpreisen und -stipendien. Diese Website wurde mit der Zeit immer unübersichtlicher. Ich hatte schon einige Versuche unternommen, das zu ändern, hatte mit den betreffenden Programmierern aber kein Glück gehabt und war ziemlich entnervt. Irgendwann meinte Wilhelm, mein Sohn, für ein derart umfangreiches Projekt bräuchte es einen Projektmanager, und wenn es für mich okay sei, würde er das machen. Er war damals fast fertig mit seinem Studium und Projektmanagement und das Innenleben von Organisationen faszinierten ihn.

So wurden er und ich plötzlich ein Team – und lernten uns dabei noch mal ganz neu kennen. Wir fuhren zum Beispiel gemeinsam nach Hamburg und besuchten dort Uwe Lübbermann, den Kopf hinter Premium-Cola, der uns sehr inspirierte. Schließlich gaben wir bei einer Firma zwei Websites in Auftrag: eine eher kleine, statische Seite für den Uschtrin-Verlag mit Informationen zum Verlag. Und eine andere, die wir Autorenwelt nannten (autorenwelt.de). Dort sollten all die dynamischen Dinge ihren Platz finden: die Ausschreibungen, das Forum, der Blog ... Autor:innen und Menschen aus der gesamten Buchbranche sollten sich dort einloggen und sich und ihre Workshops oder Veranstaltungen vorstellen können.

Das waren die Anfänge. Die Autor:innen standen dabei immer im Mittelpunkt, und wir fragten uns, was wir tun könnten, um deren wirtschaftlich oft prekäre Lage zu verbessern. Bald kamen wir auf die Idee mit dem Autorenprogramm, also darauf, eine Onlinebuchhandlung ins Leben zu rufen und die Autor:innen an den Verkäufen zu beteiligen.

So neu war diese Idee übrigens gar nicht. In den Siebzigerjahren hatte es in Deutschland ja etliche Autorenbuchhandlungen gegeben. Stationäre Buchhandlungen, die von Autor:innen gegründet worden waren und an deren Umsätzen sie beteiligt wurden. Wilhelm programmierte dann das Autorenprogramm – das ist die digitale Schnittstelle zwischen Shop und Autor:in. Und seither zweigen wir – beziehungsweise das Autorenprogramm – von jedem Buch, das wir verkaufen, 7 Prozent vom Ladenpreis ab und leiten dieses Geld an die Autorin oder den Übersetzer weiter. Wenn das Autorenprogramm diese 7 Prozent keiner Person zuordnen kann – etwa bei Autor:innen, die nicht mehr unter uns weilen oder die noch nicht am Autorenprogramm teilnehmen –, dann sammelt es das Geld auf einem speziellen Account.

Mit den 30.000 Euro, die bisher auf diese Weise zusammenkamen, haben wir das Netzwerk Autorenrechte (http://www.netzwerk-autorenrechte.de/) unterstützt. Insgesamt konnten wir Worturheber:innen bisher (Sommer 2023) über 70.000 Euro direkt persönlich oder eben über unsere Spenden ans Netzwerk Autorenrechte zugutekommen lassen. Aber es könnte eben noch sehr, sehr viel mehr sein, wenn mehr Menschen ihre Bücher im Autorenwelt-Shop einkaufen würden.

Was gab den Ausschlag für so eine scheinbar verwunderliche Idee in einem Geschäftsbereich, in dem eher Haie als Menschenfreund:innen unterwegs sind? Warum tut jemand so was?

Ich glaube, in der Buchbranche sind nur wenige Haie unterwegs. Die meisten sind Idealisten. Viele Autor:innen wollen die Welt mit ihren Werken besser machen. Und unter den Literaturagentinnen, Verlegern, Buchhändlerinnen und Dienstleistern gibt es viele, die alles dafür tun, damit diese Bücher möglichst viele Leserinnen und Leser finden. Wer das große Geld verdienen will, ist in anderen Branchen zu Hause.

Warum tut man so was? – Weil es unglaublich motivierend ist, etwas zu tun, von dem man überzeugt ist, dass es gelingen könnte und dass es dazu beiträgt, die Welt zu einem besseren Ort zu machen.

Würdest du dich eigensinnig nennen? Wenn ja, warum? Was bedeutet Eigensinn für dich?

Vermutlich sind alle in unserem Team eigensinnig. Eigensinnig bedeutet für mich, bereit zu sein, andere Wege zu gehen. Zu prüfen, inwiefern sie gangbar sind, und nicht gleich die Flinte ins Korn zu werfen, wenn man auf Widerstände stößt oder nicht alles so schnell vorangeht, wie man es sich wünscht.

Kannst du was mit meinem Gedanken anfangen „Eigensinn verbindet"? Und wenn es so wäre, was käme dann dabei raus?

Klar! Natürlich unser Modell. Du, Maria, bist dafür ein wunderbares Beispiel. Du nutzt das Autorenprogramm, erzählst anderen davon, gibst uns hier Raum, um uns vorzustellen, kaufst selbst immer wieder im Autorenwelt-Shop ein – und warum tust du das? Vermutlich, weil du eigensinnig bist und an unser Modell glaubst, das für nachhaltigeres, faires Wirtschaften steht. Du weißt, hinter der Autorenwelt und dem Shop steht keine große Firma oder Organisation, kein Konzern.

Und ja, unsere finanzielle Situation ist herausfordernd: Die Autorenwelt samt Shop und Autorenprogramm trägt sich finanziell noch nicht komplett selbst (insbesondere unsere Gehälter nicht), weshalb wir sie nach wie vor querfinanzieren. Wir haben also keine externe Investorin, keinen Mäzen, sondern finanzieren das Ganze über Dienstleistungen an externe Dritte. Das erfordert hohen Einsatz vom Team und ist nicht immer bequem, sondern teilweise echt hart. Doch: Wir haben bewiesen, dass eine Onlinebuchhandlung, wie wir sie betreiben, funktioniert.

Ist das nicht großartig?

Wenn wir jetzt – gemeinsam mit eigensinnigen Menschen wie dir, Maria – diesen Weg weitergehen und sich uns mehr und mehr Menschen unterwegs anschließen, dann kann etwas wirklich Großes entstehen: ein Buchmarkt, auf dem Autoren und Übersetzerinnen nicht Tag für Tag ums Überleben kämpfen müssen, sondern gerecht bezahlt werden und vom Schreiben sehr viel besser leben können als bisher.

Denn es ist ja so, dass die allermeisten, die für unseren Lesestoff sorgen, sich finanziell oft mit zig Jobs über Wasser halten müssen. Später sind dann viele auch noch von Altersarmut bedroht. Dass diejenigen, die den Lesestoff produzieren und die Basis der gesamten Buchbranche sind, finanziell am schlechtesten abschneiden, ist einfach nicht fair.

Doch wenn alle, die unser Interview lesen, ab sofort im Autorenwelt-Shop einkaufen und ihren Freunden und Bekannten davon erzählen – es gibt bei uns übrigens auch Geschenkgutscheine –, wird der Eigensinn siegen.

Um das kurz mit ein paar Zahlen zu untermauern: Derzeit macht unsere Onlinebuchhandlung einen Umsatz von rund 250.000 Euro im Jahr. Das heißt, die Autorenwelt beteiligt Autorinnen und Übersetzer jährlich mit rund 17.500 Euro.

Zum Vergleich: Die Buchhandelskette Thalia macht jährlich einen Umsatz von über einer Milliarde Euro. Eine Milliarde ist eine Eins mit neun Nullen! Würde Thalia 7 Prozent davon an Autoren und Übersetzerinnen abgeben, so wie wir es machen, könnten sie jährlich 70.000 Millionen Euro zusätzlich verdienen. Nicht schlecht, oder?

Uns ist klar: Um vorerst das Ziel zu erreichen, jährlich eine Million Umsatz zu erwirtschaften, braucht es mehr Menschen als bisher, die über uns sprechen und in unserer Buchhandlung einkaufen. Was ja übrigens kein bisschen wehtut: Die Bücher sind bei uns nicht teurer als anderswo und Versandkosten muss auch keiner zahlen.

Aber es ist eben nicht so leicht, in den Köpfen ein Umdenken in Gang zu setzen. Wir Menschen sind Gewohnheitstiere, gerade auch, was unser Einkaufsverhalten betrifft.

Doch es gibt immer eine Alternative und das ist in der Buchbranche der Autorenwelt-Shop: die einzige Buchhandlung, bei der Autorinnen und Übersetzer tatsächlich im Mittelpunkt aller Bemühungen stehen. Wir laden alle, die Bücher lieben, ein, in die Verantwortung zu gehen und dieses Modell groß zu machen. Ihr habt es in der Hand!

Ich hab mal gesagt: „Eigensinn ist das, was uns davon abhält, wie Lemminge durch die Gegend zu rennen." Stimmst du mir zu – und welche Rolle spielt so ein Gedanke für dich – vor allem mit Blick auf unsere ganze Gesellschaft?

Ja, da bin ich ganz bei dir. Eigensinn ist wichtig – verbunden mit Solidarität. Es gibt viele Menschen bei uns in Deutschland, denen es nicht gut geht, finanziell, psychisch, gesundheitlich. Wer genügend

Kraft hat, auch mental, sollte sich also fragen, wie und wo er sich einbringen kann. Ungerechtigkeiten sind nicht in Stein gemeißelt. Faireres Wirtschaften ist möglich. Bessere Schulen für Kinder sind kein Ding der Unmöglichkeit.

Wir müssen nur die Ärmel hochkrempeln, uns zusammentun und es umsetzen. Und nicht auf die anderen und den Staat warten, dass sie den ersten Schritt machen, sondern selbst mit gutem Beispiel vorangehen.

Für mich ist Eigensinn auch Individualität – in dem Sinn, dass wir erst eine eigene Haltung finden müssen. Die wir dann wunderbar in den Dienst anderer Dinge, Menschen, Anliegen, Gemeinschaften, Petitionen etc. stellen können. Für mich kommt es vor allem auf die Reihenfolge an. Meinen Eigensinn zu entwickeln, zu ihm zu stehen, ist aber auch ein Zeitfaktor – es dauert, bis wir unseren eigenen Weg gefunden haben. Manche nennen so etwas „Entwicklung" – und ich finde: Entwicklung braucht immer auch ein Ventil. Das ist oft kreativ. Bei mir kommen am Ende Bücher raus, bei anderen Werke der Bildenden Kunst, Kompositionen, Choreografien, ein Strickmuster, neue Brot- oder Rosensorten, was weiß ich. Wie siehst du solche Prozesse im Licht von Künstlicher Intelligenz? Oder anders rum: Wenn Eigensinn – zumindest am Anfang – absolut individuell sein muss (wo bliebe sonst das „eigen"?), kann dann KI wirklich eine nützliche Hilfe sein?

Ja, Künstliche Intelligenz kann nützlich und hilfreich sein, wenn wir lernen, richtig mit ihr umzugehen. Aber wie dieses „richtig" aussieht – darüber wird es, wie immer, verschiedene Meinungen geben.

Wenn KI zum Beispiel hilft, eine richtige Diagnose zu erstellen, sodass die Krankheit eines Menschen schneller entdeckt und behandelt werden kann, dann halte ich KI für eine rundum nützliche Hilfe.

Im Bereich der Kunst kann KI etwas sein, an dem wir uns reiben können, eine Sparringspartnerin, an der wir uns abarbeiten können. Auf diese Art könnten Werke – etwa Gedichte – entstehen, die durchaus neu sind und das Menschheitsprojekt „Lyrik" weiterentwickeln. Aber es können natürlich auch Hunderttausende ewig langweilige Gedichte entstehen, die niemand lesen mag. Muss ja aber auch niemand tun.

Sandra Uschtrin wurde 1960 in Hamburg geboren, studierte Neuere Deutsche Literatur, Zeitungswissenschaft und Soziologie. Sie ist Autorin und Verlegerin, gründete 1996 einen Verlag unter ihrem Namen, um das Handbuch für Autorinnen und Autoren selbst herauszugeben. Seit 2005 ist sie Herausgeberin der Fachzeitschriften „Federwelt" und seit 2016 von „der Selfpublisher". 2014 gründete sie das Portal Autorenwelt. Ein Jahr später fügte sie ihm den Shop hinzu, den einzigen Fairtrade-Online-Buchshop, der Autor:innen an den Verkaufserlösen beteiligt: https://www.autorenwelt.de/

Der unverkennbar eigensinnige Pfarrer

Ich treffe mich mit dem evangelischen Pfarrer Hans Mörtter. Wir haben uns lange nicht gesehen, aber über 15 Jahre habe ich unter anderem die Öffentlichkeitsarbeit seiner Gemeinde (neben gut 60 anderen ...) begleitet.

Er ist der „Südstadtpfarrer" Kölns, steht für Kirchasyl gegen alle Widerstände, zur Not auch mehrere Jahre am Stück, Flüchtlingsarbeit ohne Grenzen und christliche-muslimische Gottesdienste. Für Tango und Improvisationstheater in der Kirche, ausgedehnte Fahrradtouren für Konfirmandinnen und Konfirmanden, internationale Wandmalprojekte, „Zweite- und Dritte-Welt-Basare". Mit dem Menschensinfonieorchester für das bundesweit erste, höchst professionell spielende, mehrfach ausgezeichnete Orchester aus Straßenmusikern und „normal" lebenden Musikerinnen. Außerdem für spektakuläre Gemeindefeste, Lateinamerika-Tage, für die deutschlandweit erste, 1994 noch unerlaubte Segnung eines schwulen Paares, Talk-Gottesdienste, Begegnungsstätte und Restaurant für Obdachlose und Nicht-Obdachlose, für öffentliche Weihnachtswunschlisten für Kinder, bei denen zu Hause das Geld fehlt. Für Aktionen gegen Ausländerfeindlichkeit, gegen den Beginn des Irak-Krieges, Besuche in Flüchtlingslagern. Und für Spendenaktionen, wieder und wieder.

Immer geht es um die Würde und Kraft jedes Menschen – und diese kleine Liste beinhaltet noch lang nicht alles, was er dafür unternommen hat. Und weiterhin unternimmt.

Wie treffen uns in der Kölner Südstadt, „seinem Veedel" seit gut 35 Jahren. Ständig kommen Menschen vorbei, die ihn offen oder ganz schüchtern lächelnd grüßen.

Standpunkte einfach stehen lassen können

Als Erstes erzählt mir Hans Mörtter, wie sehr es ihn verletzt habe, dass viele Menschen ihn über all die Jahre immer wieder als „mediengeil" beschimpft haben. Tatsächlich stand er häufig in Zeitungen, war in regionalen Sendungen zu sehen und zu hören. Ja, er hatte eine große Medienpräsenz, aber mediengeil sei er nie gewesen, sagt er, noch immer sichtlich eher irritiert als wütend. Ich glaube ihm, denn ich weiß, dass er ganz einfach eigensinnig im Dienst für andere gehandelt hat.

Und außerdem hat und hatte er immer was zu sagen. Etwas, das andere Menschen sich oft einfach nicht getraut haben. Mittlerweile ist er in „Rente", aber eher „Ruhestandsverweigerer", zitiert er seine Frau. Betont gleichzeitig, dass es schlicht nicht in Frage komme, von dem abzulassen, was ihn noch immer umtreibt: Flüchtlingsarbeit, Kinderarmut – die Themen variieren. Es geht um die Sorge für Menschen, nicht mehr und nicht weniger.

Unser Gespräch dauert mehr als drei Stunden. Im Lauf dieser Zeit kommen wir ständig wieder zu einem Punkt, an dem wir uns völlig einig sind: dass Eigensinn nie egoistisch ist. Da kommt die „Mediengeilheit" wieder zur Sprache und wir wissen, dass es nichts als eine Unterstellung gewesen sein kann. Eine, mit der eigensinnige Menschen immer wieder mal konfrontiert werden. Mörtter erzählt, wie lang er mit diesem Vorwurf gehadert und keine Erklärung gefunden habe.

Wieder und wieder präzisiert er, was es ihm bedeutet, alle Menschen zu achten. Dass er manchmal Standpunkte einfach stehen lassen müsse. Und bezieht das sogar auf die Morddrohungen, die es schon mehr als einmal gegen ihn gegeben hat: "Das kann ich dann eben nicht ändern", sagt er, betont aber auch, dass es solche Menschen niemals geschafft hätten, ihm Angst zu machen.

Angst kontra Urvertrauen

Wie Hans Mörtter es schaffte, selbst bei Morddrohungen keine Angst zu entwickeln, ist für ihn leicht erklärbar: Angst ist für ihn ein Instrument der Macht.

Und Macht will und wird er nicht zulassen. Er schafft es sogar, das auf sein ganzes Leben zu beziehen. Denn selbst vor dem Tod hat er keine Angst, der hat keine Macht über ihn.

Als Pfarrer hat er natürlich viele Menschen beim Sterben begleitet. Doch auch den Tod des eigenen Bruders musste er in recht jungen Jahren verarbeiten: „Ich bin dem Tod schon begegnet", sagt er, ganz lakonisch. Es klingt wie ein Paukenschlag. Das ist über 40 Jahre her – und ich spüre, wie sehr es ihn noch immer bewegt.

Er hat es geschafft, den Tod ins Leben zu integrieren, weil für ihn ohnehin alles miteinander zusammenhängt. Es geht um die Zusammenhänge zwischen Tod und Leben, zwischen Gott und Mensch, Mensch und Mensch oder Mensch und Baum ... All diese Dinge, die so schwer zu greifen sind. Für ihn ist dies das Urvertrauen, das er immer schon hatte. In solchem Urvertrauen ist weder Platz für Angst noch für Egoismus. Und endlich haben wir die Kurve gefunden: Die Mediengeilheit, die ihm damals unterstellt wurde, war nichts anderes als die Unterstellung von Egoismus. Eine Unterstellung durch Menschen, die sich dieses Grundvertrauen, das Hans Mörtter immer hatte und hat, schlicht nicht vorstellen können.

Als ich ihm erzähle, dass er für mich immer schon das Prinzip „eigensinnig im Dienst für andere" repräsentiert, widerspricht er nicht. Er stimmt mir sogar zu, dass er für andere Menschen seit seiner Schülerzeit wieder und wieder auf die Barrikaden gehen konnte und es noch immer tut: "Für andere kann ich kämpfen wie ein Tiger!"

Der aufrechte Gang – ohne Handbremse

Das Ideal des Hans Mörtter ist der aufrechte Gang, der allerdings flexibel genug sein muss, um auf alles und jeden Einzelnen, auf Veränderungen wie Unvorhersehbares reagieren zu können: "Ich laufe nie weg. Ich stehe für meinen Weg ein. Auf meine ganz eigene Weise."

Er ist nie mit angezogener Handbremse unterwegs ... Und wenn doch mal, dann allenfalls aus Versehen – wie neulich, während einer Fahrradtour längs der Loire. Es habe eine ganze Weile gedauert, bis er es bemerkt hatte, erzählt er grinsend.

Er kämpft noch immer gegen Kinderarmut, die Klimakatastrophe, für Obdachlose, Flüchtlinge, alleinerziehende Mütter und immer wieder Obdachlose. Das gefällt natürlich nicht allen Menschen. Aus der Ecke jener, die das für unnötig halten, kamen auch die Morddrohungen. Doch Mörtter bleibt bei dem aufrechten Weg, seinem aufrechten Weg.

Der ist nicht selbstverständlich – auch für ihn nicht: "Schaffe ich den aufrechten Gang?", fragt er mich irgendwann unvermittelt, äußerst nachdenklich. Und beweist damit ein weiteres eigensinniges Prinzip: Für Fragen muss immer Raum sein. Immer. Das ist ihm wichtig – er betont es. Selbst in rituellen Dingen wie bei einem Gottesdienst. In allem, was scheinbar festgefügt ist. In seiner Gemeinde durfte immer gefragt werden. Und oft genug stellte er selbst Dinge öffentlich in Frage ...

In diesem „offenen Raum" aus Fragen entwickelt er seine Positionen. Denen bleibt er treu: Klarheit, der Wunsch nach Gerechtigkeit und ein innerer "roter Faden" sind dabei seine wichtigsten Wegmarken.

Dann erzählt er mir, was er und sein Team in der Gemeinde während der Coronazeit getan haben, während viele seiner Kolleginnen und Kollegen wie erstarrt in Ecken rum-, auf Terrassen saßen, sich so gut wie gar nicht mehr nach draußen bewegten. Gottesdienste fanden nur noch online statt, direkte Hilfen gab es kaum. Da haben Mörtter und sein Team alleinerziehende Mütter, selbstständige Künstlerinnen, Bäcker und andere Einzelhändlerinnen angerufen. Das Erstaunen war groß, die Dankbarkeit erst recht: "Wow, ihr habt an uns gedacht. Ihr habt uns nicht vergessen!"

Natürlich gab es auch anderenorts Hilfeleistungen und Angebote, doch selten dürfte die Eigeninitiative so entschieden gewesen sein wie in der Gemeinde von Hans Mörtter. Dafür verschob er sogar den Beginn seines Ruhestands um anderthalb Jahre: "Das war noch nicht fertig. Ich konnte es noch nicht abgeben." Er kümmerte sich. Er blieb da. Er war da. Er war die verlässliche Hilfe, die von Kirche zu erwarten sein sollte.

Das alles war nur darum möglich, weil die Gemeinde schon einen langen, gemeinsamen Weg zurückgelegt, viel Vorarbeit geleistet hatte: Es gab eine riesige Liste von Künstlerinnen und Künstlern und deren Kontaktdaten. Ebenso von alleinerziehenden Müttern. Und wo die Obdachlosen sich aufhalten, ist in dieser Gemeinde noch nie ein Geheimnis gewesen. Man kennt sich. Spendensammlungen wurden im Großen wie im Kleinen immer schon konstant und erfolgreich kultiviert. In Coronazeiten flossen sie reichlich. Natürlich nur, weil da immer wieder aktiv nachgehakt wurde, weil es fast schon Tradition geworden war. 750.000 Euro kamen für die zwei Jahre zusammen, sie wurden ausgegeben für Essen, Spielzeug, Hilfe, Unterstützung aller Art.

Interessant ist an dieser Stelle, dass Hans Mörtter und sein Team auch da nicht machten, was alle taten. Ihnen war sofort klar, dass Seniorinnen und Senioren in ihrer Gemeinde so gut organisiert waren, dass sie kaum Hilfe brauchten. Eine telefonische Rundfrage genügte: "Alles in Ordnung?" In den meisten Fällen lautete die Antwort: ja. Nur die Besuche der Enkelkinder wurden schmerzlich vermisst. Während die ganze Welt nach Unterstützung für ältere Menschen schrie, fragte Mörtter, welche Menschengruppen jetzt wirklich Hilfe brauchte, wer über kurz oder lang in Not geraten könnte. Und: Sein Team und er, sie blieben dran: "Ich habe selten so viel gearbeitet, wie in diesen zwei Jahren", erzählt er mir.

Und dann kommen wir zur Gretchenfrage unseres Gesprächs. Ich ahnte vorher schon, dass es schwierig werden würde: "Bist du denn eigentlich auch eigensinnig für dich selbst? Kannst du das überhaupt?"

Vorher schon hatte er mir von "Disziplinargesprächen" erzählt, zu denen die Kirchenleitung ihn während seiner Amtszeit regelmäßig lud. Doch selbst in seiner Rentenzeit hörte das nicht auf. Plötzlich soll auch die ehrenamtliche Arbeit eines „Pfarrers außer Dienst" von der Kirchenleitung kontrolliert werden: Was ist „rechtskonform", was nicht?

Ja, er ist ganz klar ein eigensinniger Mensch. Das wissen alle, die mit ihm zu tun haben. Doch das Bestreben, ihn zu regulieren, hört offensichtlich nie auf. Auch jetzt noch möchte er seinen Eigensinn in den Dienst von Initiativen stellen, die in seinen Augen Sinnvolles leisten. Und auch jetzt noch sollen ihm dabei Steine in den Weg gelegt werden? Das wird ihn so wenig daran hindern, es trotzdem zu tun wie all die Jahre zuvor. Da fragt er nur: "Muss das sein?" Er hat schon viel zu viele Steine aus seinem Weg geräumt, um sich jetzt noch aufhalten zu lassen. Das ist sein aufrechter Gang: klare Ansage, entschiedenes Handeln, Gerechtigkeit. "Da gehe ich gern den Weg für andere. Für die, die die es vielleicht nicht können."

Wie entsteht ein starkes Wir?

Doch: für sich selbst eigensinnig sein? Da stockt unser Gespräch – das schon so viel länger geworden ist, als wir geplant hatten.

Es wird klar: Jetzt geht es um das Ich. "Nur aus einem starken Ich wird ein starkes Wir", tastet sich Mörtter langsam vor. Das ist ihm wichtig. Und nach einigem Nachdenken sagt er: "Um für mich selbst eigensinnig zu werden, muss ich schon ganz und gar Ich sein, mit allen Aspekten meiner Person. Es muss einfach richtig sein. Sich richtig anfühlen."

Später stellt er fest, dass in dem Wort Eigensinn nicht nur Sinn, sondern auch Sinnlichkeit steckt. Unser Gespräch geht weiter ... Wir reden über Musik. Und all die Veranstaltungen, Initiativen, die zahllosen besonderen Gottesdienste, bei denen Mörtter gemeinsam mit Musiker:innen agierte – und es heute noch manchmal tut. Das sind sehr viel mehr, als ich hier je aufzählen könnte.

Und bei alldem habe ich noch nicht mal erwähnt, welch enge Beziehung die Gemeinde, der Pfarrer, diese Kirche zur Kunst hat(te). "Das ist die Zukunft", hatte er schon früh erkannt: Kultur, Interkulturalität – auch im Glauben.

Vielleicht ist genau das der Kern des gelebten Eigensinns von Hans Mörtter: dass er Wurzeln kennt. Kulturelle Wurzeln. Die für ihn allerdings äußerst vielfältig sind, sich über die ganze Welt erstrecken ... Von Kolumbien, wo er in Bogotá seine allererste Pfarrstelle hatte, bis zum Rhein, den er sehr liebt. Hin zu seinem Glauben, seinem Urvertrauen. Durch diese Wurzeln lebt er seinen Eigensinn. Gern für andere. Und manchmal auch für sich selbst. Dann spricht er zum Beispiel auch mal mit Bäumen ... „Aber das kriegt nie jemand mit", grinst er.

„Ja, wir brauchen ein starkes Ich, um zu einem starken Wir zu kommen", ruft er mir beim Abschied noch zu. "Wir alle haben etwas, womit wir dazu beitragen können, Dinge zu ändern, die unbedingt anders werden müssen – weil es richtig ist."

Ich weiß: Damit meint er diese „innere Linie", von der er gesprochen hat. Die, bei der es keine Zweifel gibt.

Als ich gegangen bin, weiß ich aber auch, wie vieles wir trotz der Länge unseres Gesprächs noch nicht mal angeschnitten haben ... Etwa die Frage, wie der recht enge, fünfstöckige, über 100 Jahre alte Kirchturm zum ständigen Ausstellungsraum mit regelmäßig neu kuratierter, gern und oft kontrovers diskutierter Kunst werden konnte. O ja – das ging. Und zwar hervorragend. Ist mittlerweile leider auch schon Geschichte ... und zwar eine, in der ein weiterer, überaus eigensinniger Mensch die Hauptrolle spielte.

Hermann Vogel starb 2022. Auch ihn durfte ich kennenlernen, den unermüdlichen Kurator von „Kunst im Turm", der so bescheiden war, dass manche, die zu den von ihm organisierten Ausstellungen kamen, ihn für den Hausmeister hielten ... Der er ganz und gar nicht war. Sondern ein akribisch fein arbeitender Grafiker, langjähriger Presbyter, unermüdlich für Kunstschaffende eintretender Kurator. Ihm ging es darum, Künstler:innen Raum zu geben und zwar „künstlerischen Freiraum und Sperrigkeit statt gefälliger Kunst", wie Mörtter in seinem Nachruf schreibt. Stimmt! Ich habe viele der Ausstellungen besucht.

Hermann Vogel hatte stets das Vertrauen des amtierenden Pfarrers. Was immer eine Ausstellung kosten sollte – wenn Vogel sie für richtig hielt, machte Mörtter das Geld locker, ohne Wenn und Aber. Beide scherten sich nie um das, was „andere" sagten, gemeinsam und ohne große Worte folgten sie einfach ihrem Weg. Der gab ihnen wieder und wieder recht. Denn beide hatten und haben einen zuverlässigen inneren Kompass. Und der wiederum zog zuverlässig auch Menschen an, die weit außerhalb der Gemeindegrenzen lebten. Auch das ist ein Weg, mit dem mit Hilfe von Eigensinn ein starkes Wir entstehen kann.

Eigensinnige Menschen gehen voran. Oft leuchten sie dabei.

****

Hans Mörtter wurde 1955 in Bonn geboren, studierte dort auch Theologie und arbeitete ab 1984 ein Jahr lang in Bogotá/Kolumbien als Pfarrer der deutschsprachigen Auslandsgemeinde. Dabei widmete er sich intensiv auch der Straßenkinderarbeit. 1987 kam er als Pfarrer an die Lutherkirche in der Kölner Südstadt, seit 2022 ist er – nicht – im Ruhestand. 2023 bekam er als Anerkennung für all seine ehrenamtliche Arbeit den „Rheinlandtaler" des Landschaftsverbands Rheinland. Weil er sich seit Jahren „für die gleichberechtigte Teilhabe benachteiligter Menschen am gesellschaftlichen und kulturellen Leben einsetzt", so die Begrünung. Und er beschließt, sich nächstes Jahr als Parteiloser der Wahl zum Oberbürgermeister von Köln zu stellen.

Mein Fazit zu diesem Kapitel: Eigensinn, gepaart mit Klarheit und Kontinuität, kann im richtigen Kontext große Kraft entfalten. Wie im Fall der Autorenwelt, gehört idealerweise ein starkes Team, ein bewusstes „Wir" dazu. Und alle, die daran beteiligt sind, sollten sehr genau wissen, was ihnen wichtig ist. Das sind oft Dinge, die erst einmal eher „unpopulär" scheinen ... Aber dringend gebraucht werden.

Eigensinnige Menschen sind häufig bereit, ihre „anderen Wege" genau jenen zugutekommen zu lassen, die sie am nötigsten brauchen. Das ist es, was ich mit „eigensinnig im Dienst von anderen" meine.

Stolperstein KI

Ich kann dieses Buch nur schreiben, weil ich mich auf das soziale Miteinander mit zahlreichen Kontakten und auch auf meinen ganz eigenen Erfahrungsschatz verlassen kann. Beides ist mir äußerst wichtig. Und beides könnte in Gefahr sein. Denn viele dieser Kontakte sind über das Internet zustande gekommen, werden dort gepflegt und bleiben damit auf ihre Art lebendig. Vor allem sind sie divers, vielfältig und bunt.

Doch die sogenannte Künstliche Intelligenz kann nur dann optimal funktionieren, wenn die Ausgangs- und Anwendungsbedingungen der Billionen (oder mehr?) gesammelten und auszugebenden Daten so vergleichbar wie möglich sind. Maschinen-Intelligenz braucht und schafft Muster. Die am besten möglichst ähnlich, mindestens vergleichbar und vor allem gleichbleibend sind.

Veränderungen stören da immer. Menschen, die sich weiter entwickeln wollen, auch. Die sind meistens nicht mal vorgesehen, denn das ist nicht planbar und stört die notwendige Musterbildung.

Zum Sprachgebrauch: Derzeit scheint sich – bis auf Weiteres – im Deutschen der Begriff „Künstliche Intelligenz", abgekürzt KI, durchzusetzen. Doch genauso gut kann man auch von „machine learning", „artifizieller Intelligenz", „künstlichen, neuronalen Netzen" oder schlicht: Algorithmen und Robotern aller Art sprechen. Vom Chat-Roboter bis zum Autopiloten, vom niedlich aussehenden Pflegeroboter mit großen Augen bis zum selbstlernenden Kühlschrank, der ganz von allein genau die Menge Milchflaschen nachbestellt, die aller Wahrscheinlichkeit nach in spätestens sechs Stunden leer sein werden.

Dann gibt es noch Dinge wie die lückenlose Überwachbarkeit unserer Gesundheit per Smart Watch, der privaten Ess- wie Bewegungsmuster. Überwiegt deren Sinn für uns wirklich die sicher bald drohende Abstrafung durch Krankenkassen bei „schlechten Gewohnheiten"? Deren Datenpool kann problemlos ergänzt werden durch jedes Eis, jedes Bier oder fetttriefende Hühnerbein, das nur noch per Kreditkarte bezahlt werden kann – wie das beispielsweise in Schweden jetzt schon weitgehend der Fall ist ...

Oder die Möglichkeit, die Daten unseres Navigationssystems komplett auszulesen – das nehmen wir ja schon lange völlig widerspruchslos hin.

Dass die Bewertungsmuster unserer Kreditwürdigkeit, die Vergabe von Arbeitsplätzen oder Wohnungen und sogar Rechtsprechung wie Medizin ganz oder teilweise KI-basiert arbeiten, ist ebenfalls schon Realität. Und wird sicher noch weiter intensiviert.

Dass uns Chat-Roboter bald auch die „Arbeit" des Schreibens – egal wo – abnehmen können, ist für mich natürlich eine besonders heftige Ohrfeige. Vertrete ich doch vehement die Auffassung, dass das Schreiben eins der letzten Abenteuer ist, das wir noch – hautnah, ungeschminkt, ungefiltert - erleben können. Dass es uns wie kaum etwas anderes unserem Selbst auf die Spur bringen, zu einem sehr individuellen und überaus heilsamen Prozess werden kann. Und damit stehe ich keineswegs allein. Doch leider ist es jetzt bereits Realität: Ganze Bücher sind schon mit KI geschrieben worden – die, die ich kenne, legen das immerhin noch offen. Doch: wie lange? Und wer soll, wer kann das prüfen? Auch von KI verfasste Studien gibt es – wie viel Realität, welche Nachprüfbarkeit bringen die mit? Und wenn sie einmal als „KI-Trainingsmaterial" eingesetzt wurden, fragt kaum jemand noch nach den Quellen, deren Beweiskraft oder Glaubwürdigkeit. Da lässt sich alles reinpacken, was denk- und machbar ist – bis hin zur ganz bewusster Manipulation.

Oder ein „Komponist" wie David Cope, der aus den „Daten" der Musik von Chopin, Mozart oder Bach einfach neue Musik-Endlosschleifen erstellt. Für mich keine Musik, eher eine Art lebloser Klangteppich. In diesem Fall werden wenigstens keine Urheberrechte verletzt, weil die „Datenlieferanten“ schon viel zu lange tot sind. Anders sieht es beispielsweise in der Bildenden Kunst oder der Fotografie aus. Da wird per KI zusammengeklaut, was das Zeug hält. Es gibt Maler, die so viele ihrer Bilder online gestellt haben, die dummerweise auch noch dem Zeitgeschmack entsprechen, dass sie in solchen Massen von einer KI verwurstet wurden, dass der Urheber Schwierigkeiten hat, seine eigenen Bilder in der Flut der modifizierten Kopien wiederzufinden.

Wenn das Kunst genannt werden darf, hat die Kunst die Künstler:innen ausgelöscht. Und von dem Prozess der Auseinandersetzung mit einem bestimmten Thema, dem Prozess der Erkenntnis, all den Zweifeln und Fragen dabei, deren Lösung und der eigenen Haltung zu Kunstwerk und Welt, von Sinn und Aussage reden wir da lieber gar nicht erst ...

Was aus alldem auch ersichtlich wird: Daten und Muster sind nichts Abstraktes. Sie entstehen entweder aus der Natur – dann sind sie uralt und gehören zu unserem Erfahrungsschatz. Der ist eine Quelle, auf die wir uns blind verlassen können. Noch.

Oder Daten und Muster sind menschengemacht. Dann geht es um unser Verhalten und Denken, um unsere Arbeit und Kreativität, um Wünsche und Vorlieben. Doch die sind, einmal in Künstlichen Intelligenzsystemen gelandet, alles andere als individuell. Ganz im Gegenteil: Sie lassen sich berechnen, voraussagen. Das muss sogar so sein, denn sonst funktioniert das gesamte System schlicht nicht. Und damit steuern sie uns am Ende, statt dass wir sie steuern. Aus unseren eigenen Daten, Erkenntnissen, kreativen und nachdenkenden Prozessen werden Systeme erzeugt. Und in die sollen, nein: müssen wir uns dann wieder einpassen.

Es geht noch weiter: Theoretiker der Künstlichen Intelligenz wie beispielsweise Yuval Noah Harari geben offen zu, dass das Ziel der industriellen Anwendung Künstlicher Intelligenz das komplette Verschwinden des freien Willens aller Menschen ist. Und das Ganze auch noch unter dem Deckmantel der „Befreiung" der Menschen von so „überflüssigen" Dingen wie Arbeitsroutinen, aber auch von (ungesunden) Begierden, Sehnsüchten, Affekten. Wollen wir das? Also, ich sicher nicht!

Das ist alles sehr grob zusammengefasst, ich weiß. Aber es ist das Prinzip der Künstlichen Intelligenz. Die gibt es nicht erst seit gestern. Und sie lässt sich nicht mehr vertreiben. Vielleicht hier und da eindämmen. Mehr aber auch nicht.

Warum schreibe ich das alles? Weil ich denke, dass der Eigensinn die allerbeste Gegenmaßnahme zur Künstlichen Intelligenz und all ihren Auswirkungen ist.

Außerdem nützt Eigensinn. Jedem und jeder von uns, direkt und unmittelbar. Denn da ist fast immer auch Kreativität mit im Spiel – die ist eine wunderbare Lösung, um Individualität zu leben, sie uns zu erhalten. Wie das gehen kann – inklusive aller Stufen der Kreativität – habe ich in meinem Buch „Wer schreibt, darf eigensinnig sein" dargelegt.

Eigensinn bewahrt das menschliche Maß – auch gegenüber Künstlicher Intelligenz.

****

Statt dem Schreiben kommen selbstverständlich noch viele andere Anwendungsmöglichkeiten infrage. Wichtig ist vor allem der Prozess unserer Kreativität. Und der kann beim Restaurieren alter Bauernschränke ebenso greifen wie beim Aktzeichnen, Fotografieren, Tortenbacken, Tomatenzüchten oder dem Erkunden neuer Trekkingtouren. Auch das kann zu gelebtem Eigensinn werden.

Ebenso wichtig ist die Frage: Wie nehme ich die Welt wahr? Mit welchen Sinnen, auf welchen Wegen, über welche Medien?

Ja, das ‚Ich' steht dabei im Mittelpunkt. Das ist eine Bedingung auf unserem Weg in den Eigensinn. Denn nur so werden, sind und bleiben wir unverwechselbar. Das ist unabdingbar, um den Weg zu unserem Sinn zu finden. Unseren Weg. Und der ist erst recht dann wichtig, wenn wir ein Gegengewicht zu der umfassend präsenten KI schaffen wollen.

Außerdem – und da gebe ich der großartigen Ursula Nuber beziehungsweise ihrem Buch „Eigensinn" uneingeschränkt Recht –: Eigensinn ist die beste Präventionsstrategie gegen Burn-out und Depression. Beides droht, mit der Omnipräsenz von KI noch häufiger vorzukommen als bisher schon. Denn bei beiden Erkrankungen können Hilflosigkeit, Ohnmacht, Orientierungslosigkeit eine große Rolle spielen. Welche Auswirkungen KI auf unser Leben hat, wissen wir noch gar nicht. Ich fürchte aber, dass Gefühle wie Hilflosigkeit, Ohnmacht oder Orientierungslosigkeit fast zwangsläufig sein werden. Eigensinn dagegen bedeutet im besten Fall Selbstermächtigung.

Ich nehme die Sache mit der Künstlichen Intelligenz hier nur als Folie für den größtmöglichen Gegensatz zum Eigensinn. Denn ich bin weit davon entfernt, KI-Expertin zu sein.

Und: Es gibt so viele Wege zur Künstlichen Intelligenz. Einer davon ist der Aufbau sogenannter Neuronaler Netze – mit anderen Worten: Da soll die Funktionsweise unseres Gehirns nachgeahmt werden, die Maschinen lernen pausenlos Neues dazu. Erst einmal klingt das wie eine Parallele zum Weg des Lernens, den auch der Eigensinn braucht. Doch dabei wird oft übersehen: Was wir – gefühlt – nicht mehr brauchen, verlernen wir ganz schnell wieder. Da greift unsere natürliche Anlage zur „Faulheit", besser gesagt: das Bedürfnis, Energie zu sparen. Wir folgen dem Navigationssystem unseres Autos und haben keine Ahnung mehr, wo wir eigentlich sind. Die Telefonnummer meines besten Freundes? Keine Ahnung. Mein Handy kennt sie doch, dann brauche ich sie mir nicht zu merken.

Wenn ich also zwar keine KI-Spezialistin bin, bin ich doch sehr wohl Spezialistin meiner eigenen Denk- und Entwicklungsfähigkeit. In dieser Entwicklung bin ich keineswegs zufällig auf den Eigensinn gestoßen. Und damit wirklich nicht in schlechter Gesellschaft ...

Selbst „Deutschlands Lieblings-Hirnforscher", Gerald Hüther, hat vor nicht allzu langer Zeit in einem Aufsatz dazu aufgerufen, den Eigensinn zu retten. Sein Argument ist bestechend einfach: Wer nicht eigensinnig ist, hat oder entwickelt nie einen eigenen Bezugspunkt, Hüther nennt das die „innere Selbstreferenz". Wer auf sie verzichtet, bleibt auf ewig abhängig vom Urteil – und den Wissensspeichern – anderer. Auch das Entwickeln einer eigenen Haltung, das Treffen eigener Entscheidungen werden damit immer schwieriger. Dann werden wir schlicht zu Mitläufern – wir laufen mit den „Hilfsmitteln" mit, von denen wir uns mehr oder weniger abhängig gemacht haben. Und obwohl ich glaube, dass die wenigsten von uns das wollen, sehe ich allenthalben doch, wie es bereits geschieht.

Damit ist KI für mich sehr viel mehr als nur ein „Stolperstein" ... Sie kann zu einem echten Dilemma werden, denn wir kriegen sie nicht mehr aus der Welt.

Meine Gegenmaßnahme besteht darin, mich umzusehen, wo es eigenständige Menschen, Gedanken und Wege gibt, die als Gegengift zur KI wirksam sind.

Zum Glück finde ich sie noch an vielen Stellen. Ich will hier keine Theoriegebäude beleuchten – schließlich soll es um den gelebten Eigensinn gehen. Angesichts von KI geht es mir aber auch um die Frage: Wie, womit und wo können wir unseren Eigensinn lebendig halten?

Deshalb geht es hier um Menschen. Die können schon vor 500 Jahren gelebt haben, heute noch leben oder erst kürzlich verstorben sein.

Eines eint sie allerdings alle: Aus meiner Sicht sind sie wunderbare Wegweiser, neudeutsch: „Role Models" für gelebten Eigensinn.

Eigensinnige Menschen sind oft „Role Models".

****

Godfather of Eigensinn: Michel de Montaigne

Noch heute staunen Rezensentinnen und Leser darüber, wie modern der Mann geschrieben hat; wie leicht es uns fällt, sein Hauptwerk – die „Essais" – zu lesen. Das beginnt mit einem bezeichnend klaren Vorwort „An die Leser". Da sagt er schon im ersten Satz: „In dem Buch, das ich vorlege, will ich aufrichtig sein. Ich sage dir gleich, dass die Absichten, die ich darin verfolge, nur privater und persönlicher Natur sind [...] Denn ich stelle eben mich dar. Der Leser sieht hier meine Fehler ungeschminkt aufgezeigt, die mir angeborene Art mit ihren Unvollkommenheiten wiedergegeben".

Michel de Montaigne hieß der Mann. Und er hat von 1533 bis 1592 gelebt – muss man sich mal auf der Zunge zergehen lassen! Mehr als 500 Jahre ist das her – und doch können wir seine Texte heute noch wunderbar lesen.

Woran liegt das? Meiner Ansicht nach daran, dass Montaigne von Anfang an klar eine Lanze dafür gebrochen hat, subjektiv und „unvollkommen" sein zu dürfen. Seine Zeitgenossen haben das nicht nur akzeptiert – so ungewöhnlich es auch für sie gewesen sein mag. Nein, sie haben ihn sogar darin bestärkt – fast könnte man sagen, er galt als eine Art Geheimwaffe in brenzligen Situationen, in denen nichts anderes mehr funktionierte als eben, nun: ein eigensinniger Mensch, der keiner „Partei" im weitesten Sinn angehörte.

„Brenzlige Situationen" gab es zu Montaignes Lebzeiten massenhaft: Kriege und Thronstreitigkeiten, religiöse Querelen aller Art. Nichts davon war harmlos. Alles konnte den sofortigen Tod bedeuten. Montaigne wusste das genau. Und hat es doch mit einer Art Gelassenheit hingenommen, die uns heute noch staunend zurücklassen kann. Er ging seinen Weg. Punkt. Türen und Tore zu seinem kleinen, ländlichen Schloss beispielsweise versuchte er gar nicht erst zu sichern – genau das schien ihm der größtmögliche Schutz zu sein: Ich habe nichts zu verbergen, also lohnt es sich auch nicht, hier einzubrechen. Im übertragenen Sinn lässt sich darin auch eine – seine – Auffassung von Freiheit finden.

Und wenn dieser Weg es dummerweise mit sich brachte, dass er dann doch nicht weiter an seinen damals schon weltberühmten Essais schreiben konnte, dann war das eben so. Seine Lebensweise, seine Gewohnheiten, sein Denken und Handeln wurden davon in keiner Weise tangiert. Hat er einfach nicht zugelassen. Auch dann nicht, als er sogar zweimal zum Bürgermeister von Bordeaux gewählt wurde – etwas, worum er sich nicht gerissen hat, ganz im Gegenteil. Das erste Mal geschah ohne sein Wissen, in seiner Abwesenheit.

Und dann musste er auch noch in einem jener Kriege vermitteln, die zu der Zeit fast schon an der Tagesordnung waren ... Nicht weniger als vier Könige stritten sich um den französischen Thron – und Montaigne wurde der Vermittler. Das ist eine Geschichte für sich ... Die nirgendwo besser nachzulesen ist als bei Nils Minkmar in „Montaignes Katze". Das ist ein außerordentlich vergnügliches Buch, das hautnah, regelrecht sinnlich Einblicke in das Leben von Michel de Montaigne gibt.

Auch bei Minkmar zeigt sich, wie das eigensinnige Leben des Michel de Montaigne funktionierte. Doch es gibt weitere Anzeichen dafür, dass es sich um ein eigensinniges Leben handelte – nämlich durch die Gedanken von Stefan Zweig. Der schafft es, in seinem Porträt von Montaigne einen großen, durch und durch eigensinnigen Europäer zu zeichnen. Der für nichts Geringeres als für Freiheit steht. Zweig schrieb dieses Büchlein mitten in Europas größter Unfreiheit, 1941/42. Montaigne war *der* Hoffnungsanker für Zweig. Darum zitiert er ihn beispielsweise mit: „Denkt eure Gedanken, nicht meine! Lebt euer Leben! Folgt mir nicht blind nach, bleibt frei! Wer für sich selbst frei denkt, ehrt alle Freiheit auf Erden."

Ja, das ist ganz sicher ein Grundsatz des Eigensinns: Ich denke meine Gedanken, will aber nie, dass mir jemand eins zu eins darin folgt. Das wollte auch Montaigne nicht. Konnte er gar nicht wollen, denn es wäre für ihn ein Ding der Unmöglichkeit gewesen: Viel zu klar stand ihm vor Augen, wie besonders, also „anders" er war. Und das meinte er nicht überheblich – wie auch? Waren doch viele der Eigenschaften, die er sich selbst zusprach, alles andere als herausragend, gut oder gar heldenhaft ... War er auch überhaupt nicht. Viel zu klein und zu zart gebaut, um als Held durchzugehen. Viel zu vergesslich, viel zu unfähig – auf vielen Gebieten.

Das bescheinigt er sich selbst: Er hat ein regelrechtes Bekenntnis seiner Unzulänglichkeiten geschrieben: „Ich bin auf dem Land geboren und in landwirtschaftlicher Umwelt erzogen worden [...] Und trotzdem kann ich nicht rechnen [...], kann die verschiedenen Getreidearten nicht unterscheiden, weder im Felde noch auf dem Speicher [...] kaum kann ich Krautköpfe von Salatköpfen in meinem Garten unterscheiden."

Wer jetzt denkt: „Na ja, der Mann war Großgrundbesitzer – die können so was nie", irrt sich. Um all das, was Montaigne nicht konnte, kümmerten sich – sehr professionell – Familienmitglieder, vor allem seine Ehefrau. Und zwar direkt vor seiner Nase – er erzählt immer wieder von seinem Blick auf all das, was er nicht selbst konnte. Er sieht es, er weiß es. Und ganz ahnungslos ist er in Bezug auf die Natur dann doch auch wieder nicht ... beispielsweise, wenn es um den Eigensinn von Bienen geht: „Sie nippen da und dort von den Blumen, aber dann machen sie daraus den Honig, der ganz ihr Eigen ist. Es ist kein Thymian mehr und kein Majoran." Ich finde, allein, dass er es für wert hielt, so eine Beobachtung zu notieren, spricht schon für sich.

Für das Landleben, speziell für die Jagd, hat er ebenfalls einen Blick, der mit Sicherheit eigensinnig ist: Immer wieder fragt er sich, ob „wir Menschen wirklich mehr wert" als die Tiere sein können. Für ihn ist das nicht der Fall, da bescheinigt er dem Menschen mehr als einmal große Überheblichkeit.

Und das gilt auch außerhalb von Europa, für andere „Rassen der Menschheit": Auch da steht für ihn fest, dass es keine Überlegenheit geben kann, schon gleich gar nicht gehe es an, dass Franzosen oder andere Menschen dieses Kontinents sich anderen Völkern überlegen fühlen. Davon schließt er nicht mal die „Kannibalen" aus ...

Ja: Sensationsgier gab es auch damals schon. Exakt auf diese Passage seiner Essais wurde er immer wieder angesprochen. Hat Montaigne nie sonderlich interessiert. Ich stelle mir vor, dass er dabei einfach nur gegrinst hat. Sehr nüchtern und ohne jede Wertung berichtet er, was ihm ein Bekannter erzählt hat. Der hatte „zehn oder zwölf Jahre" in Brasilien gelebt. Fazit: Die Völker dort seien „durchaus nicht barbarisch oder wild", im Gegenteil: Montaigne stellt eine Parallele zu Obst und Wildobst her und hält fest, dass viel von unserem „heimischen Obst" schlicht durch „unsere Eingriffe" verfälschtes Wildobst sei. Genauso sei es mit den Menschen: Barbaren seien eben Völker, die vom menschlichen Geist wenig umgestaltet seien. Und Kannibalismus sei einfach eine „symbolische Darstellung der äußersten Rache" gegenüber Feinden.

Grausamkeit sieht er viel eher im Umgang der Menschen mit Tieren: „Naturen, die am Blut der Tiere ihre Freunde haben, zeigen damit einen Hang zur Grausamkeit." Ein klares Urteil, das sicher nicht auf große Gegenliebe stieß – denn dort, wo er lebte, war es absolut üblich, regelmäßig auf die Jagd zu gehen. Das wurde kaum je hinterfragt.

Viele von Montaignes Überlegungen waren also keineswegs selbstverständlich und können sicher als eigensinnig gelten. Die eigensinnigen Gedanken eines Menschen, der zum Beispiel auch schrieb: „Ich will lieber anderen lästig und unbequem sein, als ihnen nach dem Munde zu reden und mich vor ihnen zu verstellen."

Der menschliche Geist, schreibt Montaigne an anderer Stelle, habe die „Gabe, seine Kräfte aus sich selbst heraus zu wecken; Natur hat so viel Eigenstoff in ihn hineingelegt, wie er braucht, und genug Themen, an denen er seine Erfindungsgabe und seinen Scharfsinn erproben kann." Und genau das nutzt er. Für sein eigensinniges Leben.

Damit ist er für mich Godfather of Eigensinn.

Um ihm näher zu kommen, sollten unsere Gedanken genauso frei mäandern können, wie seine das immer taten. Das war ganz sicher eins seiner „Markenzeichen" – das „Finden" interessierte ihn viel weniger als die ständige Suche. Die ließ ihn zeitlebens frei bleiben – das betont auch Stefan Zweig.

Etwas kokett beschwor Montaigne wieder und wieder sein „schlechtes Gedächtnis". Ich glaube allerdings eher, er wollte sich vor allem nicht festlegen – zumindest nicht so, dass er sich für alle Zeiten an einen Gedanken, eine Maxime binden musste. Dogmatismus oder Sturheit waren ihm völlig fremd. Doch da, wo es um seinen Eigensinn ging, kannte er durchaus Richtlinien – die er meistens auch beibehielt. Vielleicht war das seine wichtigste Haltung: „Meine Seele ist frei und gehört sich ganz selbst; sie ist gewöhnt, ihren eigenen Weg zu gehen."

Mit Eigensinn bewahren wir unsere Unabhängigkeit.

****

Ein anderes Zitat: „Jeder blickt vor sich, ich blicke in mich. Ich habe es nur mit mir zu tun: Unaufhörlich beobachte ich mich, beaufsichtige ich mich, genieße ich mich […] Niemand macht ernsthaft den Versuch, in sein Inneres hinabzusteigen. Ich dagegen wälze mich sozusagen in mir selbst. Die Fähigkeit, die irgendwie in mir liegt, die Wirklichkeit zu treffen, und zugleich die Unbefangenheit, die es mit sich bringt, dass ich Vorurteilen nicht leicht unterliege, diese verdanke ich im Wesentlichen mir selbst."

Und: „Ich kümmere mich nicht so viel darum, wie ich mit andern stehe, als ich mich darum bekümmere, wie ich mit mir selbst stehe. Ich will reich sein für mich und nicht auf Borg."

Eine perfekte Maxime für gelebten Eigensinn!

Selbst, wenn es um das Lernen geht, möchte ich Montaignes Gedanken am liebsten noch heute allen Menschen um die Ohren hauen, die immer noch nicht verstanden haben, dass Würde, Selbstachtung und Offenheit schon bei den kleinen Menschen beginnen: „Anstatt den Kindern Lust zum Lernen einzuflößen, machte man ihnen davor Furcht und Grauen. Weg mit Zwang und Gewalt! Nichts erniedrigt und verdummt nach meiner Meinung so arg eine sonst gutgeartete Natur."

„Man muss hauptsächlich darauf arbeiten, Lust und Liebe zum Studieren zu erregen; sonst erzielt man weiter nichts als mit Büchern bepackte Esel."

„Ich bekenne mich zu keinem anderen Ziel, als mich selbst zu erkennen; diese Suche führt mich in so unendliche Tiefen, zu so unendlich vielen Fragestellungen, dass mein Lernen keinen anderen Erfolg hat, als dass ich fühle, wie viel mir zu lernen bleibt."

Auch die Sprache ist ihm wichtig – da zeigt sich mit jedem Satz, dass der Mann eine Haltung hat, sich aber nie über andere Menschen zu stellen bereit ist: „Die Sprache, die ich vorzüglich lieb habe, ist eine Sprache ohne künstliche Ziererei, aber von natürlichem Ausdruck, gleichviel abgeschrieben oder gesprochen, eine kräftige, nachdrückliche Sprache, kurz und gedrungen, nicht zart, geschmückt und gekrümmt."

„Ich habe mit Fleiß diese Ungebundenheit nachgeahmt, die man an unserer Jugend, in ihrer Art die Kleidung zu tragen, wahrnimmt. Das trägt seinen Mantel quer über Brust und Rücken, lässt die Kappe herunterhängen bis auf die Schultern und lässt die Strümpfe am Beine schlottern, und das zeigt dann in dieser sonderbaren Zier und künstlichen Nachlässigkeit so ein gewisses stolzes Freiheitsgefühl. Ich finde diese Ungebundenheit aber noch besser angebracht in der Form der Sprache." Dieses „gewisse, stolze Freiheitsgefühl" – mit dem stelle ich mir Montaigne immer vor. Er hatte es.

Natürlich rebellierte er auch – und vor allem – gegen die schon zu seiner Zeit um sich greifende „Amtssprache", damals wie heute ein Instrument, um Menschen unmündig zu halten, Macht zu demonstrieren: „Woher kommt es, dass unsere Muttersprache, die zu allem übrigen Gebrauch so leicht und klar ist, bei Kontrakten und Testamenten dunkel und unverständlich wird und dass derjenige, der sich am klarsten ausdrückt, er mag sagen und schreiben, was er will, sich niemals hierin so verständlich machen kann, dass nicht Zweifel und Widersprüche darüber entstehen sollten, wenn es nicht daran liegt, dass die Fürsten dieser Kunst sich mit ganz besonderer Aufmerksamkeit darauf legen, feierliche Ausdrücke zu gebrauchen und künstliche Klauseln zu schmieden, zu diesem Behufe aber jede Silbe auf der Goldwaage wägen, jede Naht und Zusammenfügung so genau besichtigen, dass sie sich unter einer Unendlichkeit von bildlichen Ausdrücken und herrschenden Distinktionen dergestalt verwirren und verwickeln, dass man eines Leitfadens, einer Vorschrift und einer gewissen Kunde bedarf, um sich herauszufinden."

Noch konkreter: „So mit den Gesetzen: Je mehr man ihre Spitzfindigkeit verfeinert, desto mehr lehrt man die Menschen, ihre Zweifel zu häufen. Man bringt uns in den Gang, die Schwierigkeiten zu vermehren und zu vervielfältigen. Man verlängert sie. Man dehnt sie aus."

Und dann sein Ausruf: „Möchte mir doch nie ein ander Wort oder andere Redensarten entfahren, als die man in der Residenz auf dem Fischmarkte versteht!"

Schließlich geht es ihm auch um Vielfalt ... Sie ist ebenfalls ein wichtiges Prinzip des Eigensinns. Denn nur, wenn jede und jeder von uns nur seinem eigenen Sinn folgt, entsteht Vielfalt, gewissermaßen von unten her. Könnten wir das ernst nehmen, würden wir das wirklich leben, müssten wir das nicht mit zum Teil seltsamen Gesetzen zum Schutz von Minderheiten herzustellen versuchen ... Denn solche Gesetze werden natürlich ständig und immer wieder von allen Seiten angefeindet. Weil niemand es für selbstverständlich hält, dass wir alle die Vielfalt quasi schon von Geburt an mitbringen. Wir alle. Und das gilt für jeden Bereich des Lebens.

Montaigne wusste das: „Die meisten Personen, mit denen ich umgehe, sprechen wie mein Buch. Ob sie aber ebenso denken wie ich, das weiß ich nicht. [...] Noch niemals haben zwei Menschen über eine Sache völlig gleich geurteilt, und es ist unmöglich, zwei völlig ähnliche Meinungen zu finden."

Weil sich der Gascogner Michel de Montaigne seinen freien Blick auf alles und jeden bewahren will, reist er gern und viel. Dabei sagt er Dinge wie: „Ich suche keine Gascogner in Sizilien, ich sehe zu Hause genügend von ihnen". Stefan Zweig dazu – ganz lakonisch und völlig richtig: „Er will sein Urteil haben und kein Vorurteil".

Doch all das entsteht nicht von heute auf morgen ... Schon über sich als Jugendlichen hat Montaigne geschrieben: „Meine Seele war nichtsdestoweniger dabei für sich, in der Stille, ganz geschäftig und urteilte sicher und frei über die Dinge, die sie kannte, und dachte für sich selbst nach, ohne sich gängeln zu lassen."

So kann eigensinniges Leben beginnen.

Wer mehr über den Eigensinn wissen möchte – gar nicht mal so theoretisch, wie vermutet werden könnte, schließlich gilt er als Philosoph – der sollte ihn lesen, den Michel de Montaigne. Unbedingt sogar!

Selten kommt man den Ideen hinter dem Eigensinn so nah wie bei ihm: Es geht (auch) um unsere Freiheit.

Sklave dürfe man allenfalls der Vernunft gegenüber sein, hat er geschrieben – und, typisch Montaigne – gleich selbstkritisch angemerkt: „Selbst das will mir nicht immer glücken."

Daniela Pucher erzählt

Daniela Pucher kenne ich aus unserem wunderbaren gemeinsamen Netzwerk „wortstarker Frauen", dem texttreff.de. Ich glaube, wir waren uns von Anfang an sympathisch – da hatte ich den Eigensinn allerdings noch lang nicht so ernsthaft im Blick wie jetzt. Im Nachhinein scheint mir das auch ein Beleg für meine These zu sein, dass Eigensinn verbindet: In gewisser Weise „erkennen" wir uns untereinander immer recht schnell. Und die Anziehungskraft untereinander ist oft stark.

Doch es musste erst Corona kommen, damit wir uns gegenseitig besser entdecken konnten: Daniela war einer der ganz wenigen Menschen, mit denen es mir großen Spaß machte, regelmäßig online lange, vertraute Gespräche zu führen.

Und da war es am Ende ganz folgerichtig, dass sie auch Lust hatte, mir mehr über das zu erzählen, was Eigensinn für sie bedeutet. Und das ist wahrlich viel!

Autorin aller folgenden Passagen in diesem Kapitel: Daniela Pucher. Fast hätte ich sie als Co-Autorin dieses Buchs genannt, merkte aber schnell, dass ich damit wohl versucht hätte, mich vor meiner Verantwortung für das Buch zu drücken ... Denn um Verantwortung geht es beim Eigensinn durchaus auch. Wir werden darauf zurückkommen ... Später.

Jetzt aber hat erst einmal Daniela das Wort:

Sinn des Lebens?

Was ich ganz besonders spannend am Eigensinn finde, ist, dass dieses große Wort „Sinn" drinsteckt. Da wird der Eigensinn so in die negative Ecke gestellt (starrköpfig, egoistisch etc.), und dann dieses große Wort! Wir reden gern vom Sinn des Lebens. Manche denken dabei sofort an Spiritualität. Andere wieder an die Evolution und das Überleben: sich reproduzieren, stärker sein. Manche suchen ihr Leben lang nach dem Sinn in ihrem Leben, danach, wofür sie auf der Welt sind. Alles so große Fragen, die furchtbar schwer zu beantworten sind, wenn überhaupt. Wie kann es also sein, dass wir ein Wort haben, in dem so ein philosophisches Element steckt und das wir trotzdem negativ betrachten?

Auch ich habe immer wieder nach dem Sinn in meinem Leben gefragt. Wofür bin ich da, hat sich da jemand etwas dabei gedacht? Wozu bin ich berufen? Bin ich überhaupt zu etwas berufen? Antwort habe ich keine für mich gefunden. Heute weiß ich auch, warum: Weil ich nur auf den ontologischen Aspekt geschaut habe, auf die große Seins-Frage.

Irgendwann stieß ich auf Monty Pythons „Sinn des Lebens", wo es am Ende heißt: „Seien Sie nett zu Ihren Nachbarn, vermeiden Sie fettes Essen, lesen Sie ein paar gute Bücher, machen Sie Spaziergänge und versuchen Sie, in Frieden mit Menschen jeden Glaubens und jeder Nation zu leben. Das ist der Sinn des Lebens." Das hat mich ein bisschen enttäuscht. Wie jetzt? So profan?

Doch im Grunde schließt das eine das andere ja nicht aus. Ich kann nach dem Sinn des Seins fragen – und während sich vielleicht langsam eine Antwort in mir bildet, kann ich mich fragen: Was ist in dieser konkreten Situation für mich sinnvoll? Um das zu beantworten, brauche ich Kenntnis meiner inneren Logik – dem eigenen Sinn also!

Wie finden wir den eigenen Sinn?

Was gut zu mir passt, ist für mich sinnvoll. Was meinen Geschmack trifft, ist sinnvoll. Was mir Freude macht, ist sinnvoll. Immer wenn ich etwas zu einer Situation beitragen kann, sodass etwas Gutes daraus wird, dann ist das sinnvoll. Im Kleinen wie im Großen. Für mich ist es sinnvoll, keine Milch zu trinken, weil ich eine Laktoseintoleranz habe. Ich sage sofort Ja zu einem Hardrock-Konzert, weil ich diese Musik und die Stimmung gern höre. Und nur um nicht den Eindruck zu erwecken, dass es nur die angenehmen Dinge sind: Es ist für mich sinnvoll, ein Wochenende durchzuarbeiten, weil ich erwarte, dass dadurch etwas Gutes entsteht – beispielsweise, weil dadurch mein Kunde wegen der zeitgerechten Erledigung zufrieden ist und mich weiterempfiehlt.

Weil Sinn so ein großes Wort ist, das manche als abgehoben und wenig praktikabel empfinden, hier ein Ausflug in die sehr praktische Sicht der Existenzanalyse: Wir definieren unterschiedliche Ebenen des Sinns. Da ist zum einen die große Frage nach dem Sinn des Lebens, da denken wir in spirituellen Dimensionen oder beispielsweise an Fragen wie: „Warum muss ich diese Krankheit ertragen, wozu das alles?"

Zum anderen geht es um den existenziellen Sinn, der sich auf uns selbst bezieht: Soll ich diesen Job annehmen oder weitersuchen? Ich sollte endlich sportlicher werden – soll ich es mit Radfahren oder Schwimmen probieren? Selbst die Überlegung, was ich heute zu Mittag essen soll, ist letztlich eine Sinnfrage, denn ich entscheide es nach dem, was mir wertvoll ist. Ist Gesundheit ein hoher Wert für mich, dann entscheide ich mich vielleicht für Gemüse, steht der Zeitgewinn im Vordergrund, dann kaufe ich mir ein Fertiggericht. Beides macht in dem Moment Sinn. Ob eine Ernährung mit Fertiggerichten langfristig sinnvoll ist, steht auf einem anderen Blatt, und wer einmal in Ruhe darüber nachdenkt und sich bewusst für mehr Gesundheit entscheidet, wird in Zukunft vielleicht dafür sorgen, dass diese Zeitknappheit gar nicht erst entsteht und so täglich mehr Gemüse auf dem Teller landet. Das ist dann sinnvoll leben. Wenn ich gesund bleiben möchte und trotzdem nie Sport mache und mich ungesund ernähre, dann entscheide ich jedenfalls nicht nach meinem eigenen Sinn. Nicht wenige von uns tun das aber!

Anderes Beispiel: „Ich träume immer schon davon, Autorin zu werden!" Und wie viele realisieren diesen Traum? Nur wenige. Vielleicht aber auch, weil das eben ein Traum ist und kein Sinn dahintersteht. Aber darüber könnte ich jetzt ein ganzes „existenzielles" Buch schreiben ...

Mit dem Rücken zur Wand

Meinen ersten Job hat man mir gutmeinend verschafft, da wurde ich nicht viel gefragt. Ich wurde Sekretärin in einer Versicherung. War diese Tätigkeit etwas, das mir sinnvoll erschien? Nein, weil ich alles, nur nicht Sekretärin sein wollte. Ich nahm ihn trotzdem an, weil ich mich nicht traute, mich zu widersetzen. Und weil ich so schnell wie möglich unabhängig sein wollte. So gesehen, war dieser Job ja dann doch sinnvoll: Er hat für meine Unabhängigkeit gesorgt.

Ein paar Jahre habe ich mich damit abgemüht und versucht, es allen recht zu machen. Es gibt viele Gründe, einem Beruf nachzugehen, auch, wenn man ihn nicht mag. Bequemlichkeit zum Beispiel: Es ist meistens viel einfacher, sich zu fügen als auszubrechen. Es ist leichter, sich den Entscheidungen anderer anzuschließen, das tun wir alle immer wieder. Aufbegehren ist hingegen unangenehm, energieraubend, steifer Wind bläst einem entgegen, Widerstand tut sich auf. Gesellschaftliche Werte, hinderliche Glaubenssätze – das sind alles Dinge, die uns daran hindern, gemäß unserem Eigensinn zu leben.

Dreimal versuchte ich, mit einem Jobwechsel vom ungeliebten Sekretariat wegzukommen und mich zu einer Fachkraft und dann zur Führungskraft weiterzuentwickeln. Denn mir war bald klar, dass ich es schlecht aushalte, wenn mir ständig jemand sagt, was ich zu tun hatte. Doch ich schaffte es nicht, wegzukommen. Beim letzten Jobwechsel war ich wieder „Assistentin", was nur ein moderneres Wort für das ist, was ich die ganze Zeit über blieb.

Mein eigensinniges Berufsleben begann dann mit einem Paukenschlag. Ich war 29 Jahre alt und arbeitete als besagte Assistentin des

PR- und HR-Managers bei einem renommierten Elektronikkonzern. Eigentlich hätte ich zufrieden sein können: sicherer Job, nette Kollegen, interessantes Unternehmen ... Dass ich es trotzdem nicht mehr ausgehalten habe, habe ich – ohne dass er es beabsichtigte – meinem damaligen Chef zu verdanken: Er hatte die Eigenart, die Lorbeeren einzuheimsen für die Arbeit, die ich machte. Ich schob Überstunden, damit er um vier Uhr nachmittags auf dem Golfplatz damit prahlen konnte, wie erfolgreich er war. Da war das Fass übergelaufen.

Kennst du das Gefühl, mit dem Rücken an der Wand zu stehen? Und immer mehr an die Wand gequetscht zu werden? So fühlte ich mich damals. Ich erinnere mich noch genau: Ich hatte grade Zoff mit meinem damaligen Liebsten, weswegen ich mit einer Freundin zwei Wochen nach Griechenland in Urlaub fuhr. Wir hatten beide Liebeskummer. Ich noch Jobkummer obendrein. Ich erinnere mich, wie wir mit dem Flugzeug wieder in Wien landeten. Die Passagiere stiegen aus – wir zwei blieben sitzen. Wir wollten da nicht raus, wollten nicht in diesen beschissenen Alltag zurück, bei dem nichts passte. Der Putztrupp des Flugzeugs musste uns förmlich rauskehren.

Daheim – es war Mitternacht oder so – pfefferte ich meinen Rucksack in die Ecke, setzte mich daneben auf den Boden und heulte. Und war wütend. Und unglücklich. Ich fühlte mich so hoffnungslos! Dieser Job, gegen den sich jede Zelle meines Körpers sträubte! Der damalige Liebste, für den ich mich hätte verbiegen müssen, damit die Beziehung harmonisch war. Es passte mir einfach nichts in meinem Leben, im wahrsten Sinn des Wortes. Als steckte ich in einem viel zu engen Korsett, sodass mir die Luft zum Atmen wegblieb.

Born to be wild!

Nach zwei Stunden Heulen kam mir ein Gedanke: Ich kündige. Auf der Stelle versiegten meine Tränen. Und wenn man mich offenbar überall nur als Sekretärin haben will, dachte ich, mache ich etwas radikal anderes: Ich studiere, das wollte ich doch schon immer, oder? Ich will frei sein. Ach ja, und den Motorrad-Führerschein mache ich auch. Um frei zu sein. Born to be wild!

Das war Anfang Juli. Ende September war ich ohne Job, hatte einen Studentenausweis in der Tasche und kurvte in der Fahrschule mit einem Motorrad durch die Gegend.

Das war der Beginn meines gelebten, beruflichen Eigensinns.

Ich schloss mein Studium ab und bekam sofort eine Stelle in der Recruiting-Abteilung eines Internetproviders. Der wurde nach zwei Jahren liquidiert, dann nahm ich die Stelle als HR-Manager in einer IT-Bude mit 250 Mitarbeitern an. Hurra, geschafft! Endlich Führungskraft, endlich kann ich entscheiden, was zu tun ist.

Und stellte frustriert fest: Als Chefin ist man auch nicht wesentlich freier als als Sekretärin. Die Unfreiheit manifestiert sich nur subtiler. Was für eine Erkenntnis!!! Und natürlich auch ein Schock. Aber diesmal daddelte ich nicht jahrelang mit einem ungeliebten Job herum, diesmal ging es rucki-zucki und ich vollzog meine zweite „Eigenwilligkeits-Rebellion": Nach nur acht Monaten kündigte ich. Und machte mich selbstständig mit einer Idee höchst unbestimmten Inhalts.

Selbstständigkeit und Eigensinn? Ja!

Seit ich selbstständig bin, finde ich es übrigens vergleichsweise einfach, meinem Eigensinn zu folgen. Was ich mit 25 nur unbewusst als meinem Wesen entsprechend spüren konnte, kann ich jetzt voll ausleben: Keiner sagt mir, was ich zu tun habe. Wenn ich mich zu langweilen beginne und feststelle, dass meine Arbeitsqualität darunter zu leiden anfängt, ändere ich mein Angebot.

Wenn ich im Hochsommer bei Hitze nicht gut arbeiten kann, verlege ich meine Arbeitszeiten in kühlere Morgen- und Abendzeiten.

Ich textete Websites und Gebrauchstexte und langweilte mich bald. Ich wollte Bücher schreiben und davon leben können, doch als ich feststellte, dass das nicht klappte, wurde ich Ghostwriter. Ziel erreicht: Ich war mit dem Einkommen aus dem Bücherschreiben zufrieden.

Vor vier Jahren begann es, dass ich das Ghostwriting langsam als Stillstand empfand. Ich habe daher beschlossen, nur noch eigene Bücher zu schreiben – es entstehen gerade zwei – und biete nebenbei Sinn-Coaching an.

Das ist der momentane Stand der Dinge. Was ich in fünf oder zehn Jahren werde zuzufügen können – wer weiß? Ich bin sicher, dass es immer wieder etwas gibt, wo das Leben mich fragt: Ist das noch sinnvoll für dich? Oder müssen wir etwas ändern?

Mich immer wieder – entsprechend meiner inneren Logik – weiterzuentwickeln und gut auf mich und meinen Körper achtzugeben, empfinde ich als das Mindeste, was ich für mich tun kann. Und auch für mein Umfeld!

Denn Eigensinn, so wie ich ihn verstehe, hat nichts mit Egoismus zu tun: Was hat denn jemand davon, wenn ich nur auf halber Flamme Dienst nach Vorschrift mache, anstatt mit voller Leidenschaft das zu tun, was ich wirklich kann und will? Klar, bei Dienst nach Vorschrift kommt auch ein Produkt heraus oder eine Dienstleistung. Doch wenn ich etwas leidenschaftlich gern tue, kommt eine bessere Qualität zutage und meine Kunden haben mehr Freude an dem, was ich für sie tun kann.

Verantwortung für das eigene Leben

Natürlich war mein eigensinniger Weg viel anstrengender, als wenn ich Sekretärin geblieben wäre. Doch ich finde, es ist meine Verantwortung, etwas aus mir zu machen. Mag sein, dass andere der Meinung waren, ich würde als Sekretärin taugen. Ich hätte auch auf die

Rente warten können, nach dem Motto „und dann lebe ich endlich das aus, was zu mir passt". Viele Menschen entscheiden so. In vielen Familien ist alles andere auch gar nicht denkbar.

Deshalb bläst einem ja auch so viel Gegenwind ins Gesicht, wenn man seinem Eigensinn folgt. Die meisten in meinem Umfeld schlugen die Hände über dem Kopf zusammen. Der sichere Job! Und überhaupt: studieren! Kein Geld haben! In deinem Alter haben andere schon Kinder und kümmern sich um die Familie! Und dann erst diese Schnapsidee mit dem Motorrad. Ja ist die denn jetzt total übergeschnappt?

Aber das war mir seltsamerweise egal. Und das, wo ich doch so ein „Ich will es allen rechtmachen"-Typ bin! Doch wenn man mit dem Rücken zur Wand steht und keinen Ausweg findet, bleibt einem nichts anderes übrig, als ausreichend Widerstandskraft zu entwickeln, um das eigene Ich zu verteidigen. Diese Energie hat mich sehr getragen in dieser Zeit und mir geholfen, all diese entsetzten Kopfschüttler und Zeigefingermahner auszuhalten.

Und außerdem war da noch ein Nebeneffekt, der mich aufgebaut hat: Als diese Zweifler sahen, dass ich das wirklich durchziehe, kam von da und dort ein wenig Bewunderung. Wow toll, sagten sie. Das würde ich auch gern machen. Na dann mach es doch, sagte ich. Nein, um Himmels willen, sagten sie. Geht doch nicht. Die Wohnung kostet, und der Ehemann will das nicht und überhaupt, was sollen die Leute denn denken? Finde den Denkfehler!

Als ich mein Umfeld zum zweiten Mal mit meinem Eigensinn irritierte – als ich mich selbstständig machte – hatte ich im Freundeskreis bereits einen gewissen Ruf. Das ist der Vorteil des eigensinnigen Lebens: Die Leute gewöhnen sich daran, manche fanden das sogar großartig. Aber es gab natürlich auch diesmal Steine des Anstoßes: „Wie – du machst dich selbstständig, ohne Businessplan? Was bist denn du für eine Dilettantin? Man hat für so was einen Fünf-Jahres-Plan zu haben mit Budget und lang- und kurzfristigen Zielen und Monitoring." Wozu ich denn Wirtschaft studiert hätte? Nun, was soll ich sagen? Was hätte ich denn für einen Plan aufstellen sollen, wenn ich zu dem Zeitpunkt doch gar nicht genau wusste, was am Ende rauskommen sollte? Stattdessen erlaubte ich mir, bloß eine Startrampe für mich zu schaffen, einfach loszulegen und zu schauen, was sich Sinnvolles ergibt.

Erstaunlich war, dass der Gegenwind auch aus Richtungen blies, aus denen ich ihn nie erwartet hätte. Mein Vater, der Wissen für so wichtig hält, fand es überhaupt nicht gut, dass die Tochter mit 29 noch zu studieren begann. Er, der immer hoch hinauswollte, als Extrembergsteiger 7.000er Gipfel im Himalaya erstbestieg, sagte zu meinem Selbstständigen-Dasein: „Wir haben das doch gar nicht in den Genen." Ach, und sich in Todeszonen im Himalaya und in den Anden zu bewegen, das haben wir schon in den Genen? Nun ja. Heute ist er stolz auf mich, aber damals traf es mich schon sehr, dass ausgerechnet der abenteuerlustige, neugierige und für alles offene Herr Papa mich so kritisierte. Umgekehrt hatte meine Mutter, der ich so vieles nicht rechtmachen konnte, gar nichts einzuwenden. „Du wirst das schon irgendwie schaffen", sagte sie.

Wenn man sich für den eigensinnigen Weg entscheidet, entscheidet man sich nicht nur für Gegenwind, sondern auch für Hindernisse, an die man nie gedacht hätte.

Mein verspätetes Studentenleben war beispielsweise nicht so gut kompatibel mit dem Leben meiner Freunde. All meine Freunde arbeiteten natürlich weiterhin, und es war schwer, so ohne großes Einkommen mit ihnen mitzuhalten. Aber irgendwie ging es. Neue Freunde auf der Uni zu finden, war auch nicht so einfach wie gedacht, die waren ja mindestens zehn Jahre jünger als ich.

Der permanente Geldmangel und die Kritik waren natürlich nicht lustig. Aber es war trotzdem eine geile Zeit: studieren und Motorrad fahren und schauen, was dabei rauskommt.

Und dann mein „Mount Everest", die Selbstständigkeit. Da hatte ich gerade mein Herzblatt kennengelernt, der mir ganz viele Vorschusslorbeeren schenkte, ebenso seine Eltern. Ich bin ihnen heute noch dankbar! Wiederum gab es Geldsorgen. Ich wollte so schnell wie möglich von meinem Herzblatt finanziell unabhängig werden, denn der war so lieb, mir unter die Arme zu greifen. Ich kämpfte ein paar Jahre mit Depressionen – auch nicht gerade hilfreich, wenn man raus in die Welt gehen und Marketing für sich selbst machen sollte.

Sehr vorwärts getragen hat mich wohl zweierlei: Erstens gab es Freunde, die immer an mich glaubten. Meine beste Freundin war die, die mir das auch immer wieder sagte und heute noch drüber lacht, dass ich der bunte Vogel in ihrem Freundeskreis bin. Und natürlich mein Herzblatt, der von Anfang an sagte: „Sicher kannst du das! Warum solltest du das nicht können?" Solche Menschen haben die vielen negativen Stimmen zumindest erträglicher gemacht. Sogar eine meiner zweifelnden Freundinnen, wenn man genau hinsieht: Sie war ein bisschen neidisch, weil ich meine Träume verwirklichte, während sie aus ihren Zwängen nicht rauskam. Das war vielleicht nicht unmittelbar förderlich für mich, aber indirekt schon: Es zeigt doch, dass man auf dem richtigen Weg ist, oder? Dass man sich vom „Einheitsbrei" absetzt.

Zum anderen war da einfach ein Sog. Ich kann das gar nicht richtig beschreiben, aber ich fühlte, dass ich das Richtige tat, da ließ ich mich nicht beirren. Ab und zu hat man solche Sternstunden ... Oder sind das gar keine Sternstunden, sondern eher die Fähigkeit, der Intuition zu vertrauen? Ganz sicher bin ich, was die Selbstverantwortung anlangt: Sie gibt den Ausschlag, ob man sich einfügt oder aufsteht und etwas zu ändern versucht.

Wenn ich zurückschaue, könnte ich meine Learnings so zusammenfassen:

1. Man spürt, glaube ich, ganz gut, wenn man im falschen Film ist. Wenn auch nur unbewusst. Die Selbstverantwortung macht, dass man diesem Gespür folgt – oder eben nicht.
2. Die eigenen Glaubenssätze, gesellschaftliche Normen und moralische Ansichten stehen im Weg – bei manchen so sehr, dass sie den Blick auf das Eigene verstellen. Andere (so wie ich) können sie erst dann überwinden, wenn sie mit dem Rücken an der Wand stehen. Und es gibt sicher auch welche, die sich davon gar nicht beirren lassen und einfach machen.
3. Rücken an der Wand hat einen Riesenvorteil: Man kann sich gut davon abstoßen und kommt relativ weit. Das gibt viel Energie!
4. Man wird mit Unverständnis, Neid, Ablehnung konfrontiert – und das muss man aushalten können. Oder man muss lernen, es auszuhalten. Was mir geholfen hat: Wenn ich auf halbem Weg klein beigegeben hätte, hätten die alle gesagt: „Siehst du, das ist nix. Ich hab es dir ja gleich gesagt." Auch das hat mir Energie gegeben, denn den Gefallen wollte ich denen nicht tun! Noch stärker half mir aber die Einsicht: Wenn ich jetzt umkehre, würde ich mich selbst verraten, und das werde ich bereuen!
5. Man wird aber auch mit Bewunderung und Zuspruch konfrontiert – und wenn man so gestrickt ist wie ich (Glaubenssatz: „Immer schön bescheiden bleiben"), muss man das auch aushalten lernen. Und ein bisschen ist da schon auch das Gefühl, dass man diesen Unterstützern zum Dank nicht aufgeben darf! Also – meine beste Freundin wäre trotzdem meine beste Freundin geblieben, auch wenn ich einen Rückzieher gemacht hätte. Aber trotzdem ...
6. Zu diesem nicht greifbaren Bauchgefühl, dass man das Richtige tut: Heute – eine Existenzanalyse-Ausbildung später – weiß ich, dass ich damals ein unumschränktes, inneres Ja in mir hatte, die

vollkommene innere Zustimmung, die man nur dann hat, wenn man etwas kann, von Herzen mag und sich die Erlaubnis dazu gibt – wenn man zuversichtlich ist, dass dabei etwas Gutes herauskommen wird.

Wenn innere (Vater-)Stimmen den Eigensinn behindern wollen

Eins der wichtigsten Learnings aus mehreren Psychotherapien, die ich mir gegönnt habe: Ich bin immer auch ein Spiegel für andere. Was jemand in mir zu erkennen meint, sagt mehr über ihn selbst aus als über mich. Wenn mein Vater meinte, ich wäre egoistisch, dann hat er wohl selbst ein Problem mit Egoismus. Verdrängung, Verleugnung, Projektion – alles Mögliche kann dahinterstecken. Und das allein entspannt mich schon.

Das ist jetzt natürlich alles leichter gesagt als getan. Aber mir hilft diese Weisheit sehr, nicht alles gleich persönlich zu nehmen. Meine skeptische Freundin beispielsweise: Im ersten Moment war ich gekränkt, dass sie es nicht gut fand, dass ich kündigte und zu studieren begann. Aber wenn ich mich in ihre Schuhe stelle: Vielleicht lebte ich aus, was sie gern gelebt hätte, doch ihr fehlt der Mut dazu. So gesehen, ist ihre Kritik an mir gar keine Kritik, nicht wahr? Damit kann ich viel besser leben.

Ein zweiter Punkt, der mir wichtig scheint: Es braucht die Rebellin in mir, um solcherlei Lebens-Umbrüche durchzusetzen. Eine Rebellin fühlt sich von Ablehnungen bestätigt, angestachelt, nach dem Motto: „Jetzt erst recht".

Man würde meinen, dass ein gut ausgeprägter Selbstwert und eine gute Selbstkenntnis helfen, herauszufinden, wo genau der eigensinnige Weg ist. Ich würde das auch gar nicht abtun. Aber in meinem Fall muss ich sagen: Weder das eine noch das andere waren damals in mir gut ausgeprägt, eher im Gegenteil. Ich hatte stattdessen eine gut ausgeprägte Rebellin in mir. Vielleicht würden diese beiden Aspekte aber helfen, den Eigensinn schneller, leichter, mit weniger Konflikten und Selbstzweifeln auf dem Weg durchzusetzen.

Was ich mit Sicherheit sagen kann: Der erste Siebenmeilenschritt in Richtung Eigensinn ist am schmerzhaftesten. Jede weitere eigensinnige Entscheidung fällt vergleichsweise leichter!

Und dann: Elterliche Stimmen haken sich im Alltag fest. In Kleinigkeiten immer wieder. Sie sorgen dafür, dass man dem Eigensinn viel zögerlicher folgt, weil das ja nicht „erlaubt" ist. Hätte ich in meiner Familie mehr Unterstützer hinter mir gehabt, wäre ich vielleicht schneller das geworden, was mir eigen ist. Doch darüber beklage ich mich wirklich nicht. Als erwachsener Mensch habe ich selbstverantwortlich das Beste draus gemacht!

Oft sind solche Stimmen einem aber gar nicht bewusst – das ist noch fieser, weil man die ganze Zeit zwar im Ferrari sitzt und gar nicht merkt, dass die Handbremse angezogen ist.

Was sich dagegen tun lässt? Selbstreflexion, Selbstreflexion, Selbstreflexion, Lernen, Lernen, Lernen, auf die Nase fallen, aufstehen, weitermachen. Die ganze unbequeme Palette halt.

Eigensinn kann lebensrettend sein

Ich empfinde es als Lebensrettung, den eigensinnigen Weg zu gehen. Nicht mehr und nicht weniger. Ich habe weiter oben schon erwähnt, dass ich auch mit Depressionen zu kämpfen hatte. Die hatte ich auch schon sehr früh, in meinem ersten, ungeliebten Sekretärinnen-Job. Ich bin sehr sicher, dass sie mich viel stärker mein ganzes Leben lang geplagt hätten und mir die Lebensfreude genommen hätten, wenn ich dabeigeblieben wäre.

Wenn ich mir vorstelle, dass ich heute noch irgendwo als Sekretärin arbeiten würde, wird es in mir ganz eng. Das fühlt sich scheußlich an

– nicht, weil der Beruf an sich schlecht ist, sondern weil er nicht zu mir passt. Ich musste mich viel zu sehr dafür verbiegen!

Was ich jetzt tue, gibt mir das Gefühl, erfolgreich zu sein – fernab von finanziellem oder Status-Erfolg. Es geschafft zu haben.

Mein beruflicher Eigensinn ist mittlerweile auch etwas, auf das ich mich verlassen kann. Ich habe es mir schon oft genug bewiesen, dass ich gut lande, wenn ich wieder einmal einen eigensinnigen Abflug starte. Das stattet mich mit viel grundlegender Zuversicht aus.

Und noch ein wichtiges Gefühl: Mein Beruf, den ich mir ganz eigensinnig gestaltet habe, erfüllt mich und macht mir viel Freude. Nicht zu verwechseln mit „alles easy-cheasy" oder „völlig widerstandsfrei". Es gibt genug Hürden, auch, wenn mein Beruf wirklich zu mir passt. Ich glaube, um den Eigensinn zu nähren, braucht es immer wieder ein bisschen Widerstand und Gegenwind. Das sind die Prüfsteine, an denen man erkennt, ob der Weg noch zum eigenen Sinn passt.

Was ist gelebter Eigensinn für mich?

Gelebter Eigensinn ist, wenn ich bei jeder Entscheidung mein Wesen miteinbeziehe. Das schließt die Wünsche und Bedürfnisse anderer mit ein (falls nötig) – aber es schließt mein Wesen und meine Bedürfnisse eben nicht aus.

Deshalb ist es ein Irrtum, wenn Eigensinn mit Egoismus gleichgesetzt wird. Egoismus ist, wenn ich meinen Eigennutz an erste Stelle setze ohne Rücksicht auf andere. Am anderen, ebenfalls ungesunden Ende der Skala: Altruismus ist, wenn ich die Bedürfnisse anderer an erste Stelle setze, aber meine eigenen übergehe. Das ideale eigensinnige Leben bezieht sich schlicht und ergreifend auf mein Wesen: Was meinem Wesen entspricht, das möchte, das sollte ich machen.

Anderen zu helfen, kann ja beispielsweise auch das Ergebnis von Eigensinn sein: Wenn es meinem Wesen entspricht, wenn es mich erfüllt, wenn ich Freude daran habe, anderen zu helfen, dann entspricht es meinem Eigensinn, anderen zu helfen.

Oder in meinem Fall: Es entspricht meinem Wesen, dass ich mich schriftlich besser ausdrücken kann als mündlich, dass Wissen einen hohen Stellenwert hat und ich mich gern mit Wissen aller Art beschäftige. Es entspricht meinem Wesen, dass ich gern viel nachdenke und den Dingen auf den Grund gehen will. Es entspricht meinem Wesen, dass ich Menschen – mich eingeschlossen – gern mit einem Augenzwinkern betrachte und das Leben nicht so bierernst nehme. Daher passt es auch so gut zu mir, dass ich Sachbücher schreibe, die unterhaltsam informieren.

Was wir für unsere Lebensrettung also tun müssten? In Erfahrung bringen, was unser Wesen ausmacht!

Kann uns der Eigensinn verbinden?

Eine Utopie, nur mal laut gedacht: Wenn jeder das tun kann, was er wirklich kann und mag, heißt das, dass jeder sein volles Potenzial entfalten und aus dem Potenzial auch noch Neues schaffen kann. Wenn ich unterstelle, dass der so gelebte Eigensinn dazu führt, dass jeder mit sich selbst zufrieden ist, im Einklang mit sich steht, sich erfolgreich fühlt, dann ruht er sehr viel mehr in sich als jemand, der all das nicht tut.

In sich ruhende und mit sich zufriedene Menschen zetteln keine Kriege an und schaffen keine Unruhen, sie schlagen dem Nachbarn nicht den Kopf ein und müssen niemanden mobben, nur damit sie selbst besser dastehen. Also ja, ich kann mit dieser Utopie etwas anfangen. Und Utopien sind schlichtweg dazu da, uns in eine bessere Zukunft zu führen.

Allerdings – und jetzt kommt die Einschränkung – klappt das meiner Meinung nach nur, wenn wir ein hohes Maß an Selbstreflektiertheit haben, also eine hohe psychische Reife. Und das haben viele Menschen nicht. Einem Putin oder Trump könnte man ja auch viel Eigensinn unterstellen in dem, was sie tun. Aber wenn Eigensinn von Narzissmus, Psychopathie und anderen Persönlichkeitsstörungen angetrieben wird, ist das alles andere als gut. Wir sind ja Zeugen davon, was dabei rauskommt.

Zurück zur Sinnfrage: Es geht um Wert und Selbstwert

Es steht immer ein Wert hinter dem, was mich meinen Sinn finden lässt. Um an meinen beruflich eigensinnigen Weg anzuknüpfen: Den Job als Sekretärin anzunehmen, hat mir kurzfristig die Abnabelung aus dem problematischen Elternhaus ermöglicht – ein Wert, der wohl für jeden jungen Menschen im Vordergrund steht. Doch langfristig hat der größere Sinn bei mir angeklopft und mich unzufrieden werden lassen. Ich habe gespürt, dass ich nicht auf dem richtigen Weg war. Dann habe ich die Konsequenzen daraus gezogen.

(Eigen-)Sinn entsteht, wenn ich

1. die Realität, mit der ich konfrontiert bin, erkenne, verstehe und offen genug bin, um Möglichkeiten zu sehen, die sich auftun
2. fühle, dass die Sache einen Wert berührt, der mir wichtig ist
3. weiß, dass das zu mir, zu meiner inneren Logik, zu meiner Persönlichkeit passt, wenn ich mich damit identifizieren kann
4. glaube, dass dabei etwas Gutes herauskommen wird. Zumindest etwas Besseres als das, was ich gerade habe.

Das ist jetzt sehr theoretisch ... Nehmen wir wieder mein Beispiel:

Zu Punkt 1: Der Sekretärinnenjob hat sich in einer Situation aufgetan, in der ich nichts wie weg von zu Hause wollte. Aber ich war nicht offen genug, um verschiedene Möglichkeiten anzudenken. Ich habe das Erstbeste genommen, was da war, und das war der Job, den man mir verschafft hat.

Zu Punkt 2: „Unabhängigkeit" war der große Wert, der mich getrieben hat – und ich merkte, was so ein Wert für eine große Kraft entwickeln kann!

Zu Punkt 3: Ich wusste instinktiv damals schon, dass der Job überhaupt nicht zu mir passte. Dass ich ihn trotzdem genommen habe, lag an meinem fehlenden Selbstwert, den ich für ein klares Nein gebraucht hätte. Und ich habe mich selbst auch nicht gut genug gekannt.

Zu Punkt 4: In diesem Moment dachte ich, dass etwas Gutes dabei herauskommen wird, nämlich unabhängig zu werden und mich auf eigene Beine zu stellen.

Die Erwartung, dass etwas Gutes dabei herauskommen wird, heißt nicht gleichzeitig, dass das der leichte, flockige, spaßige Weg ist. Ein (eigen-)sinniges Leben ist nicht das bequeme Leben. Doch wenn man den Sinn in einer Sache erkennt, ist man bereit dazu. Weil etwas Gutes dabei herauskommt!

Was hindert uns, ein eigensinniges, sinnvolles Leben zu leben?

Ich würde sagen, das sind im Wesentlichen drei Dinge:

Erstens

Wir kennen uns selbst nicht gut genug, wissen zu wenig darüber, was unser Wesen ausmacht. Welche Werte uns wirklich wichtig sind. Und oft übernehmen wir auch nur Werte von anderen, etwa von Eltern oder gesellschaftliche Werte, die dann in Glaubenssätze münden, die meistens so beginnen: „Man darf doch nicht ..." oder: „Man muss ..." Und wenn wir zu wenig Bescheid darüber wissen, was uns liegt, was uns wichtig ist, welche Talente wir haben, leidet auch oft der Selbstwert. Selbstreflexion ist hier das Zauberwort, das können viele nicht ausreichend – das sollte ein Hauptgegenstand im Schulunterricht sein!

Ob etwas in mein Leben passt oder nicht, ob etwas meinen Geschmack trifft oder mir Freude bereitet – das zu erkennen, ist die eine Sache. Auf einem anderen Blatt steht: Bin ich mir dessen auch bewusst und kann ich daraus eine bewusste Entscheidung treffen?

Oft reagieren wir auf Dinge, ohne dass der präfrontale Kortex dabei im Spiel wäre – also, das bewusste Denken. Bei mir damals: Meine Schwiegereltern meinten, sie könnten mir einen Job als Sekretärin vermitteln – und ich sagte vorschnell Ja. Bald stellte sich Unbehagen ein, das ich aber wegschob. Und erst Jahre später, als das Wegschieben nicht mehr ging, wurde mir bewusst, dass ich gar nicht erst Ja sagen hätte dürfen. Schließlich war Sekretärin so ziemlich das Letzte, was ich sein wollte, weil diese Tätigkeit einfach nicht zu mir, zu meiner Persönlichkeit passt.

Zweitens

Viele können schwer Grenzen ziehen, Nein sagen. Das liegt vielleicht ein bisschen an Konventionen der Höflichkeit: „Ich darf doch den anderen nicht so vor den Kopf stoßen und ihm seinen Irrtum vor den Latz knallen!" Aber auch dahinter steckt zum Teil ein fehlender Selbstwert. Wenn ich meinen eigenen Wert nicht schätze, dann ist der logischerweise auch nicht wert, geschützt zu werden ... Außerdem: Wer sich selbst nicht gut kennt, kann ja auch gar nicht wissen, wo der Grenzzaun verläuft.

Um bei meinem Beispiel weiterzudenken: Wie hätte ich damals entschieden, wäre ich schon reif und reflektiert genug gewesen? Ich hätte gesagt: Danke, aber nein, ich suche mir einen anderen Job, der besser zu mir passt, auch, wenn ich dadurch ein paar Monate arbeitslos bin!

Drittens

Wir stellen die falschen Fragen. Die große Sinnfrage taucht immer dann auf, wenn wir aus dem Alltag gerissen werden – etwa durch eine Krankheit, eine Scheidung, wenn die Kinder das Haus verlassen oder der „Pensionsschock" droht. Dann fragen wir: Warum ich? Was ist mein Leben jetzt noch wert?

Tatsache ist, dass dir keiner antworten wird – es sei denn, du glaubst an Gott oder eine andere, übergeordnete Kraft, dann kannst du dein Schicksal etwa als Prüfung sehen und damit möglicherweise besser ertragen. Wenn nicht, bleibst du mit den Fragen alleine.

Hilfreicher ist es, die Fragen umzudrehen: Nicht ich frage das Leben, sondern das Leben fragt mich. Statt „Warum muss ausgerechnet ich so krank werden?" frage ich: „Was will das Leben jetzt von mir? Was ist jetzt sinnvoll zu tun?" Das holt dich aus dem Jammern heraus und führt dich gleichzeitig in eine hoffentlich sinnvolle Handlung. In eine eigensinnige Handlung!

Daniela Pucher studierte Physik und Mathematik – und brach ab. Sie wurde Sekretärin – und kündigte. Sie sollte ganz brav arbeitende Hausfrau und Mutter sein – und wurde stattdessen eigensinnig. Heute hat sie ein Wirtschaftsstudium, mehrere Zertifikate für Coaching und Schreibberatung und allerhand anderer Qualifikationen in der Tasche – und tut das, was sie von Herzen gerne will: Sie ist Sachbuchautorin und Sinn-Coach. Daniela lebt und arbeitet in der Nähe von Wien.

www.sinnundstift.at, www.daniela-pucher.at

Mein Weg des Eigensinns

Wo andre Heino dudeln ließen, etwa beim Geschirrspülen, hörte meine Großmutter ganze Wagner-Arien – für uns war das völlig „normal". Ich bin die ersten zwölf Jahre bei meinen Großeltern aufgewachsen, vier Jahre allein, danach mit meiner Schwester.

Später wohnten wir zu viert in einer winzigen Drei-Zimmer-Wohnung, mitten in einem der reichsten Viertel von Stuttgart. Diesmal mit Mama und Papa – die bis dahin äußerst selten für meine Schwester und mich dagewesen waren. Mama bastelte gern: Stoffvorhänge vor dem Putzmittelschrank, die Raufasertapete selbst geklebt und gestrichen. Meine Hausaufgaben musste ich zwanzig Zentimeter entfernt vom Gasofen machen, der das ganze Wohnzimmer heizte. Spätestens im Winter unerträglich. Eng war alles.

Ich weiß noch, wie beeindruckt ich war, als meine Schwester sagte: „Freundinnen lade ich hierher nie ein! War grade bei C. – die haben einen Kleiderschrank, der allein ist schon größer als unser gemeinsames Zimmer hier!" Ich bewunderte meine kleine Schwester für ihren klaren Standpunkt. Wäre mir nie in den Sinn gekommen – Loyalität war für mich unglaublich wichtig. Also schwieg ich all die seltsamen Dinge, die ich natürlich auch wahrnahm, lieber tot. Mit aller Kraft. Das war ein permanenter Kraftakt.

Die Familie hatte sich da was zurechtgebastelt, das schwankte zwischen Künstlertum, Migrations-Exotik und den Resten des Bildungsbürgertums unserer deutschen Großeltern. Zerriss mich in mehr als einer Hinsicht.

Dazu kamen meine Albträume von engen Kellern und das Herzrasen bei jedem Probealarm der Sirenen – Großmutter, Mutter und Tante hatten die Bombardierung von Dresden in den letzten Kriegstagen überlebt, indem sie auf einem Hügel über der Elbe saßen und zusehen mussten, wie brennende Menschen in den Fluss sprangen – und dort erst recht verbrannten, denn die Elbe war voller Napalm.

Großmutter hatte neben ihrer Nähmaschine einen Karton voll mit alten Zeitungsausschnitten vom zerstörten Dresden stehen. Sie war meine eigentliche Mutter. Und dummerweise waren es unsere wenigen gemeinsamen „Mußestunden", wenn ich neben ihr saß, während sie nähte. Irgendwie heimelig. Doch: Wie magnetisch zog mich dieser Karton jedes Mal an, obwohl ich große Angst vor den Bildern hatte. Ich kramte in den Fotos und sie liebte es, davon zu erzählen. Sie vermisste „ihr Dresden", die Mauer war ein Jahr nach meiner Geburt gebaut worden. Großmutter hat Dresden erst Jahrzehnte später wiedergesehen.

Dabei war die Stadt so wichtig für die Familiengeschichte! Großvater war Musikwissenschaftler, kurz nach dem Krieg sogar Dramaturg der Semperoper, bevor er wegen – nachweislich nicht in der unterstellten Höhe erfolgten – Devisenschmuggels zu vier Jahren Haft in Bautzen verurteilt wurde. Damit sollte ein Exempel statuiert werden. Das ist lang nach seinem Tod als „Fall Günter H." sogar in die Geschichte der Musikwissenschaften als Thema einer Dissertation eingegangen. Übrigens: Das Geld – es ging um Honorare für musikalische Veröffentlichungen –, dessen Schmuggel über die innerdeutsche Grenze ihm vorgeworfen wurde, sollte an eine gewisse Familie Wagner in Bayreuth gehen ... Er starb mit gerade mal 64 Jahren an seinem zweiten Herzinfarkt.

Das alles lässt sich genauso wenig „wegstecken" wie der Ansehens-Verlust einer ganzen Familie – Großmutter stammte aus einer alteingesessenen, ostdeutschen Orgelbau-Dynastie, ihr Weg in den Westen führte mit einem Strafentlassenen über Flüchtlingslager in ein gutbürgerliches Viertel. Doch nichts wurde je wieder, wie es war. Das Abitur meiner Mutter wurde im Westen nicht anerkannt und sie studierte statt Musik schließlich Medizin. Klingt privilegiert, war es auch. Allerdings hatte ich immer Schwierigkeiten, anderen Menschen zu erklären, warum meine beiden Arzt-Eltern nie reich waren. Das lag daran, dass „man" nie, unter keinen Umständen Schulden machen durfte. So blieben beide immer nur angestellt. Damit wurde schon in den 70er Jahren niemand reich ... Und doch: Die glanzvolle Loge zur Stuttgarter Oper stand uns immer offen, es gab zahlreiche Kontakte zu Ex-Dresdnern, viele davon hatten mit Musik zu tun.

Das Ganze war ein einziges Jonglieren mit „falschen Fassaden" ... die um jeden Preis aufrechterhalten werden mussten. Darum schien die ständig eingeforderte Loyalität beinah lebensnotwendig. Zumindest für das Leben - besser gesagt: das Selbstbild - meiner Mutter und deren Eltern. Nicht gerade gute Startbedingungen, um meinen Eigensinn zu entwickeln. Und doch war er da. Immer schon. Ich musste allerdings äußerst mühsam lernen, ihn zu erkennen, ihn mir zu gestatten. Dauerte mehrere Jahrzehnte.

Auch unter ganz schlechten Startbedingungen
bahnt sich der Eigensinn seinen Weg.

****

Bei meinen Großeltern lebten zeitweise bis zu acht Menschen in einer Altbauwohnung – miteinander verwandt, doch innerlich sehr weit voneinander entfernt. Nicht selten bekamen wir Besuch von echten „Stars", meistens aus der Opernwelt. Hat mich nie beeindruckt. Das ist vielleicht eins der ersten Zeichen meines Eigensinns: Es fällt mir im Traum nicht ein, Menschen nach ihrem Star-Status zu beurteilen. Da habe ich keine Berührungsängste. Jahrzehnte später zwang ich Markus Lüpertz samt Spazierstöckchen auf eine Tanzfläche – ganz bewusst, um ihn „vorzuführen": Ich mag weder ihn noch seine Kunst. Er machte keine allzu gute Figur dabei. Ziel erreicht.

Genau genommen, war das überhaupt nicht eigensinnig ... Denn Eigensinn handelt besser für statt gegen etwas. Doch von solchen Gedanken war ich damals noch unendlich weit entfernt ...

Eigensinn handelt besser für statt gegen etwas.

****

Orte, erste Anhaltspunkte

Als ich begann, über Eigensinn nachzudenken, fragte ich mich zuerst: Wo ist er mir begegnet? Und: Habe ich überhaupt bemerkt, dass es Eigensinn war?

Die letzte Frage ist schnell beantwortet: anfangs überhaupt nicht. Jahrzehntelang nicht. Und trotzdem waren solche Begegnungen Dinge, die mir bis heute im Gedächtnis geblieben sind. Denkwürdige Begegnungen, die immer auch etwas mit mir angestellt haben ...

Die Frage nach dem „Wo?" beinhaltet einen recht seltsamen Bestandteil – finde ich im Nachhinein wenigstens: die domestizierte Natur städtischer Parks. Zwei solcher Begegnungen mit hoch eigensinnigen Menschen haben sich mir in so einer Umgebung regelrecht eingebrannt. Erzähle ich gleich noch ... Es geht um den Münchner Volksgarten und den Schlosspark Stuttgart.

Eigensinn muss nicht erkannt werden.
Und kann trotzdem sehr lebendige Realität sein.

****

Denke ich über meinen ureigenen Eigensinn nach, kommen dabei fast immer die Nordsee oder der Atlantik vor – die bilden in meinem Erfahrungsschatz ein Höchstmaß an Lebendigkeit: lebendiger Atem, unbegrenzbare Blicke, Unendlichkeit und Horizont. Genau dort habe ich jetzt meinen Zweitwohnsitz. Das ist Teil meines gelebten Eigensinns.

Städtische Parks waren lange Zeit meine Ausweichflächen – oft in großer Not: wohin? Wohin mit mir, wenn ich nicht mehr weiterwusste? Ich wusste oft nicht weiter. Und war immer ein „Stadtkind".

Andere „Orte", an denen mir der Eigensinn begegnet ist, waren von Anfang an nicht real. Lagen als Emotionen in (Punk-)Konzerten. Und immer in Büchern. Manchmal auch in Bildern, Plastiken, Museumsräumen. Virtuelle Orte, wenn man so will, allerdings mit sehr realen Gefühlen: Ja, genau das ist wahr! Das spüre ich. Das, was ich da sehe, lese, wahrnehme, das ist lebendig.

Oft taten solche Gefühle weh. Sie gehörten – und gehören - zu mir, stecken tief in mir fest. Eigensinn ist keineswegs immer warm, weich und freundlich. Er kann auch bitter abweisend, schmerzhaft nah, grell und entlarvend, schwindelerregend lebendig, ekstatisch bis kurz vorm Ohnmächtig-Werden sein. Melancholisch und/oder sehr traurig, kann durchaus auch eine depressive Kehrseite haben – dann gilt es, das eine möglichst klar vom anderen zu trennen. Hat oft Angst im Gepäck. Oder Tausende von Zweifeln, Millionen Fragen ...

Wenn Eigensinn Lebendigkeit bedeutet, kann das ja auch kaum anders sein. Dann spiegelt er unser „Gepäck" – leicht oder schwer, meistens beides. Die Frage ist dann immer nur: Was gehört zu mir, was kommt von „außen" – und darf gern auch „draußen" blieben?

Schlosspark Stuttgart

Oft habe ich die Schule geschwänzt. Liebte es melancholisch. Über Friedhöfe schlendern. Oder durch Parks. Zum Beispiel im Stuttgarter Schlossgarten mit seinem sehr künstlichen Teich, Fontänenspringbrunnen mittendrin, in unmittelbarer Nähe zu Oper und Theater. Ohne Absicht war ich dort immer zu fast der gleichen Zeit, lief – ein bisschen wie ferngesteuert – mehrmals um diesen Teich. Achtete kaum auf das, was ich tat, Kopf in den Wolken, Füße ohne großen Halt.

Nach einigen Wochen fiel mir ein Mann auf, der Ähnliches tat. Und doch ganz anders. Wirkte – im Gegensatz zu mir – äußerst konzentriert, Nase fest in einem Buch, lief er eher stolpernd als verträumt um den Teich. Eine recht massige Gestalt – und doch: diese federleichten Schritte, unglaublich! Eher Gummiball als Bachkiesel. Eher Luft als Erde.

Und einige Wochen später war mir klar, was er da tat: Er lernte Text auswendig, unverkennbar. Manchmal dicht gemurmelt, manchmal laut und sehr prononciert. Da war jedes Wort zu verstehen. Allerdings wirkte er dann auch ... wütend. Der ganze Mann: eine geballte Faust. Im Murmeln wurde alles weicher, mehr Feder als Boxerfaust. Doch die Faust war immer noch da. Immer.

Der Mann faszinierte mich. Inzwischen hatte ich mir die Zeiten gemerkt, in denen er um den Teich lief. Ich glaube nicht, dass er mich je wahrgenommen hat. Fand ich auch völlig in Ordnung, denn inzwischen war er irgendwie fast mitten in mir. Meinte zu verstehen, was er sagte, tat, wie er fühlte. Er war laut und präsent, zischend nahbar, ganz bei sich. Und, ja: auch verloren.

Da war ein Band zwischen uns. Das vermutlich nur ich wahrnahm. Auch, wenn ich manchmal, ganz, ganz weit im Hinterkopf, so was dachte wie. Lass mich dich doch beschützen! Ich könnte es.

Erst jetzt, etwa 45 Jahre später, fällt mir ein und auf, dass es diesen Gedanken gab. Dass er zeitweise sogar sehr stark war.

Natürlich wusste ich längst, wer der Mann war, schließlich war ich regelmäßige Theaterbesucherin.

Auch das Wort Eigensinn fällt mir erst heute ein, wenn ich an diese Zeit denke. Er war es. Ich bin es. Spielt aber eigentlich gar keine Rolle.

Für mich war es ein Erkennen. Ein Erkennen von etwas, wofür ich damals noch absolut kein Wort hatte. Es war stark. Ein starkes Gefühl, das sehr lang anhielt. Ich habe diese Begegnungen geliebt. Die gar keine Begegnungen waren. Nie haben wir auch nur ein Wort gewechselt.

20 Jahre später traf es mich mit voller Wucht: Dieser Mann war eines sehr frühen Morgens geradewegs in die Nordsee gegangen. Er konnte nicht schwimmen, also blieb er dort. Im Meer vor Sylt, vielleicht sogar an einer Stelle, die ich kenne. Die für mich Lebendigkeit repräsentiert. Nordsee, immer schon so was wie meine Heimat. Aber nie zuvor und nie danach sah ich sie so kalt, so grausam.

Dieser sprachgewaltige, nuschelnd und schreiend eigensinnige Mann mit dem einsamen Herzen und den leichten Füßen, dem ich mich so nah gefühlt hatte – und fühle – hatte sich das Leben genommen.

Schwere Herzprobleme, hieß es im Nachruf. Und dass er befürchtete, vielleicht nie wieder auf einer Bühne stehen zu können. Sein Name war Ulrich Wildgruber. Ich vergesse ihn nicht.

Begegnungen mit eigensinnigen Menschen können
zutiefst prägend sein.

****

Im Münchner Volksgarten

Helmut Färber ist einer der Autoren der legendären Zeitschrift „Filmkritik". In den 60er-Jahren kam er 25jährig zu dieser Zeitschrift, bis dahin war er Film-Klub-Bewohner gewesen, mit einer Liebe zur Kinematografie, die er später durch seine Arbeit „beweisen" würde.

Er ist den eigenen Forderungen, die er 1967 aufstellte, als es in der Zeitschrift Diskussionen über das Selbstverständnis der Autoren gab,

treu geblieben: „1. Anders schreiben – und lesen – als nur Bespre-
chungen neuester Filme. 2. Anders schreiben – und lesen – als nur
innerhalb der Form urteilender, möglichst abschließender Abhand-
lungen." (Bettina Klix, aus ihrer Online-Rezension zu Färbers Buch
„Arbeit an der Geschichte des Sehens".)

Helmut Färber betrieb Jahrzehnte lang seine ganz eigene Form von
Filmanschauung und -beschreibung, die Spuren in der deutschen
Filmkultur hinterlassen hat. Er war Filmkritiker – mit einer deutlich
eigenen Sprache und Sichtweise, gab Bücher im Selbstverlag heraus,
drehte Fernsehsendungen zu filmhistorischen Themen – in denen er
sich schier blind auskannte.

Und unterrichtete an der Münchner Hochschule für Film und Fern-
sehen Studierende. Eine davon war ich – als Gasthörerin, denn ich
war, kurz nach dem Abitur, noch immer völlig unsicher: Wollte ich
dort studieren? Wie ist das mit all der Technik – kann ich das? Am
Ende war die Antwort auf all diese Fragen: Nein. Aber immerhin
hatte ich gelernt, was ich nicht wollte ... ganz sicher nicht in diesen
Strudel aus Münchner Gefälligkeits-„Freundschaften" geraten, in
dem ich allein in dem einen Jahr, das ich dort war, schon fast ertrank.

Helmut Färber war leise, fast unscheinbar. Und doch wollte ich keine
einzige seiner Vorlesungen verpassen, immer spürte ich: Es geht um
was. Es geht ihm um was. Seinen Hintergrund, seine heimliche „Be-
rühmtheit" kannte ich überhaupt nicht. War mir auch völlig egal.

Angst

Es war in den 1980er-Jahren, als ich in dem sehr dunklen Münchner
Hofgarten nachts mitten in Helmut Färber lief.

Der Münchner Hofgarten sah damals anders aus als heute: viel dunk-
ler, dreckiger, gefährlicher. Und geheimnisvoller, jedenfalls für mich.
Er hatte seltsame Winkel, in denen nicht sicher war, was einen gleich
erwarten würde.

Eine Freundin von mir hatte dort auf einer Parkbank die Sänger der Punkband The Stranglers sitzen sehen, „frauenverachtend", wie sie nicht müde wurde zu betonen. Sänger Hugh Cornwell und Bassist Jean-Jacques Burnel vor allem. Ihr machte das Angst. Ich beneidete sie um dieses Erlebnis, denn ich war ein großer Fan – und es störte mich auch überhaupt nicht, dass die Band gerade erst wegen einer Schlägerei in Nizza kurz im Gefängnis gesessen hatte.

Da fängt es ja schon an: Die Angst meiner Freundin war ganz und gar nicht meine. Ich hatte und habe ganz andere Ängste. Heute wird oft gepredigt, dass alles zu unterlassen sei, was anderen Menschen Angst machen könnte. Dass es etwas sei, was nie ohne Triggerwarnung produziert werden dürfe. Doch: Wer soll und will das kontrollieren? Wer kann wissen, was einen anderen Menschen triggert – also, wirklich tiefsitzende Ängste auslöst? Wer hätte etwa meiner Freundin vorschreiben sollen, ein Selbstverteidigungstraining zu absolvieren? Oder mir, meine Vorlieben und meinen Musikgeschmack nach dem möglichen Gefahrenpotenzial zu richten? In meinem Fall: keine Chance! Ich war geprägt von meinen Ängsten. Und wollte sie zulassen. Oft um jeden Preis.

Nebenbei bemerkt: The Stranglers, das war an sich schon ein ziemlich eigensinniges Ding – eine Punkband mit zunehmend immer intellektueller werdendem Anspruch? Geht ja gar nicht! Auch das war gelebter Eigensinn, genau das, was ich in den beiden vorangegangenen Büchern schon beschrieben habe:

> *Kenne die Grenzen – und überschreite sie,*
> *wenn es für dich Sinn macht.*

✳✳✳✳✳✳✳✳✳✳✳✳✳✳✳✳✳✳✳✳✳✳✳✳✳✳✳✳✳

Zurück in den Hofgarten. Im Morgengrauen konnte ich dort eines Tages ein Dutzend Kröten fangen. Echte. Gar kein Problem. Sie zu fangen, gehörte zu einem Auftrag, den ich für eine Filmproduktion übernommen hatte. Zwei von ihnen hockten noch Stunden später aufeinander, ich hatte sie dummerweise mitten im Geschlechtsakt gestört, als ich sie einfing und in einem Riesenglas zum Filmset transportierte. In ihrem Schreck waren die beiden wie gelähmt und konnten sich erst am Nachmittag voneinander lösen. Vermutlich haben auch sie Angst gehabt. Aber passiert ist ihnen nichts.

Abends und nachts gab es im Hofgarten viele dunkle Ecken. Und einmal hatte ich dort große Angst. Das war, als ich auf dem Nachhauseweg war, nachdem ich im Kino Ingmar Bergmans „Das Schweigen" gesehen hatte.

Es war so eine Stimmung ... die ich direkt aus dem Film mitgenommen hatte. Das Unsagbare, das Unfassbare, das dunkel Rumorende, nicht Greifbare. Es hatte mit Familie zu tun, so viel war mir klar. Doch weiter kam ich nicht. Keine Ahnung, ob ich den Film überhaupt verstanden habe. Da blieb nur dieses dumpf bedrohliche Gefühl. Überaus bedrohlich – vor allem, weil alles so still war. Ich stolperte durch die Dunkelheit, die Stimmung des Films und das Ungreifbare dieser Nacht – die ebenfalls vollkommen still war – vermischten sich, potenzierten einander noch. Es war ein anhaltender Schrecken, dem ich keinen Namen geben konnte. Fühlte mich komplett verlassen, zutiefst verstört. Überlegte sogar kurz und voller Angst, ob ich mittlerweile vielleicht ganz allein auf der Welt war, übrig geblieben. Irgendwie.

Ich bekam keine Luft mehr, vielleicht habe ich geweint – wenn, dann sehr still. Vielleicht war es die erste Panikattacke meines Lebens. Ich sah kaum noch was, denn nicht nur der Park war dunkel, in mir selbst war alles tiefschwarz.

Und in dieser Situation lief ich mitten in Helmut Färber. Auch er war völlig still hier unterwegs. Ich hatte ihn nicht gesehen, nicht gehört. Erst einmal war ich ungeheuer erleichtert: Da war ein Mensch, ein lebendiger Mensch! Dann erkannte ich den Hochschuldozenten.

Er nahm mich mit in seine winzige Wohnung, kochte mir einen Tee, wir sprachen wenig. Er war da. Und natürlich spielt es in so einer Situation überhaupt keine Rolle, ob jemand eigensinnig ist oder nicht. Doch im Nachhinein halte ich es absolut nicht für einen Zufall, was ich heute weiß: Ja, er war eigensinnig. Sehr sogar. Und darum kann es unmöglich Zufall gewesen sein ... Da war ein Vertrauen zwischen uns, das keinen klar benennbaren Grund hatte. Aber es war da, zweifellos. Das war eine derartige „Fügung", dass ich jetzt gern die Gelegenheit wahrnehmen will, einen anderen hoch Eigensinnigen zu zitieren, der ohne meine Begegnung mit Helmut Färber in dieser Trilogie nicht zu Wort gekommen wäre: Peter Handke.

Eigensinn hat eine jeweils eigene,
ganz unverwechselbare Handschrift.

****

Handke hat nämlich die Laudatio auf Färber anlässlich der Verleihung des Petrarca-Preises an ihn 1994 gehalten: „Nicht nur Filme erzählte Helmut Färber einem damals vor in der Zeitung. Als gelernter Drucker, dann Kunsthistoriker, befasste er sich auch mit Büchern, und zwar auf eine ganz neue, ein Beispiel gebende Art (nur wurde seinem Beispiel dann kaum gefolgt). Erst einmal ließ er die Bücher, in der Hauptsache durch ein immer gerechtes, ,aufschlussreiches' Zitieren, für oder von sich selber sprechen und unterbrach sie gleichsam bloß mit seinen bescheidenen, bildhaften, andeutenden Zwischentiteln. Und dann bestimmte er, der Verfasser, auch noch die Typografie jeweils der Artikel, verantwortete deren Aussehen, hatte den Rhythmus von Text und Illustration ganz in seiner Hand. So wunderbar licht und tiefgründig zu lesende Absätze, so ein schönes Mit-, In- und Auseinander von Bildern und Lettern wie seinerzeit Ende der Sechziger, Anfang der Siebzigerjahre bisweilen in einer Wochenendausgabe der Süddeutschen Zeitung, standen wohl weder vorher noch nachher je in einem Journal. [...]

Seine höchsteigene Intelligenz galt hauptsächlich den Dingen und Werken, denen er zugeneigt war. Sein Scharfsinn ist insbesondere einer, der aus dem Enthusiasmus kommt: Hand in Hand mit diesem zeitigt er im Schreiben die so spezifisch Färbersche Melodie, die Bildlichkeit, die Gegenständlichkeit."

Und schließlich: „Helmut Färber ist dabei freilich ein grundanderer als du und ich; ein ganz eigener, auch eigensinniger, der formulierte Eigensinn. Zugleich ist er universell."

Unglaublich, oder?! Diese Passage aus Handkes Laudatio ist eine der wunderbarsten Beschreibungen von Eigensinn, die ich kenne.

Ich versichere: Bis ich vor Kurzem diese Episode aus meinem Gedächtnis hochgekramt habe, hatte ich keine Ahnung davon. Weder von der Freundschaft zwischen Helmut Färber und Peter Handke — denn das muss es gewesen sein. Noch hatte ich eine Ahnung davon, dass Handke den Freund so glasklar eigensinnig nennt. Und erst recht wusste ich nichts vom Eigensinn des Helmut Färber, als ich — irgendwann Anfang der 1980er-Jahre, von existenzieller Angst getrieben, mitten in den Mann lief. Dessen Eigensinn mich am Ende in gewisser Weise gerettet, mindestens getröstet hat. Denn sein Eigensinn war sehr bodenständig, ein bisschen skurril. Und sehr liebevoll. Auch das kann Eigensinn sein.

Und was hat der Münchner Hofgarten jetzt mit dem Eigensinn zu tun? Als Ort kann er ein überraschender, manchmal furchteinflößender, oft aber auch unglaublich schöner, ab und zu verwunschener Ort sein. Emotion pur für viele Münchnerinnen und Touristen. Zahllose Erinnerungen knüpfen sich an diesen Park, sind beschrieben, besungen, gefilmt und fotografiert worden. Ein Ort, der unglaublich viele, ganz unterschiedliche Emotionen auslöst.

Solche Orte brauchen wir, braucht unser Gedächtnis, unser Verstand. Zur Erholung, vor allem in den Wirren der Erinnerung, als Knoten im Taschentuch unserer immer länger werdenden Erinnerungsketten.

Und dass er uns ab und zu Angst machen kann, gehört erst einmal in die Skala der Emotionen. Ein Ort wie dieser trainiert wie nebenbei auch noch das letzte Restchen an Flucht- oder Kampfinstinkt, das wir noch haben und trotz aller „Zivilisation" auch immer noch dringend brauchen.

Angst gehört ja nicht von ungefähr zu unseren Grundemotionen – sie ist an sich nicht gefährlich, im Gegenteil: Sie schützt uns. Und mit etwas Eigensinn können wir auch problemlos beschließen: Unsere Angst, die gehört zu uns. Sie zu akzeptieren, macht Sinn für mich. Ich kann und will mich ihr stellen. Das ist allemal besser, als wie paralysiert und untätig mitten in lauter Angstmomenten zu verharren. Das lässt uns unter Garantie krank werden. In gewisser Weise ist Eigensinn damit auch ein Ausweg aus einer Hilflosigkeit, die uns schnell völlig handlungsunfähig werden lässt. Auch hier gilt: Eigensinn ist Lebendigkeit.

Wer aber kommt und sagt: „Leute, wir beschützen euch vor jeder Angst", der tut niemandem etwas Gutes – auch, wenn es noch so sehr danach klingt. Tatsächlich werden wir damit über kurz oder lang der Fähigkeit beraubt, zu flüchten oder uns zu wehren. Angst produziert Reflexe. Die aber schnell verkümmern können, wenn sie nicht wenigstens ab und zu trainiert werden.

So ist beispielsweise bekannt, dass viele Flugzeugabstürze nur darum geschehen, weil durch die Künstliche Intelligenz des Autopiloten im Flugzeug für keinen Piloten, keine Pilotin mehr die Notwendigkeit besteht, ihre Reflexe im Fall einer Gefahr zu trainieren. Jede Handlung kommt dann zu spät – nur um Sekunden, aber das genügt. Für die Sicherheit des Flugzeugs und seiner Passagiere kann das auf der Stelle tödlich sein. Das ist bekannt. Und doch denkt meines Wissens kein Mensch daran, die Autopiloten in Flugzeugen wieder auszubauen. Im Gegenteil, es wird daran getüftelt, „endlich" auch die selbstfahrenden Autos auf unsere Straßen zu bringen ...

Die in der richtigen Sekunde zur Handlung fähigen Reflexe haben viel mit Angst zu tun: Angst ist es, die unserem Gehirn in Millisekunden die Botschaft übermittelt: „Handle! Jetzt!" Und allein darum brauchen wir alle unsere Angst mehr, als die meisten glauben möchten.

Wo bleibt unser Eigensinn in einer Smart-City?

Ein letztes Mal zurück in den Münchner Hofgarten: Ja, dort konnte es gefährlich sein – das ist heute vermutlich anders, ich war lang nicht mehr dort.

Ja, eine bessere Beleuchtung ist hilfreich. Nein, Angst zu haben, ist nicht schön. Und dass Frauen in dunklen Ecken belästigt oder gar vergewaltigt werden könnten, ist schlicht zum Kotzen. Doch ist die dunkle Ecke schuld daran, dass derart menschenverachtende Dinge geschehen? Wohl kaum. Und ist das Vorhandensein von Angst an sich etwas Schlimmes? Wie das Beispiel des Autopiloten in Flugzeugen zeigt: nein.

Schlimm wird es, wenn die Angst überhandnimmt – im wahrsten Sinn des Wortes. Wenn wir kaum oder keine Möglichkeit (mehr) haben, auf sie zu reagieren. Und genau das könnte geschehen, wenn jene Retorten-Städte gebaut werden, die die chinesische Regierung – mit ihrer Verherrlichung der Künstlichen Intelligenz – derzeit plant und umsetzt. Sehr konkret. So etwas macht mir große Angst. Denn ich weiß: Nicht nur mich wird es absolut handlungsunfähig machen. Sondern dann versagt selbst meine „Geheimwaffe", der Eigensinn.

Wie könnten solche Städte in etwa aussehen? Baidu ist für China das, was bei uns Google ist – vermutlich mit einem Vielfachen der

Daten, die Google gesammelt hat. Denn die meisten Chinesen scheinen völlig mit der These einverstanden zu sein, dass so etwas wie „Intimität" unnötig, technischer Fortschritt dagegen dringend nötig ist.

Baidu also hat vor gar nicht langer Zeit einen Partnerschaftsvertrag mit der Region Xiong'an (etwa 100 Kilometer südwestlich von Peking gelegen) unterschreiben: Gemeinsam entwickeln sie die größte KI- oder Smart-City der Welt. Vieles davon ist bereits realisiert, etwa ein gigantisch großes, unglaublich schnelles Eisenbahnnetz. Zu den obersten Zielen des Projekts gehören „mehr Wohlergehen und Sicherheit" für Chinas Bürger:innen, Motto: „Vertiefung der KI-Innovation für soziales Wachstum".

Natürlich wird es beim Bau dieser und anderer KI-Städte von Anfang an vernetzte, von Künstlicher Intelligenz überwachte High-Speed-Autobahnen geben, auf denen nur autonome Fahrzeuge fahren dürfen, von je 200.000 Sensoren pro Quadratkilometer gelenkt.

Gesichtserkennung auf allen öffentlichen Plätzen, Straßen und in jeder Ecke, inklusive KI-gesteuerten, technischen „Prangern" – ähnlich jenen unseres Mittelalters. Da werden auf zahlreichen Monitoren all jene Fußgänger:innen in Großaufnahme und mit Namensnennung öffentlich zur Schau gestellt, die etwa einen Zebrastreifen oder eine rote Ampel ignoriert haben. Die vollständigen Personalien dieser Menschen sind der KI natürlich bestens bekannt und werden ebenso wie alle „Verstöße" gesammelt, gespeichert und mit Sicherheit weiterverwendet. Die Überwachung macht vor keinem Bereich Halt ... Selbst auf Toiletten wachen smarte Klobrillen und WC-Papier-Vorratshaltungssysteme über das Wohlergehen der Menschen. Alle Berichte, die ich dazu kenne, besagen, dass die chinesische Bevölkerung das alles befürwortet – im Namen einer verbesserten Sicherheit. Die zu alldem gehörigen Daten lagern natürlich zentral auf wenigen Firmen-Servern, US-Giganten sind mit von der Partie. Ist das Sicherheit? Muss da niemand mehr Angst haben?

Wer jetzt denkt: „Na ja, China ist weit weg ...", dem sei gesagt: Eine Smart-City zu werden, ist auch für viele Städte Europas ein zunehmend attraktives Ziel. Was dabei „smart" werden soll, ist zwar völlig uneinheitlich, klar ist aber: Es kann allein mit Hilfe von „intelligenter Informations- und Kommunikationstechnologie" erreicht werden – so steht es in fast allen europäischen Smart-City-Konzepten. Und davon gibt es einige.

Die – neben Sicherheit – angestrebten Ziele sind tatsächlich extrem wichtig, das will ich gar nicht bestreiten. Von Klimaneutralität über Eindämmung von Autoverkehr oder Müllmengen bis zur Schaffung von attraktiven, bezahlbaren Wohn- und Lebensräumen. Absolut wichtig, keine Frage! Und ja: Derzeit ist bei den „smarten Planungen" in Europa der Datenschutz und/oder die Transparenz der genutzten Daten noch immer ein entscheidendes Kriterium. Das ist die eine Seite. Doch die andere Seite sind immer die Gewinnmöglichkeiten, die mit all unseren Daten gemacht werden können ...

„Sicherheit und Wohlergehen", das ist das Versprechen der chinesischen Machthaber. Und dort bedeutet es mit Sicherheit den vollständigen Verlust jeglicher Individualität. Jede Abweichung wird bestraft. An gelebten Eigensinn wird nicht mal mehr im Traum zu denken sein. Die Realität eines solchen Lebens können sich die meisten von uns vermutlich nicht mal ansatzweise vorstellen.

Es fiel mir schwer, diese Passage zu schreiben. Ich wollte ständig rufen: „Okay, ganz schlechter Film!" Oder: „gute Science-Fiction, rüttelt auf, sollte uns nachdenklich machen ..." Aber so ist es nicht! Es ist Realität, zumindest in China. Ja, Europa ist nicht China ... Ja, wir haben eine andere Mentalität, andere Werte und Traditionen. Intimität, Persönlichkeitsrechte und Datentransparenz sind den meisten von uns nach wie vor wichtig. Ja, es werden sich Wege finden lassen, um in Europa manche chinesischen „Errungenschaften" einzudämmen. Mehr aber auch nicht. Sie werden in der Welt sein. Und damit sind sie – mehr oder weniger – unumgänglich, auch für uns.

Und wenn ich hier sage: Der Eigensinn kann ein Gegengift sein zu all dieser Entmenschlichung – denn das bedeutet KI aus meiner Sicht -, dann weiß ich doch: Eigensinn *muss* ein höchst individuelles Instrument sein. Und bleiben. Damit steht jedes einzelne Individuum der geballten Macht an Geld und Einfluss der „großen Datensammler" weltweit gegenüber. Kann das gut gehen? Allenfalls mit einer Art Revolution gegen diese Entwicklung. Aber damit hätten wir beinah schon so was wie einen Revolutions-Stau. Denn auch die Klimakatastrophe schreit nach einer Revolution, sogar die Demokratie-Entwicklung, in Europa und anderswo ... Das eine wie das andere ist absolut notwendig – finde ich jedenfalls.

Nein, ich habe keine Glaskugel, bin keine Politikerin und mein Einfluss ist äußerst begrenzt. Doch er ist immerhin in Ansätzen da: Erst einmal habe ich Einfluss auf mich selbst. Und weiß jetzt schon: Niemals werde ich eine KI umfassend zum Schreiben nutzen, sie mit eigenen Daten „füttern". In manchen Fällen lässt es sich allerdings jetzt schon kaum vermeiden ... jede Online-Suche ist KI-gestützt.

Doch ich bleibe dabei: Selbst, wenn mir noch so viele Menschen in den Ohren liegen: „Du musst! Sonst bist du bald auf dem Arbeitsmarkt nichts mehr wert", antworte ich: „Nein. Muss ich nicht." Zugegeben: Ich bin in einer Luxus-Situation: selbstständig und auch noch in einem Alter, in dem ich nicht mehr allzu lang jeden Job annehmen muss. Ein wenig Wahlfreiheit habe ich also noch, haben alle Menschen. Selbst, wenn die dazu führt, eine Festanstellung zu kündigen und etwa Sterbebegleiter oder Gärtnerin zu werden ...

Geht natürlich nur, wenn es für den jeweiligen Menschen Sinn macht. Die Wahl haben wir alle. Wir haben auch die Wahl, die Daten unserer Online-Aktivitäten zu kontrollieren: Was davon ist wirklich notwendig, was nicht? Muss die Standort-Suche auf meinem Handy immer eingeschaltet sein? Muss ich wirklich Amazon zur Bestellung aller Produkte und dann auch noch als Suchmaschine nutzen? Muss es Google sein – oder gehen andere Suchmaschinen nicht verantwortungsvoller mit meinen Daten um? Und so weiter ... Auch solche Schritte können gelebten Eigensinn bedeuten.

Zurück zur Angst. Ich weiß, was Panikattacken bedeuten. Und genau darum bin ich – voller Dankbarkeit – auf meinem Weg des Eigensinns gelandet. Für mich ist klar: Diesen Weg möchte ich nie mehr verlassen. Denn allein das Wissen, dass ich etwas tun *kann*, um mich – mit Sinn – um das zu kümmern, was „mein Eigenes" ist, hat mich weitgehend die Angst vor der absoluten Lähmung verlieren lassen, die mich völlig im Griff hatte, als ich verstört in dunkelsten Ecken hockte. Und absolut keinen Ausweg sah. Das war völlige Hilflosigkeit, Ohnmacht. Ja, für mich sind Ohnmacht und Angst fast schon Synonyme: beides lähmt. Beides bedeutet null Lebendigkeit. Aber sie sind nur fast synonym. Denn Hilflosigkeit ist – für mich – die Folge von Angst.

Mit anderen Worten: So lange ich etwas gegen die Angst tun kann, werde ich vermutlich nicht in der lähmenden Hilflosigkeit landen. Für mich ist das der wichtigste Sinn meines Eigensinns.

Eigensinn kann uns davor bewahren, vor Angst gelähmt
in einer Ecke zu hocken.

****

Kleiner Exkurs: Der Eigensinn des Gaspar König

Die Informationen dieses Kapitels, die die Entwicklungen in China betreffen, habe ich vor allem aus dem Buch von Gaspard König: „Das Ende des Individuums". Daraus habe ich ein paar Fakten und Beobachtungen übernommen. Die kompleten Schlussfolgerungen von

Königs „philosophischer Antwort auf die Herausforderung der Künstlichen Intelligenz" – so der Klappentext – bitte selbst nachlesen, siehe Literaturverzeichnis ganz hinten hier.

Regelrecht frappiert hat mich aber auch Folgendes: Auf den 1982 geborenen Philosophen und Essayisten Gaspard König stieß ich über sein – absolut lesenswertes, überaus eigensinniges – Buch „Mit Montaigne auf Reisen – Abenteuer eines Philosophen zu Pferde". Darin folgt König allein mit und auf einem Pferd den Spuren, die Michel de Montaigne 1580 mit seinem „Tagebuch einer Reise" gelegt hat: von Schloss Montaigne in der Nähe von Bordeaux bis nach Rom. Das sind 2.500 Kilometer quer durch Europa. König zitiert Montaigne zwar ab und zu, viel wichtiger aber sind die täglichen Herausforderungen dieser heute schier unmöglich scheinenden Reise. Mit Pferd auf der Autobahn? Wohl kaum ... Aber auch Nebenwege können schwierig werden. Und abenteuerlich. Wunderbar sind all die Begegnungen, die König unterwegs hat – das sind unzählige Beispiele für gelebten Eigensinn, weit abseits großer Metropolen zwischen Tier, Mensch, Wald und (Acker-)Boden. Abgesehen davon ist natürlich das ganze Unterfangen, heute allein mit Pferd 2.500 Kilometer quer durch Europa zu kommen, Eigensinn pur.

Das ist eine perfekte Ergänzung zu diesem Buch hier – ich empfehle es wärmstens ...

König hat sich dieses Abenteuer hart erkämpft. Und zwar durch das Buch, das er davor geschrieben hat: „Das Ende des Individuums – Reise eines Philosophen in die Welt der Künstlichen Intelligenz."

Dafür reiste er ebenfalls – aber ohne Pferd. Vor allem in China, den USA und Europa war er unterwegs und unterhielt sich ausführlich mit Entscheidungsträgern, Vordenkerinnen und Angestellten im Entwicklungs- und Arbeitsbereich der Künstlichen Intelligenz. „Diese Reise war ganz und gar keine Erholung", schreibt er schon auf Seite zwei jenes Buchs.

Genau darum reiste er kurz danach zu Pferd auf den Spuren von Michel de Montaigne durch Europa – wenn das kein gelebter Eigensinn ist!

Kunst und das Phänomen des Scheiterns

Ich denke, es ist langsam klar geworden: Ich war wohl immer schon auf dem Weg zu meinem Eigensinn. Dieser Weg führte mich vor allem über die Kunst – im allerweitesten Sinn. Viele Wegstücke fielen nach und nach an ihren Platz, den richtigen Platz. Dorthin, wo sie gehören. Kann ich erst jetzt richtig zuordnen, sehen, wahrnehmen, wo ich anfange, darüber zu schreiben. Ich bin also auch das beste Beispiel dafür, dass und wie Schreiben heilsam sein kann. Meine Wunden waren zahlreich ... Sie sollen hier aber nicht im Vordergrund stehen. Sondern nur die – oft völlig unerwarteten – Heilungsprozesse.

Auch mein Zugang zur Kunst ist lang. Und besteht aus verschlungenen Wegen, vielen Türen und immer wieder einem Gefühl des Scheiterns. Mein Großvater war, wie gesagt, Musikwissenschaftler. Suchte und fand alte, vergessen geglaubte Noten, restaurierte sie, gab sie neu heraus, als Bücher und Notenschriften, besprach Neuerscheinungen auf dem Schallplattenmarkt im Radio. Das sind nur ein paar seiner Stationen. Herzstück von allem aber war immer dieser Stutzflügel, der in der Wohnung genau im Durchgang zwischen Großvaters Arbeitszimmer und dem Familienwohnzimmer stand.

Musik war Leben – das galt mehr oder weniger für die ganze Familie. Da war es keine Frage, dass auch ich Klavier spielen lernen sollte. Hatte nichts mit Prestige oder Erziehung zu tun, war schlicht eine Selbstverständlichkeit. Nur hatte und habe ich dummerweise zwei linke Hände. Die auch noch ständig parallel das Gleiche machen wollen. Ganz schlechte Voraussetzungen zum Klavierspielen. Als ich mir nach jahrelanger Klavier-Qual eine Handwurzel auf dem blöden Stufenbarren im Turnunterricht brach, war der wochenlange Gips ein wunderbarer Grund, um den Klavierunterricht beenden zu dürfen. Einerseits war ich erleichtert: endlich kein Klavier mehr!

Andererseits fühlte es sich wie Scheitern an. Mag komisch klingen. Ist aber so, wenn etwas als derart selbstverständlich angesehen wird, dem ich einfach nicht „genügen" konnte und auch noch keinen eigenen, anderen Weg gefunden hatte.

Scheitern ist eine Kraft für sich, wie ich inzwischen unter anderem von Will Gompertz gelernt habe. Alle Kreativität bestehe aus einer langen Abfolge des Scheiterns, erzählt er in seinem Buch „Denken wie ein Künstler" mit Blick auf die Lebenswege vieler Künstlerinnen und Künstler. Die gefühlt tausendfach gescheitert sind, am Ende aber genau dadurch ihren Weg gefunden haben. „Ihr Weg" bedeutet dann, das zu tun, was sie einerseits gelernt und andererseits noch nicht zu Ende gedacht hatten. „Kreativität ist ein Annäherungsprozess", stellt Gompertz fest und aus allen Erfahrungen des Scheiterns destilliere sich irgendwann der richtige Weg. Das können ganz unbedeutende Ereignisse sein, wie er am Beispiel mehrerer Künstlerinnen und Künstler zeigt – die er häufig auch persönlich getroffen hat. Mehr über das Buch von Gompertz kommt gleich noch ...

Im Fazit zu seinen Beispielen des nur scheinbaren Scheiterns verschiedener Kunstschaffender schreibt er: „Ich kann mir nicht vorstellen, dass irgendeiner von ihnen dachte, solche [winzigen] Ereignisse würden bedeutsame Folgen haben. Aber sie waren für die Möglichkeit bereit. Und das ist wirklich wichtig. Im Klartext bedeutet das, es muss meistens Jahre, jahrzehntelang gehen, bis man aus diesem Prozess des Scheiterns zu dem Weg kommt, der dann der absolut richtige ist."

Gompertz führt weiter aus, dass es darum gehe, ständig zu lernen, auszuprobieren. Und gleichzeitig bereit zu bleiben für jenen Moment, in dem der unvorhersehbare Auslöser kommt und zu einer wunderbaren Entdeckung führt: zum Finden unserer eigenen, unverwechselbaren, künstlerischen Stimme. Finden ist hier der entscheidende Begriff. Es geht um etwas, das wir schon in uns haben, was aber erst noch entdeckt, gewissermaßen freigelegt werden muss.

Exakt so war das bei mir. Es fühlte sich wie Scheitern an, zu erkennen, dass Musik absolut nicht mein Weg sein konnte. Ich wollte es erst gar nicht wahrhaben. Nach dem Klavier kamen noch Gitarre, Flöte – scheinbar einfache Instrumente. Hat alles nicht funktioniert. War definitiv nicht mein Weg.

Kreativität war lange Zeit ein sehr schwieriges, heikles Wort für mich. Inzwischen weiß ich immerhin: Sie sollte immer dem entsprechen, was uns entspricht. Dann sind wir auf dem Weg unseres Eigensinns. Und manchmal geht es auch einfach nur darum, Verantwortung zu übernehmen ...

Entscheidungen treffen

Wir schreiben 1990-noch-was, das Jahrzehnt, das zumindest teilweise noch vom Boom der modernen, jungen, wilden Kunst der 80er-Jahre in und aus Deutschland profitiert. Mein Chef ist einer jener Galeristen, die in dieser Zeit zu den Stars der Kunstwelt zählten – und zwar völlig zu Recht: Hans-Jürgen Müller, Mitbegründer der ersten Kunstmesse, der Art Cologne, Autor des Buchs mit dem viel zitierten Titel „Kunst kommt nicht von Können". Wir geben gemeinsam Ausstellungskataloge heraus, verleihen Förderpreise an herausragende Künstler und werden 1992 von Jan Hoet (1936 bis 2014) auf die documenta IX eingeladen.

Überhaupt: Jan Hoet! Ich bin ihm begegnet, habe ihn auf Anhieb geliebt, wusste noch lange nichts über den Eigensinn. Aber einiges von diesem großartigen, belgischen Kurator der Kunst. Etwa, dass er sich nie gescheut hat, sich auch auf Unbekanntes einzulassen. Oder, dass er die „Chambres d'Amis" erstmals initiiert hat: Kunst in privaten

Räumen der Menschen einer Stadt. Zufällig war ich gerade in der Nähe von Gent – wo diese Idee erstmals umgesetzt wurde, bevor andere Städte das Konzept übernahmen. Ich sah die Plakate und war beeindruckt von dieser ungewöhnlichen Idee. Wie so oft, setzten sich die Puzzleteile auch da erst im Nachhinein zusammen … Wer Jan Hoet war, wusste ich noch nicht, als ich staunend vor diesen Plakaten stand. Später reiste ich ihm hinterher … wirklich ein „Fan" … Wieder und wieder nach Gent, nach Kassel und Herford, Ostende sowieso.

Es gibt eine lange Reihe von Künstlerinnen und Künstlern, die ich erst durch ihn kennengelernt habe. Er war ein wunderbarer, unvergessener Kurator für mehr als eine Kunsteinrichtung. Und für meinen Weg in die Welt der Kunst.

Und noch etwas fiel mir dabei auf: Jan Hoet war auf seine Weise sehr treu: Viele Kunstschaffende hatte er entdeckt, stellte sie in den folgenden Jahren immer wieder in unterschiedlichen Zusammenhängen aus, lud sie ein. Er war ein wirklich umtriebiger „Ausstellungsmacher", so der damalige Sprachgebrauch – gefällt mir ohnehin besser als das heute gebräuchliche „Kurator".

Gelebter Eigensinn kann uns staunen lassen.

****

Ausstellungsmacher, genau das war Hoets Job, als er damals völlig unerwartet in Müllers Galerie auftauchte: Er war dabei, die größte deutsche Ausstellung vorzubereiten, die Kasseler documenta. Ich kam grad aus der Mittagspause zurück, sah einen Mann, der mich auf den ersten Blick an Columbo erinnerte, eine Zigarette nach der anderen rauchte, schnell und ungeheuer konzentriert durch die Galerieräume lief. Die Frau des Galeristen – strikte, stolze Nichtraucherin – huschte wie eine Dienstmagd mit dem Aschenbecher in der

Hand hinter ihm her. Ich war perplex. Und glaube, wir haben uns kurz zugezwinkert, Hoet und ich … Kann mich aber auch irren.

Jedenfalls wusste ich sofort: Dieser Mann ist – tja was? Eigensinnig würde ich heute sagen. Und zwar durch und durch: „Kunst ist eine Haltung, die hervorgeht aus dem Widerstand gegen jede Art autoritärer Ambitionen", zitiert ihn Dirk Schwarze für die documenta-Redaktion anlässlich „seiner" documenta 1992 in Kassel.

Noch ein Zitat aus dem Documenta-Archiv (ebenfalls von Dirk Schwarze): „Während die früheren documenta-Leiter sich nur gelegentlich in der Ausstellung sehen ließen, lebte Jan Hoet mit der documenta. Man traf ihn in den Räumen und man erlebte ihn als einen unermüdlichen Führer durch seine Ausstellung. Ob es der belgische König oder ob es einfache Besucher waren, die nur mehr Informationen haben wollten, immer war Jan Hoet zum vermittelnden Gespräch bereit." So habe ich ihn später selbst erlebt, in der Cafeteria jenes Museums in Gent, das er gegründet und so lang und erfolgreich geleitet hat, dem Museum für Hedendaagse – also: zeitgenössische – Kunst. Auch für Jan Hoet gilt aus meiner Sicht ohne Zweifel: Sein Leben war gelebter, sehr lebendiger Eigensinn.

Zurück zu Hans-Jürgen Müller: Wer bei ihm ausstellte, hatte ziemlich gute Chancen, bekannt(er) zu werden. Müller liebte seine Arbeit, war einer der wenigen Galeristen, die sich vollkommen in den Dienst „ihrer" Künstlerinnen und Künstler stellen konnten, stellen wollten. Denn er bewundert den Mut all jener, die bedingungslos für und mit Kunst arbeiten. Für die übernahm er Verantwortung.

In gewisser Weise verlangte er das eines Tages auch von mir. Und das hat mich derart geprägt, dass ich die Geschichte wieder und wieder erzählt habe:

Fast täglich geben sich die Kunstschaffenden Müllers Galerie-Klinke in die Hand, immer eine dicke Mappe mit eignen Werken unterm Arm. Denn nie weist Müller jemanden ab, kommt er oder sie auch noch so unangemeldet. Er begutachtet, überlegt, gibt Tipps, sagt aber oft auch sehr klar „Nein". Oder verweist an Galerie-Kollegen.

Es sind schrecklich arme Schlucker darunter. Menschen, die nur für ihre Kunst leben, sich kaum eine Mahlzeit leisten. Das sehe ich sofort. Immer. Aber auch, wie die meisten von ihnen für ihre Arbeit brennen. Eine meiner ersten Lektionen ist, dass Mitleid in Sachen Kunst ein ganz schlechter Ratgeber ist. Denn ich sehe auch viele Künstler:innen regelrecht verbrennen.

Und dann kam er, mein Schubs ins kalte Wasser: „Maria, isch des was oder isch des nix?!" (Schwäbisch konnte er, der Müller aus Ilmenau bei Weimar ...) Er zeigte auf die Bilder am Boden, verschränkte die Arme und lehnte sich zurück. Ich wusste: Von dem kommt jetzt gar nichts mehr. Das ist ihm absolut ernst: Ich bin an der Reihe! Was immer ich jetzt sagen werde, wird die Entscheidung sein. Und bleiben. Die bedeutet was, auch für das Fortkommen dieses jungen Mannes da, direkt vor meiner Nase. Ja: Ich hatte Verantwortung.

Da stehe ich. Mir wird schwindlig. Zwinge mich dazu, nicht den Menschen anzustarren, sondern dessen Kunst. Die ist es, die zu mir reden muss. Zwinge mich, nicht meinen Kopf, sondern mein Bauchgefühl sprechen zu lassen.

Hans-Jürgen Müller hatte ein fabelhaftes Bauchgefühl, einen „Riecher", ein „Näschen", sehr viel Intuition – wie immer man das nennen mag. Im Gespräch oft polterig, waren seine Bauchentscheidungen – wenn es um Kunst ging – fast immer Volltreffer. Mitten ins Schwarze, ins Herz des Zeitgeschmacks oder ihm noch weit voraus, oft schlicht zeitlos gültig. Nie geschmäcklerisch. Er liebte das Neue, nie auf diese Weise Gesehene.

Intuition, Kunst und Eigensinn passen wunderbar zusammen.

****

Ich war damals unvermutet und plötzlich mitten in einem existenziell wichtigen Test, dessen Lektion ich bis heute nicht vergessen habe: Hör dir selbst gut zu! Entscheide mit dem Bauch, pass auf, dass der Kopf mit seiner angeblichen Vernunft nicht kaputtmacht, was du besser wissen solltest! Und entscheide so, dass du für deine Entscheidung die Verantwortung übernehmen kannst.

Schließlich sagte ich „Ja". Und meinte es genau so. Kein „vielleicht", kein „Ich glaube". Ich spürte und wusste: Es ist richtig. Und das war es. Später bekam eben dieser Künstler den Hans-Jürgen-Müller-Förderpreis aus den Händen von und mit einer Laudatio von Bazon Brock.

Und noch später schnappte sich Jan Hoet bei dem schon erwähnten Besuch in Müllers Galerie exakt jene Zeichnungen eines anderen, unbekannten Künstlers aus dessen riesigem Werk-Konvolut, die ich vorher (aus völlig anderen Gründen) als beste Arbeiten zur Seite gelegt hatte – die gingen direkt in die Vorauswahl zur documenta IX.

Wie groß, großartig und eigensinnig das war, erfuhr ich erst viel später, aus den Berichten über „seine" documenta: „So reisten Hoet und seine Assistenten mit einer Intensität durch die Ateliers und Galerien der Welt, die ohne Beispiel ist. Zwischen Island und Australien, zwischen Indien und Uruguay, zwischen Moskau und Los Angeles pendelten die vier im Namen der documenta, notierten Namen und brachten Tausende von Dias mit zurück", beschreibt Dirk Schwarze diesen Prozess nach Hoetscher Manier zwischen Chaos und Struktur im Kunstforum Band 112 aus dem Jahr 1991.

Ja: Ich habe gelernt, wie Kunst mit mir kommuniziert. Heute bezeichne ich mich manchmal als Kreativitäts-Dolmetscherin.

Hat das jetzt was mit Eigensinn zu tun? Für meinen Weg, für meine Entwicklung ganz sicher, denn ich habe in diesem Moment nicht nur gelernt, dass wir auch in der Kunst Verantwortung übernehmen können – und sollten. Sondern auch, dass es gewisse Bereiche in mir gibt, denen ich einfach vertrauen kann: Instinkt, Bauchgefühl, Intuition, altes Wissen, die Stimme der Lebenskunst, meine Individuation – wie immer wir es nennen wollen, das spielt keine Rolle.

Wichtig ist, dass es dieses Etwas in uns allen gibt, dass wir es wahrnehmen, ihm vertrauen können.

****

Und was ist mit dem Schreiben, dem Erzählen?

Tja, bei mir war es so, dass ich am Ende gelernt habe, dass meine Kreativität am ehesten dem entspricht, wogegen ich mich am längsten gewehrt hatte.

Und das war der arabische Einfluss meines Vaters: das Geschichtenerzählen. Er hat sich immer dagegen verwahrt, als romantischer Orientale, als unzuverlässiger Erzähler des Fantastischen, Exotischen gesehen zu werden. Er war schließlich Arzt.

Und doch hat dieser irakischstämmige Mann die längsten und besten Witze erzählt, die ich je gehört habe. Und doch bestand seine ganze Familie aus Menschen, die dem Schreiben den allerhöchsten Wert beimaßen ... Sein Bruder durfte sich sogar „Staatsdichter" nennen. Und alle waren stolz darauf, sogar mein Vater.

Er hatte drei Geschwister, die früh verwitwete Mutter war Analphabetin. Was sie nie davon abhielt, sich einmal im Jahr von Basra aus auf den Weg zu einem ihrer Kinder zu machen, die in Großbritannien und Deutschland lebten. Alle Taschen voll mit gut vorsortierten Zettelchen, auf denen ihr Freunde und Nachbarinnen die wichtigsten Fragen nach dem Weg zu Sohn oder Tochter geschrieben hatten –

auf Englisch. Diese Zettel hielt sie Mitreisenden, Taxi- und Busfahrern unter die Nase. Und kam immer wohlbehalten dort an, wo sie hinwollte. Wenn das nicht eigensinnig ist!

Trotzdem: Die Verurteilung des orientalischen Geschichtenerzählens als falsche Fassade, als verlogene Folklore seitens meines Vaters hatte mich angesteckt, ohne dass ich es gemerkt hätte. Darum musste ich Umwege nehmen. Erst mal über die Musik – lag ja nahe. Ging nicht, gescheitert. Dann den Umweg über die Bildende Kunst – da bin ich nicht gescheitert, habe immerhin ein Gefühl dafür entwickelt, was mir am ehesten entspricht. Und das ist nun mal die Sprache.

Was mir all diese „Umwege" beschert haben, ist mit Sicherheit eine Ahnung für meinen Eigensinn. Nicht nur da, wo ich heftig aufbegehrte – tat ich oft und ausgiebig, aus Verzweiflung, Verlassenheit, Wut, Hilflosigkeit – alles dabei. Doch das war er natürlich überhaupt nicht, mein Weg des Eigensinns. Der entstand erst, als ich wusste, wofür ich stehen kann und will.

Ich habe ja schon mal gesagt:

> *Eigensinn ist eine Haltung. Vielleicht*
> *die wichtigste, die wir einnehmen können.*

> *******************************

Es hat lange gedauert, und ich habe mich oft dabei verlaufen. Aber inzwischen weiß ich – ungefähr – wo mein Weg des Eigensinns mit mir hinwill ...

Namedropping oder: „Role Models"

Ich bin schwatzend mit dem schwer betrunkenen Udo Lindenberg in der Ecke einer Großausstellung gestanden, verstand mich bestens mit Klaus Staeck, habe Markus Lüpertz auf eine Tanzfläche gezerrt, für Hans-Jürgen Müller gearbeitet, der mit seinem „Projekt Artlantis" auch gleich noch eine unermesslich große Vision entwickelt hat, mit Hilfe von Kunst am besten gleich die ganze Welt zu retten. Habe als Schulschwänzerin jede Bewegung von Ulrich Wildgruber in einem Stadtpark verfolgt, nach Möglichkeit nicht nur alle Proben und Inszenierungen von Claus Peymann gesehen, sondern auch mit ihm Kaffee getrunken. Bin wie ein Fan-Girl Jan Hoet hinterhergefahren, habe bei dem legendären Max Bense Philosophie studiert, die Drogen von Jörg Immendorf abgelehnt, kannte Anatol Herzfeld, bin mehr als einmal gezielt auf den Spuren von Georges Simenon verreist. Saß ganz nah bei Helmut Qualtinger in seinen letzten Tagen bei einer Lesung, habe eine sehr private Einladung von André Heller ausgeschlagen, mich in einer Münchner Kneipe mit Marius Müller-Westernhagen gezofft, stand stundenlang neben Hugh Cornwell an einem Tresen – und traute mich nicht, ihn anzusprechen. Mit Ben Becker dagegen war das an einem ähnlichen Ort überhaupt kein Problem.

Ja, ich hör schon auf. Ist mir auch ein wenig peinlich. Denn es geht mir hier gar nicht um Namedropping. Eher um den naheliegenden Gedanken, dass es zwischen mir und eigensinnigen Menschen schon sehr lang eine deutlich sichtbare Spur der Anziehungskraft gab – und gibt. Denn für mich sind alle Genannten eindeutig eigensinnige Menschen. Sicher habe ich immer auch ein wenig mit ihnen kokettiert – sonst wären es wohl kaum ausnahmslos Männer ...

Vermutlich war es nötig, dass ich dieser „Anziehungskraft" gefolgt bin – ich habe es allerdings nie bewusst getan. Hielt manche dieser Begegnungen sogar für „Verliebtheit" ... aus der aber nie das entstanden ist, was man Beziehung nennen könnte.

Eigensinnige Menschen haben oft
eine ganz eigene Anziehungskraft.

****

Ich denke: Es war ein völlig unbewusster Prozess, der mir ein bisschen Orientierung gab. Und die brauchte ich dringend. Hatte nie gelernt, dass etwas ganz und gar „aus mir heraus" funktionieren kann. Dass ich unmittelbar lebendig sein kann – viel zu viel „Fassadendenken". Habe mich allerdings auch so gut wie nie mit anderen verglichen – dazu bin ich schon viel zu früh, viel zu eindeutig aus allen „Vergleichsrastern" rausgerutscht. Im Nachhinein betrachtet, ein großes Glück. Aber es hat mich sehr umgetrieben, nie irgendwo „dazu zu gehören". Was sage ich da – umgetrieben?! Nein: Es tat weh.

Allein das Wissen darum, dass es weitere Menschen gab, die auf diese damals für mich undefinierbare Art „anders" waren, hat mich getragen. Es tat gut, das zu ahnen, zu sehen, zu erleben. Für mich waren es Menschen, die heute gern als „Role Models" bezeichnet werden. Und allein darum sind und waren eigensinnige Menschen extrem wichtig – sicher nicht nur für mich. Sie sind Vorbilder. Und manchmal brauchen wir die dringender, als wir uns selbst eingestehen möchten.

Wohlgemerkt: Nicht in dem Sinn, dass wir irgendetwas oder gar jemanden imitieren wollen. Sondern nur in der Hinsicht, dass wir möglichst hautnah erleben können: „O, das geht ja auch so – ganz anders als gedacht!". Oder: „O, da traut sich jemand was." Oder: „Ach sieh an, das könnte also auch ein Weg sein ..."

Es geht um Inspiration, um die Erweiterung eingefahrener Gedanken und/oder Horizonte. Um die Möglichkeit, zu erleben, dass Dinge auch anders gemacht, gesehen, gelebt werden können.

Vielleicht am wichtigsten aber ist: Menschen sind wahrhaftig da, anwesend, lebendig. Wir können uns streiten oder auch nur angucken, egal. Hauptsache, lebendig.

Männer, Frauen und die Soziale Plastik

Zu meinem großen Erstaunen zeigt sich, während ich dieses Buch schreibe, dass eine fast unübersehbare „Spinne" meines realen Lebens im Netz der Kunst ein Mann war, dem ich nie begegnet bin – und doch habe ich drei Jahre lang nur ein paar Schritte von seinem Haus entfernt in Düsseldorf gearbeitet: Joseph Beuys (1921 bis 1986). In ihm bündelt sich für mich vieles, was in der Kunst den Eigensinn ausmacht.

Für Beuys war Eigensinn die Basis für sein Bild als Ikone von sich selbst, immer auch mit Blick auf den Anspruch seiner Arbeiten wie für seine Lehrtätigkeit. Eigensinn war auch eine Art Fundus für sein „großes Ganzes". Vor allem bei seiner Idee von der „Sozialen Plastik", die er für uns und mit uns allen schaffen wollte – jenes schwer greifbare Gedankenkonstrukt, in dem am Ende jeder Mensch ein Künstler sein kann. Ganz egal, ob wir nun Autos bauen, Kartoffeln züchten oder malen. Auch Beuys ging es dabei um Verantwortung und Teilhabe – und zwar mit einem ungeheuer weiten Radius, der in möglichst viele, am besten in alle Lebensbereiche hineinreichen sollte.

Als grober Anhaltspunkt zu seiner Idee von der Sozialen Plastik hier nur ein Zitat: „Am wichtigsten ist für mich, dass der Mensch anhand seiner Produkte Modelle erfährt, wie er am Zusammenhang des Ganzen mitwirken kann, nicht nur Artikel produziert, sondern Bildhauer oder Architekt wird am gesamten sozialen Organismus." Das sagte er in einem Gespräch mit Georg Jappe 1972, abgedruckt in „Hiermit trete ich aus der Kunst aus – Vorträge, Aufzeichnungen, Gespräche", herausgegeben von Wolfgang Storch.

Beuys forderte also: Keine Hierarchien! Menschen, Dinge, sogar „das Kapital" und dessen Produkte sollten gleichberechtigt nebeneinanderstehen. Und dem „sozialen Organismus" dienen. Idealerweise greift alles ineinander, daraus entsteht – als lebendige, stets veränderbare Idee – die Soziale Plastik. Die wird letztlich durch uns alle repräsentiert. Im Gegensatz zu dem, was ich oben gesagt habe, ist Eigensinn hier also nur ein Träger von Ideen, er wird nicht unmittelbar von Mensch zu Mensch gelebt.

Die Ideen von Joseph Beuys waren nie leicht zu verstehen, werden aber mit Sicherheit von Eigensinn getragen. Auf diese Weise leben sie tatsächlich noch heute. Denn Beuys hat mit seinem Eigensinn viele Menschen beeindruckt. Einige davon kannte ich sogar – doch die haben auffällig selten ihren Eigensinn konsequent für sich erkundet oder gar gelebt. Die meisten standen ihr Leben lang im Schatten des „Meisters" – er war schließlich elf Jahre lang Professor der Kunstakademie Düsseldorf. Von denen, die ihn aus dieser Zeit kannten, hörte ich immer wieder, mit äußerstem Stolz: „Ich habe bei Beuys studiert!" Doch dann kam nichts mehr. Zumindest nichts Eigenes.

Auch das ist ein wichtiger Aspekt:

Eigensinn lässt sich nie lehren, unter keinen Umständen!
Wir alle können ihn nur selbst entwickeln.

****

Einige Künstler:innen haben die Ideen von Beuys trotzdem mit unverkennbarem Eigensinn aufgegriffen und weiterentwickelt. Ein Beispiel: Die Südafrikanerin Shelley Sacks war Beuys-Schülerin in Düsseldorf und hat Ende der 1990er Jahre an der Brookes University in Oxford mit dem Social Sculpture Research Unit (SSRU) das weltweit erste Forschungszentrum zur Sozialen Plastik gegründet und leitet es noch immer. Ein wichtiger Grund dafür war ihre Frage: „Wenn die Idee der Sozialen Plastik wirklich über die Kunstwelt hinausgeht, muss das dann nicht auch für Menschen relevant sein, die nie etwas von Beuys oder Avantgarde-Kunst gehört haben? [...] Es geht darum, wie man mit Ungeformtem oder einer gegebenen Situation arbeitet, dem Vorhandenen, Erhärteten, dem, wovon man spürt, dass es verwandelt werden kann und muss."

Unter den Studierenden in ihrem Social Sculpture Research Unit in Oxford entstanden seinerseits neue, eigensinnige Projekte: Eine Psychiaterin mit langer Berufspraxis begann schon während ihres Studiums, neue Formen der Begegnung mit ihren Patient:innen zu entwickeln. Eine andere Absolventin setzte das Gelernte in ihrer Arbeit als Aktivistin für das bedingungslose Grundeinkommen um. Ein bereits anerkannter Künstler aus Nigeria erkundete die Ideen der Sozialen Plastik als Strategie zur Selbstermächtigung in ökologisch und sozial verelendeten Dörfern im Niger-Delta. [9]

Der Eigensinn von Joseph Beuys hat also ohne Frage weite Kreise gezogen. Spielt es da eine Rolle, dass hier schon wieder von einem Mann die Rede ist?! Ja, das ist so.

Der Eigensinn von Frauen wird selten zur Handlungsanweisung.

****

Wo bleiben die Frauen, die mit ihrem Eigensinn vorangegangen sind?! Es gibt viele davon. Und sie begegnen uns auch hier. Warum nur sind sie – scheinbar – so schwer zu finden? Da brauchen wir oft einen zweiten Blick. Und das kann der Blick des Eigensinns sein.

Ich vermute, es ist so: Frauen wollen selten – wie Beuys – aufwändige, komplizierte, laute Theorien begründen, Denkgebäude errichten, eigene Kunst- oder andere Denk-Systeme etablieren, und das gleich noch für die ganze Welt.

Damit sind sie – nach meiner Definition – allerdings wesentlich eigensinniger als die meisten Männer. Denn Frauen gehen häufiger

---

[9] All das und noch viel mehr ist nachzulesen in: Sacks, Shelley und Kurt, Hildegard – https://lesen.oya-online.de/texte/446-soziale-plastik-heute.html (zuletzt aufgerufen am 9. November 2023). Aus: Oma #09 „Über-Lebens-Kunst"

vom Individuum aus, bleiben eher bei sich und ihrer eigenen Reflexion. Ihr ‚Ich' und dessen Erfahrung bildet oft das Zentrum ihrer Gedanken und Handlungen. Andere Menschen sollen selten mitgerissen oder gar eins zu eins von den eigenen Ideen überzeugt werden. Der Eigensinn von Frauen soll eher selten zur Handlungsanweisung „für alle" werden. So jedenfalls meine Beobachtung.

Eigensinn muss nicht „laut" sein, um wirksam zu werden. Aber er kann es. Und das hängt nicht vom Geschlecht ab.

****

Ich mag das nicht bewerten, denke allerdings, wir sollten den Eigensinn auch noch in anderer Hinsicht als Chance begreifen: Er kann und wird niemals geschlechtergerechte Antworten geben. Denn dem steht ja ebenfalls unsere Individualität entgegen: Wer von uns hat beispielsweise wie viele männliche und/oder weibliche Anteile (wenn es die denn überhaupt gibt ...)? Das können wir nur jeweils selbst erkennen und lebendig werden lassen – genau diese Chance bietet uns der Eigensinn ebenfalls. Und das gefällt mir sehr gut, denn es scheint mir bei vielen Fragen der Geschlechter-Definition heute wichtiger denn je zu sein.

Vielleicht ist es ja ganz simpel: Mit Eigensinn bleibt die Deutungshoheit immer allein bei uns. Und zwar in jeder Hinsicht, bei allen Themen, sowohl in der Realität wie in der Kunst.

Mit Eigensinn bleibt jede Deutungshoheit bei uns.

****

Punk, Mode und Eigensinn

„Vielleicht bin ich ein Hund"

Das erste Mal, dass ich mehr oder weniger aktiv einen Schritt Richtung Eigensinn machte, war vermutlich Ende der 1970er-, Anfang der 1980er-Jahre. Nun ja, es war vielleicht dem Eigensinn verwandt, aber noch lang nicht das, was ich heute unter Eigensinn verstehe.

Am besten lässt es sich wohl mit den Worten Rio Reisers zusammenfassen: „Macht kaputt, was euch kaputtmacht!" Das Lied wurde zwar schon 1970 geschrieben, das Datum spielt hier aber keine Rolle. Es war das Lebensgefühl sehr vieler Menschen, die sich weder damals noch heute als homogene Gruppe verstehen lassen, sich auch selbst kaum je so sahen ...

Damit fängt es ja schon an: Individualität und Gruppenzugehörigkeit – beides gleichzeitig? So wird das nichts mit dem Eigensinn. Wusste ich damals noch nicht, wäre mir auch völlig egal gewesen. Hatte genug damit zu tun, mich zu positionieren, irgendwie. Und dann kam Punk.

Wirklich ein Punk war ich nie. Doch es war ziemlich lang mein vorherrschendes Lebensgefühl. Auch das hätte ich nie so gesagt, viel zu vieles kam mir – nein: uns – damals gleichzeitig in den Blick: die atomare Bedrohung, die leerstehenden Häuser, sprich: Hausbesetzungen, Aktionskunst, Musik, immer wieder Musik. Aber auch das, was wir anhatten – „Mode" wäre zu viel gesagt. Eher: Lebensgefühl.

Und über allem herrschte diese völlige Orientierungslosigkeit, Hilflosigkeit, allenfalls noch Spuren alter Melancholie, jedenfalls bei mir. Ja, vermutlich war ich so was wie ein romantischer Punk. Allerdings, ohne es äußerlich allzu kenntlich zu machen. Zu offensichtlich, zu unfrei, zu festgelegt, zu abgeschottet. Gruppenzwänge – das war noch nie meine Welt. All die Piercings, Irokesen, Sicherheitsnadeln – nein danke, war mir zu simpel, nicht mein Stil.

Und doch kam der Moment, an dem ich jedes „echte" Punkoutfit leidenschaftlich verteidigt hätte, wenn mich denn jemand gefragt hätte. Fragte natürlich niemand. Dieser Moment war, als ich zum ersten Mal sah, wie große Warenhausketten Pseudo-Punk-Klamotten en gros im Angebot hatten. Hat mich regelrecht schockiert.

Im Nachhinein weiß ich, dass dieser Schock sehr viel mit mangelndem Respekt zu tun hatte. Kein Respekt vor den brennenden Gefühlen oft verzweifelt agierender Menschen – alles lässt sich kommerzialisieren, wirklich alles. In diesem Moment war ich ein „echter Punk" und hätte am liebsten alles kurz und klein geschlagen. Sehr wütend, empfand ich es regelrecht als Vergewaltigung: Kapital bemächtigt sich unserer Lebendigkeit, unseres Lebensgefühls. Die auf das tote Ärmchen einprügelnde Mutter lässt sich also auch noch im großen Stil in Mode und Industrie finden ... So würde ich mein Gefühl von damals heute beschreiben.

„Außenseiterin" war und blieb ich, auch in Punkzeiten, gehörte nie wirklich dazu, war zwar dabei, aber eher am Rand. Und vielleicht ein bisschen eigensinnig. Beispielsweise mochte ich unter allen Punkgruppen The Stranglers am liebsten, Hardcore-Punks hassten sie, die waren ihnen viel zu soft. Besser wohl: zu intellektuell. Noch heute liebe ich ihren Song Northwinds von 1984 10: „I used to dream about destruction, but now I feel it getting near, I spend my time watching the ocean, and waves are all I want to hear." (Ich träumte immer von Zerstörung. Aber jetzt, wo ich spüre, wie sie näherkommt, verbringe ich meine Zeit damit, das Meer zu beobachten. Und Wellen sind alles, was ich hören will.)

---

[10] Auf: Aural Sculptures, 1984, Plugshaft Ltd./ EMI Music Co. Ltd

Ja, es gab den Wunsch nach Zerstörung unter Punks. Und es gab den großen Zerstörungsplan – durch Atomwaffen. Es gab die tägliche, individuelle, sehr persönliche Zerstörung, regelrecht zelebriert von Jugendlichen, die sich nicht anders zu wehren wussten. Nichts und niemandem mehr glaubten, glauben konnten. Im Prinzip hat sich daran bis heute wenig geändert. Doch das ist ein anderes Thema.

Der Freund einer Freundin war „echter Punk" – und äußerst aktiv in der Hausbesetzerszene. Auch ihn habe ich für dieses Buch interviewt. Nennen wir ihn Tommie:

Warum willst du nicht, dass ich deinen echten Namen hier nenne?

In den Achtzigern habe ich viel Illegales gemacht. Sehr viel ... Kam immer mit einem blauen Auge davon. Da bleib ich jetzt mal besser schön im Hintergrund.

Würdest du dich überhaupt als eigensinnigen Menschen bezeichnen?

Damals sicher nicht. Heute vielleicht eher. Damals gab es nur schwarz oder weiß, richtig oder falsch. Wer nicht für uns war, war gegen uns. Und bekam schnell eine aufs Maul. Das war kein Eigensinn, das war nackte Wut. Aber manchmal bin ich auch ganz stolz: Eins der Häuser, die wir damals besetzt haben, steht noch. Und ist heute ein Kulturzentrum.

Wie warst du damals, wie bist du heute – besser: Wie siehst du die Welt, damals und heute?

Damals kam alles völlig ungefiltert bei mir an, heute kann ich schon mal was ausblenden. Es tut nicht mehr alles so weh. Als Punk hatte ich oft das Gefühl, wie ein komplett gehäutetes Tier unterwegs zu sein. Sicherheitsnadeln, Rasierklingen ... eigentlich alles noch viel zu schwach. Es waren Chiffren. Die ganze Welt war voll mit Chiffren. Zeichen. Aber alle hart. Wir hassten die Verkehrtheit der Hippies, alles Abwiegelnde, Versöhnliche. Oft ging es um Musik. Aber auch erste Neonazis waren schon unterwegs. Aggression war überall. Wer sich da reinfallen ließ, kam kaum heil wieder raus. Viele sind in Drogen stecken geblieben. Oder schon gleich ganz tot. Da war viel Selbstzerstörung. Ist das Eigensinn? Ich glaube nicht.

Wir waren damals alle irgendwie angekratzt. Existenziell völlig verunsichert. Etwa 20 Jahre später bin ich in eine schwere Depression gerutscht. Da lernte ich, dass ich noch immer nicht gelernt hatte, meine Wut richtig zu kanalisieren. Wut ist die Kehrseite der Depression. Vielleicht war die Punk-Wut ja nur Hilflosigkeit. Das Gefühl von Ausgeliefertsein: Jetzt ist eh schon alles egal. Nichts hält mich. In manchen Nächten war ich ein Berserker. Rannte gegen alles an. Aber völlig ohne Ziel. Ich glaube, Eigensinn braucht ein Ziel, oder? Du sagst ja, Eigensinn soll für etwas einstehen, nicht immer nur dagegen sein. Wogegen eigentlich? Weiß ich bis heute nicht. Es ist so schwer, das richtige Ziel zu finden ...

Wir waren damals gegen alles. Alles. Manchmal konnte ich nur Blut sehen, zur Not hab ich mich selbst verletzt. Aber lieber andere. Ging irgendwie immer unentschieden aus. Am Ende waren wir beide fertig. Da wurde ich ein bisschen ruhiger. Manchmal.

Heute habe ich das Ausblenden gelernt. Ich mach mein Ding. Arbeite auf dem Bau. Und wenn kein Job da ist, im Tierheim. Ehrenamtlich. Vielleicht bin ich in Wahrheit ein Hund, im falschen Körper ... Kann schon sein. Aus Hundesicht macht mein Leben vielleicht Sinn. Sonst – ne, ich weiß nicht.

Meine Mode-Ikone des Eigensinns

Selten in meinem Leben standen finanzielle Abwägungen im Mittelpunkt, hab ich nie gelernt, war einfach nicht vorgesehen. Dafür beherrsche ich die Kunst, wörtlich „von der Hand in den Mund" zu leben, ganz gut. In diesem pseudo-intellektuelle Bildungsbürgertum, aus dem ich komme, standen ideelle Werte, Kunst, vor allem Musik höher im Kurs als Geld. Ganz arm waren wir nie, aber über Geld wurde nicht gesprochen. Ich schloss daraus, dass es nicht allzu wichtig sein kann. Hat Vor- und Nachteile ...

Die Nachteile liegen auf der Hand. Zu den Vorteilen gehört sicher, dass ich mir immer – ob ich wollte oder nicht – eigene Wege suchen musste, um manche Dinge zu realisieren, die mir wichtig waren. Ich wollte beispielsweise nie arm, unscheinbar, irgendwie hilflos aussehen. So sprach mich als Sechzehnjährige mal eine Lehrerin auf meine „fantastischen Ohrringe" an. Die waren selbst gebastelt: Ich hatte ganz billige Armreifen an Clips befestigt. Machte wirklich was her ...

Außerdem habe ich in Sachen Kleidung das „Upcycling" für mich erfunden, als noch kein Mensch das Wort kannte: Auf der Nähmaschine meiner Oma nähte ich aus alten Kleidungsstücken Neues. Eins dieser Kleider nannte ein Freund immer mein Vivienne-Westwood-Kleid. Da war was dran. Zerstören und neu zusammennähen, das war auch Vivienne Westwoods erstes Erfolgsprinzip, vor allem bei T-Shirts. Heute erzielen diese Shirts schwindelerregend hohe Preise.

Punk und Mode – das waren von Anfang an ganz bewusste Brüche: Zerstörung, Hingerotztes, bewusste Hässlichkeit, Provokation, Implosion und Explosion. Das hatte – mit dem richtigen Blick betrachtet – aber auch eine große Schönheit. Jedenfalls für mich. Diese Kleidung lebte.

Heute weiß ich, warum ich das so liebte: Es war immer schon eigensinnig. Vor allem, wenn es von Vivienne Westwood kam. Als meistens alleinerziehende Lehrerin hatte auch sie selten Geld, einen unmöglichen Freund – Malcolm McLaren, der dann auch noch mit einem Anflug von Größenwahn zum Manager der damals wichtigsten Punkband, den Sex Pistols, wurde.

Vivienne nähte und nähte. Punk stand dabei für sie nicht unbedingt an erster Stelle. Ihr ging es erst mal um ganz andere Dinge: „Ich hegte eine Art praktisches Interesse an dem, was Mode als Business mich über das Leben lehren könnte." Sie wusste sofort: „Ich würde darum kämpfen müssen, in diesem Geschäft zu überleben".

Das war kein Selbstzweck für sie, sondern etwas, das ganz tief aus ihrem eigenen Innersten kam – so, wie ich in Band eins und zwei dieser Trilogie immer wieder sage: Ein eigensinniges Buch ist das, was geschrieben werden muss. So ähnlich war es auch mit der Mode der Vivienne Westwood, von Anfang an: Das „klingt bestimmt verrückt", beginnt sie diesen Gedanken – „aber so war es". Und fährt dann fort: Neben dem Wunsch, sich über Mode selbst zu beweisen, sei sie „zugleich von einer Art Pflichtgefühl getrieben" worden. „Eine Pflicht der Mode oder mir selbst gegenüber. Ich konnte etwas tun, darum musste ich es irgendwie auch tun. Denn wenn ich es nicht tat, würde es keiner tun", erzählte sie Ian Kelly. Sie hat sich auf „das Wagnis eingelassen". Nicht unbedingt, weil sie musste – sondern, weil sie es konnte. „Und wenn es auch eine fürchterliche Schufterei war, so bereue ich es doch nicht. Im Gegenteil! Ich habe bewiesen, was ich beweisen wollte und habe daraus große Befriedigung gezogen und an Einfluss gewonnen."

Das eigensinnige Leben der Vivienne Westwood ist sicher auch die Geschichte einer Emanzipation: Sie macht sich mehr und mehr frei von dem Einfluss des Mannes, dem sie sich freiwillig ausgeliefert hat – obwohl sie ihn eigentlich gar nicht wollte. Das sagt sie sehr deutlich: „Malcolm war hinter mir her. Ich wollte ihn nicht. Ich wollte ihn nicht als Liebhaber. Ich mochte ihn ungeheuer – er war vital, schockierend, gut informiert und so ein netter Kerl – und außerdem tat er mir leid. Er achtete nicht auf sich. Da habe ich angefangen, für ihn zu kochen und so weiter."

„Wenn etwas keine Sprengkraft besitzt,
interessiert es mich nicht."

****

In gewisser Weise waren Punk und Mode für Vivienne Westwood anfangs die einzig halbwegs realistische Möglichkeit, mit diesem Mann zusammenzuarbeiten. Und gleichzeitig ihren eigenen Weg zu finden: „Punk wurde für mich und Malcolm damals im Geschäft zu einer Art Bastelarbeit: Wir sammelten Ideen. Wir sammelten Leute." Das klingt viel harmloser, als es war. Denn: „Ich arbeite nur aus einem einzigen Grund in der Mode: um Konformität zu bekämpfen. Wenn etwas keine Sprengkraft besitzt, interessiert es mich nicht."

Sie wurde immer deutlicher, auch politisch: „Punk verlieh den Leuten die Einstellung, dass ihnen niemand was zu sagen hatte." Wenn dabei allerdings nur eine „Trau niemals der Regierung-Haltung" herauskam, dann war ihr das zu wenig. Viel zu wenig. Sie war zu intelligent, um nicht die größeren Zusammenhänge zu sehen: „Beschädigte Textilien sollten an Leute erinnern, die ein härteres Leben und dramatischere Erfahrungen gemacht hatten als wir. Ich analysiere es mal so: Die Armen besitzen den Status größerer Erfahrung und daher besitzen ihre Kleider eine Patina des Prestiges. Sie waren heroisch. Alles drehte sich um solche Hintergrundgeschichten."

Mit T-Shirts begann es. Ian Kelly betont in der Biografie, die er über – und vor allem mit – Vivienne Westwood geschrieben hat, dass die „Politisierung von Kleidung" tatsächlich mit Westwoods T-Shirts begann. Sie nutzte sie wie Leinwände, bemalte und beschrieb sie, heftete Fundstücke an, zerschnitt und zerstörte sie aber auch, kurz: Es waren Experimente – künstlerisch wie gesellschaftspolitisch. Immer mit dem sehr klaren Bewusstsein, warum und für wen oder was sie tat, was sie tat: „Meine Aufgabe, damals wie heute, war es, das Establishment zu konfrontieren und herauszufinden, wo es Freiräume gibt und was man unternehmen kann."

Ihr war von Anfang an wichtig, Menschen nicht zu „Konsumenten zu erziehen und sie stattdessen so zu bilden, dass sie selbst nachdenken können." Das konnte sie natürlich – wie so vieles, was Punk angeht – erst Jahrzehnte später derart deutlich in Worte fassen wie in diesem Zitat. Ebenso die Tatsache, dass Punk von Anfang an „eine gewisse Ästhetik" hatte.

Ich denke tatsächlich, Vivienne Westwoods ganz großes Verdienst war, dass sie die Punk-Ästhetik – samt der hinter ihr stehenden Geisteshaltung – genommen und quer durch Epochen, Modedekaden und politische Herausforderungen auf allen Ebenen durchdekliniert hat. Das war ihr künstlerischer Eigensinn.

Sie ist sich, ihren allerersten Ideen und Visionen wie auch der Ästhetik der Unabhängigkeit immer treu geblieben. Ohne je stehen zu bleiben. Hat Piraten auf Laufstege, in Filme und auf Straßen geschickt, Graffiti in Kleidung integriert, schreckte weder vor Gruppen wie den New York Dolls oder in Post-Punk-Zeiten den „New Romantics" zurück, brachte schottische Karomuster zu neuen Ehren, ließ Frauen stolz auf deutlich sichtbare Brüste und Hinterteile sein, brachte ein Augenzwinkern in die Modewelt und vor allem in die Selbstwahrnehmung von Frauen.

Mit Eigensinn lassen sich gut Konventionen durchbrechen.

****

Vivienne Westwood transformierte die Punk-Ära in die „angewandte Kunst der Mode", wie sie selbst es nennt. Das begann etwa 1981. Ian Kelly schreibt: „Sie fand eine Methode, die Gegenwart zu kritisieren, indem sie das Beste aus der Vergangenheit herauspickte.

Dies wurde zu ihrem wirkungsvollsten Gegengift gegen leicht zu vermarktenden Plunder: Kunst und die Werte früherer Epochen, sogar in der Mode."

Das war weder einfach noch bequem: „Ich designe Kleider in der Hoffnung, Konventionen zu durchbrechen. Bequemlichkeit hat auch mit einem inneren Bild von sich zu tun, wie man aussehen möchte, was und wer man ist."

Mit Blick auf sich selbst wurde ihr das auch immer klarer. Sie fühlte sich nicht mehr an einen Mann gebunden, den sie einerseits „bemuttern" musste, der andererseits „die Wohnung nicht verlassen konnte, ehe er mich nicht zum Weinen gebracht" und sie am Ende noch auf einem Berg Schulden sitzen lassen hatte.

Stattdessen begann sie, nicht nur in ihrer Arbeit, sondern auch in ihrem Privatleben zu ihrem Eigensinn zu stehen: „Ich denke gerne unabhängig. Ich bin stolz und ich bin eine Rebellin. Daher würde ich mich niemals dazu herablassen, irgendetwas von jemandem zu erwarten, was derjenige nicht bereit ist, mir zu geben. Ich würde nie, niemals etwas von einem Mann verlangen. Das ist unsere Abmachung und ich mag das. Er kann jederzeit tun, was er will." Das sagte sie als Mrs. Vivienne Kronthaler.

Sie glaubte an sich. Und an uns. An ihre, an unsere Fähigkeit zu Visionen: "Die Kunst unserer Vorfahren eröffnet uns die Möglichkeit, die Welt aus verschiedenen Perspektiven zu betrachten – das ist die wahre Bedeutung von Kultur – und dadurch können wir die Vision einer besseren Welt entwerfen. Einer Welt, die besser ist als die, in der wir leben, und die wir verunstaltet haben. Wir können unsere Zukunft beeinflussen. Der beständige Versuch, seiner Vision näher zu kommen und die Reflexion darüber verändert unser Leben."

Und zu guter Letzt transformierte sie all ihre Erfahrungen, ihren Eigensinn, die ganze Punk-Ästhetik noch in die Climate Revolution à la Westwood. Das war ihr sehr ernst. Doch sie sah auch da mal wieder in gern vergessene Ecken: Ihre sehr effektiven Umweltkampagnen waren das eine. Doch sie setzte sich genauso nachdrücklich für Menschenrechte ein.

Sie fand es wichtig, „das Politische persönlich zu machen", schreibt Ian Kelly. So gehörten neben politischen Gefangenen auch Whistleblower zu den von Vivienne Westwood Unterstützten. Für Westwood waren vor allem politische Gefangene „oft Menschen, die zur falschen Zeit am falschen Ort gewesen sind: eine einfache Lösung, ein abgekartetes Spiel" sei es, sie dann einfach wegzusperren. Ein Unding, fand sie und ließ sich in ihrem Glauben an Menschen und deren Fähigkeit zum unabhängigen Denken keine Sekunde lang beirren: „Alle menschlichen Wesen haben das Bedürfnis nach Gerechtigkeit", sagte sie. „Mit Nachdruck", wie Ian Kelly anmerkt.

Sie hatte übrigens auch noch einen Buchtipp für ihren Biografen: „Lies Pinocchio. Darin findest du eine Philosophie des Lebens, eine Art zu leben. So frech. So wild. Doch Pinocchio hat ein gutes Herz. Und das rettet ihn natürlich."

Im Dezember 2022 ist sie gestorben. Für mich war Vivienne Westwood eine Ikone des Eigensinns. Und wer das nicht verstehen kann, versteht vielleicht, dass die unglaubliche Schönheit, die sie immer ausstrahlte – vor allem, während sie älter wurde – nicht von ungefähr kommen konnte. Sondern nur von innen.

Eigensinn kann auch Schönheit bedeuten.
Innerlich wie äußerlich.

****

Klarsinn und Eigenverantwortung

„Für mich ist es wichtig, Verantwortung für mich und meine Arbeit zu übernehmen", sagt Ruth Frobeen. Sie ist „Autorin aus Leidenschaft. Übersetzerin mit Diplom. Texterin mit Wumms" – so steht es auf ihrer Webseite[11].

Ich habe sie in „Wer schreibt, darf eigensinnig sein" bereits kurz vorgestellt, sie hat mehrere zauberhafte Romane und ein nicht minder ungewöhnliches Märchenbuch geschrieben, ihre Verkaufsstrategie ist klar und komplett selbstbestimmt – und für mich ist sie damit eine durchaus eigensinnige Autorin. Doch sie sieht das wesentlich differenzierter – ihr Text für dieses Buch handelt von „Klarsinn und Eigenverantwortung". Steht am Ende dieses Kapitels. Um es gleich zu sagen: Für sie ist Eigensinn etwas Starres – für mich gar nicht. Darum bin ich sehr froh, dass hier auch mal eine Frau zu Wort kommt, die auf möglicherweise negative Aspekte des Eigensinns hinweist. Und gleichzeitig hat sie einen meiner Lieblingssätze in diesem Buch geprägt: „Ich übernehme mit allen Konsequenzen die Verantwortung für mein Glück."

Ruth hat mir damit eine Steilvorlage geliefert. Denn selbstverständlich hat Eigensinn viel mit Verantwortung zu tun. Mit Entscheidungen, die komplett in eigener Regie getroffen werden müssen. Entscheidungen, für die eigensinnige Menschen jede Verantwortung übernehmen müssen – sich selbst gegenüber. Und manchmal auch anderen gegenüber.

Was aber, wenn Menschen sich vorsätzlich selbst verletzen? Oder physisch aufeinander losgehen? Auch da geht es um Verantwortung. Ich weiß nur zu gut: Das alles gibt es. Aber es bedeutet für mich nicht automatisch, dass Menschen von Natur aus „böse" sind. Wenn mir

---

[11] https://www.ruthfrobeen.de

an dieser Stelle jemand sagt, ich sei naiv, kann ich gut darüber hinweg hören. Denn ich weiß, dass ich alles andere als naiv bin. Ich habe mich einfach nur rigoros dafür entschieden, an das Gute im Menschen zu glauben. Das gehört zu meinem Eigensinn. Und selbstverständlich übernehme ich die Verantwortung dafür – jedenfalls, was mich selbst angeht.

Eigensinn und Verantwortung

Ich finde, die beiden Dinge gehören zwingend zusammen: Wir treffen Entscheidungen – und übernehmen dafür Verantwortung. Das betrifft ganz sicher immer den eigenen Weg – und hat erst einmal gar nichts mit Eigensinn zu tun. Und es können jederzeit weitere Aspekte dazu kommen, zum Beispiel die Frage: Was, wenn die Entscheidung nicht mich allein betrifft? So ging es mir, als mich Hans-Jürgen Müller zu einer Entscheidung zwang: Ich hatte buchstäblich ein Stück Lebensweg eines jungen Künstlers in der Hand. Eines Mannes, den ich gar nicht kannte, der in diesem Moment aber mehr oder weniger von mir abhängig war. Bis heute habe ich nicht vergessen, was ich damals dachte: „Entscheide so, dass du für deine Entscheidung die Verantwortung übernehmen kannst!"

Was soll das jetzt mit Eigensinn zu tun haben? Die einzige Grundlage für meine Entscheidung war in diesem Moment mein „Bauchgefühl" – eine andere Grundlage gab es nicht. Das eher schwammige Wort Bauchgefühl resultiert für mich aus all meinen Erfahrungen – und der Tatsache, dass ich ihnen trauen kann. Sprich: dass ich mir vertrauen kann. Das nennen wir in der Regel einen guten Selbstwert.

Meine Erfahrung ist:

Nur wer ein gutes Selbstwertgefühl hat, traut sich,
seiner Intuition zu vertrauen.

****

Das wurde mir spätestens dann klar, als ich psychisch und physisch völlig ausgeknockt war. Was mich dabei lange Zeit unglaublich erschreckt hat, war die Tatsache, dass ich mein Bauchgefühl monatelang komplett verloren hatte. Ich traute mir selbst nicht mehr über den Weg. Und von Eigensinn keine Spur mehr.

Tatsächlich musste ich als Allererstes die Verantwortung dafür übernehmen, dass es so weit hatte kommen können: Ich war schlicht nicht achtsam genug mit mir selbst gewesen, hatte zu viele alte „Gespenster" mit mir rumgetragen und auch noch geglaubt, ich würde das alles ganz allein in den Griff kriegen. Darum beginnt Eigensinn für mich heute mit Achtsamkeit. Und zwar zuerst für mich.

Eigensinn beginnt mit Achtsamkeit für uns selbst.

****

Und darum beharre ich heute auch so sehr darauf, dass Eigensinn die beste Selbstfürsorge ist, die wir uns leisten können. Darum hat Ursula Nuber den Eigensinn die Präventionsstrategie von Burn-out und Depression genannt.

Verantwortung bedeutet aus meiner Sicht also erst einmal Eigenverantwortung – wirklich für uns und unseren eigenen Weg, für unsere Entscheidungen. Und gegebenenfalls für unseren Eigensinn. Er wird uns alles leichter machen, denn wenn wir zu unserem Eigensinn stehen können, wird unser Selbstwertgefühl stärker – ich finde, das zeigen viele der Geschichten, die hier erzählt werden.

Und mit ausreichend großem Selbstwert können wir ohne Probleme auch unsere Intuition, unser Bauchgefühl als verlässliche Grundlage für Entscheidungen nehmen. Spätestens dann ist der Eigensinn noch mal in anderer Hinsicht wichtig: Wir wissen ganz genau, dass wir zu der Entscheidung stehen können, die wir getroffen haben. Denn wir stehen selbst dafür ein – unsere Werte tun es, unsere Haltung, unsere Intuition. Und unsere Definition von Sinn.

Das war auch im Fall des jungen Künstlers in der Galerie von Hans-Jürgen Müller so: Hätte mein Bauchgefühl mir signalisiert, dass ich hätte „Nein" sagen müssen, hätte ich dazu stehen können. Denn ich wusste: Es war richtig so. Mein Chef hatte mich in diesem Moment nun mal zur einzigen Entscheidungsträgerin gemacht. Da blieb mir nichts anderes übrig, als meine ganz individuellen Bauch- und Verstandes-Kriterien zum einzigen Maßstab zu machen. Solche „einsamen Entscheidungen" müssen wir auf dem Weg unseres Eigensinns immer wieder treffen. Das Einzige, was dabei zählt, ist für mich die Frage: Kann ich zu dieser Entscheidung stehen? Können wir sie bejahen, dann können – und müssen – wir auch die Verantwortung für sie übernehmen.

Und nachdem ich mit zwei Rehas und vielen Therapiesitzungen wieder zu mir selbst gefunden hatte, war auch mein „Bauchgefühl" wieder da. Etwa zwei Jahre später entdeckte ich den Eigensinn endgültig (wieder) – und begann, über ihn zu schreiben.

Es gab also eine Zeit, in der hatte ich gar keine andere Wahl: Ich musste eine Entscheidung treffen. Ohne die fehlte mir buchstäblich jede Grundlage – für alles. Danach war ich wieder frei für eigene Entscheidungen. Und entschied mich für Achtsamkeit und Eigensinn.

Verfolgen wir diesen Gedanken weiter, kommen wir unweigerlich zu der Frage: Gibt es eigentlich richtige und falsche Entscheidungen? Beziehungsweise: Wer oder was soll und kann über dieses „richtig oder falsch" entscheiden?

Ich denke, es ist nach allem bisher Gesagten klar: Wir allein entscheiden – wenn wir können. Selbstverständlich im Rahmen aller geltenden Gesetze. Und dabei gehe ich davon aus, dass das, was für uns richtig ist, anderen Menschen keinen Schaden zufügen wird. Ich

weiß: Das ist in mancherlei Hinsicht fast sträflich idealistisch gedacht ... Darum frage ich lieber mal anders herum:

Ist Eigensinn im Grunde gut?

Natürlich beziehe ich mich mit dieser Überschrift auf das Buch von
Rutger Bregman: „Im Grunde gut. Eine neue Geschichte der Menschheit." Der 1988 geborene Historiker aus den Niederlanden stellt in
seinem Buch eine ganz einfache Frage: Warum wiegt das Negative –
scheinbar – so viel schwerer als das Positive? Dieses „scheinbar" ist
dabei extrem wichtig. Denn wir wissen alle, dass da was nicht stimmen kann, wir erleben es ständig: 25 lobende Worte, Komplimente,
nette Bemerkungen oder sogar gute Nachrichten kommen oft ger
nicht gegen einen einzigen negativen Satz an. Warum ist das so?!

Bregman weitet den Blick von unseren persönlichen Reaktionen auf
dieses Phänomen weit aus: hinein ins Historische, Überpersönliche,
manchmal Philosophische, Naturwissenschaftliche, immer wieder
hin auf Experimente, Untersuchungen, Statistiken ... Denn überall
haben wir es mit diesem Phänomen zu tun: Es gibt eine ganze Menge
an guten Nachrichten, positiven Entwicklungen, mutmachenden Reaktionen und Initiativen – und doch scheinen immer die negativen
vorherrschend zu sein. Warum ist das so?!

Als Historiker machte Bregman diese Erfahrung ebenfalls, und zwar
ganz persönlich: Er stoppte seine Online- und andere Nachrichten-
flut komplett, wollte nur noch „gute Bücher" lesen. „Geschichte.
Psychologie. Philosophie. Doch bald schon stieß ich auf das gleiche
Problem: Die meistverkauften Geschichtsbücher handeln immer nur
von Katastrophen und Misserfolg, Tyrannei und Unterdrückung,
Krieg, Krieg und noch mal Krieg." Gut, man muss sagen: Als Bregman
sein Buch schrieb, hatte der Ukrainekrieg noch nicht begonnen. Seitdem sieht die Sache ein wenig anders aus ...

Trotzdem: Er hat ja die Fülle an positiven Beispielen, Initiativen und Reaktionen, die er für sein Buch gesammelt hat, nicht erfunden – es gibt sie wirklich. Und dennoch stehen sie nie (oder viel zu selten) im Mittelpunkt des Interesses. Warum ist das so?!

Die plausibelste Erklärung scheint mir zu sein: Es hat mit unserer Faulheit zu tun. In seiner – für mich – alles entscheidenden Antwort zitiert Bregman erst einmal den Psychologen Don Mixon, der die Annahme, dass wir alle „geborene Sünder" seien, die älteste und einflussreichste aller sich selbst erfüllenden Prophezeiungen nennt. Weiter sagt Mixon: „Die meisten Menschen, selbst Atheisten, glauben, dass es gut ist, an unsere sündige Natur erinnert zu werden." Hier fragt nun Bregman: Warum ist das so?! Und antwortet: „Ich vermute, dass es an erster Stelle Faulheit ist. An unsere Verdorbenheit zu glauben, ist auf seltsame Weise beruhigend. Eigentlich werden wir dadurch freigesprochen. Wenn die meisten Menschen böse sind, haben Widerstand und Engagement nicht viel Sinn."

Bingo!

Damit ist der Eigensinn der perfekte Weg, um sich auch gegen allzu viel Negatives aktiv zur Wehr zu setzen.

Vielleicht sieht Bregman das ähnlich, denn er fährt damit fort, dass eine „sündige menschliche Natur" ja auch die perfekt-simple Erklärung für „das Böse" biete: „Man wird mit Hass oder Selbstsucht konfrontiert und seufzt: ‚Ach, das ist nun mal die menschliche Natur.' Wer dagegen behauptet, dass der Mensch im Grunde gut ist, muss viel intensiver darüber nachdenken, warum das Böse besteht. Und er muss selbst initiativ werden, denn dann ergeben Widerstand und Engagement durchaus Sinn."

So ist es! Im Großen wie im Kleinen. Für die Gesellschaft wie für uns selbst. Die Lösung ist so einfach: Wir müssen selbst aktiv werden, wenn wir Positives, Kreatives, Sinnvolles aktivieren wollen.

Dann kann der Eigensinn tatsächlich zu einem guten, vielleicht sogar dem besten Weg werden:

- Wenn wir allein bestimmen, was sinnvoll ist und was nicht.
- Wenn wir uns nicht davon kirre machen lassen, dass alles schlecht zu sein scheint – weil das eben nicht unbedingt wahr ist. Oder nur dann, wenn wir es zulassen.
- Wenn wir uns eigensinnig zur Wehr setzen, wo etwas wirklich nicht gut ist.
- Wenn wir unser Fernglas immer wieder auf jenen Punkt einstellen, den es sich in den Blick zu nehmen lohnt. Und genau den mit Leben füllen.

Dann kann der Eigensinn weder schlecht sein noch Schlechtes hervorbringen, oder?

Mit Eigensinn können wir (noch) an das
Gute im Menschen glauben.

****

Natürlich gibt es Ausnahmen ... Daniela Pucher hat sie angesprochen. Und ich pflichte ihr bei: Erstens gehört „ein hohes Maß an Selbstreflektiertheit, also eine hohe psychische Reife" dazu, um den Eigensinn zu einem rundum guten Weg zu machen. Denn: "Einem Putin oder Trump könnte man ja auch viel Eigensinn unterstellen in dem, was sie tun. Aber wenn Eigensinn von Narzissmus, Psychopathie und anderen Persönlichkeitsstörungen angetrieben wird, ist das alles andere als gut", sagte Daniela Pucher. Recht hat sie! Und es sagt ja (hoffentlich) auch niemand, dass Eigensinn Züge von Persönlichkeitsstörungen hat.

Denken wir an dieser Stelle weiter, würde ich sagen, dass Eigensinn auch darin bestehen kann, sich – so weit als möglich – gegen all das zur Wehr zu setzen, was narzisstisch gestört, psychopathisch, böse und/oder zerstörerisch ist. Was könnte mehr Sinn machen als das?!

Doch ich bin weit entfernt davon, daraus ein Dogma zu machen ... Die Entscheidung dafür soll bitte jeder und jede für sich treffen. Denn, wie gesagt: Am Ende müssen wir alle zu unseren Entscheidungen stehen können. Genau davon handelt der nächste Text:

Ich übernehme mit allen Konsequenzen die Verantwortung für mein Glück

Endlich! Das Wort hat Ruth Frobeen, wie oben angekündigt. Ich habe sie gefragt:

Täusche ich mich, oder muss man nicht ziemlich eigensinnig sein, um so genial tolle Bücher wie deine in hundertprozentiger Eigenregie zu verlegen?

Ich denke nicht, dass Eigensinnigkeit die Qualität ist, die mir hilft, Bücher zu schreiben und zu verlegen. Es ist mehr eine Mischung aus Klarsinn und Eigenverantwortung, wobei ich Klarsinn so definiere, dass ich genau weiß, was ich tue und warum ich es tue. Wenn sich mir nicht erschließt, warum ich etwas tun sollte, dann tue ich es nicht. Für mich ist es wichtig, Verantwortung für mich und meine Arbeit zu übernehmen. Das geht Hand in Hand.

Aus meiner Sicht muss man nicht ziemlich eigensinnig (oder überhaupt eigensinnig) sein, um Bücher zu schreiben. Aber es hilft bestimmt, sich seiner Eigenverantwortung bewusst zu sein, Dinge wirklich zu durchdenken und nicht gleich aufzugeben, wenn etwas nicht geschmeidig läuft. Es macht mich langfristig glücklich, Bücher zu schreiben, auch wenn der Prozess mitunter schmerzhaft ist. Ich weiß das und übernehme mit allen Konsequenzen die Verantwortung für mein Glück.

Wie würdest du Eigensinn definieren – ganz egal, ob du dich selbst zu den eigensinnigen Menschen zählst oder nicht? Und wie erkennst du, ob jemand eigensinnig ist oder nicht – dich eingeschlossen? Was passiert da? Rastet da was ein? Oder aus? Tickt da was? Anders?

Eigensinn ist für mich etwas, das feste, eingefahrene Strukturen hat. Wie Rillen auf der Autobahn. Und die stören mich. Eine Meinung zu haben und sie konsequent zu vertreten, ist sicherlich Teil von Eigensinn. Ich halte es für wichtig, dass der Eigensinn nicht zu starr wird. Denn dann geht es nicht mehr um das Ding an sich. Eine Sichtweise ist nur *eine* Richtung, aus der wir auf ein Ding schauen, dabei gibt es so viele Perspektiven, die man einnehmen kann, wenn man die Position verändert. Um zum Eigensinn zurückzukommen: Ich mag es, wenn Strukturen so beweglich sind, dass sie neue Formen annehmen können. Und wenn Menschen so beweglich sind, dass sie zumindest bereit sind, eine andere Perspektive in Betracht zu ziehen. Innovation und Kreativität brauchen das. Wer für sich selbst erkennt, was er warum tut, und das auch im Prozess hinterfragen und ändern kann, auch wenn es unbequem ist, der ist aus meiner Sicht nicht eigensinnig, sondern bleibt sich treu.

Macht Eigensinn Spaß?

Ich vermute, Eigensinn macht dann Spaß, wenn man ihn tanzend mit einem Augenzwinkern betreibt und auch mal neue Schritte ausprobiert. Wer ganz mutig ist, improvisiert. Das macht besonders viel Spaß, aber man stolpert gelegentlich. Das passiert mit Eigensinn eher nicht, weil man da weiß (oder zu wissen glaubt), wo es langgeht.

Braucht die Buchwelt mehr Eigensinn – und wenn ja: warum?

Eine sehr abstrakte Frage, die ich so nicht beantworten kann. Denn was ist die Buchwelt und wie könnte ich sie kennen? Ich weiß, dass ein Konstrukt, das über Jahrhunderte gewachsen ist, im Kern nicht besonders flexibel ist. Das betrifft nicht nur die Produktion, die Vermarktung und den Vertrieb von Büchern. Auch Lesegewohnheiten sind nicht so flexibel, wie sie sein könnten. Das Gute ist, dass heute vieles im Wandel ist. Um die Buchwelt herum schwirren viele Möglichkeiten. Und was schwirrt, ist bekanntlich in Bewegung. Es liegt an den Protagonisten der Buchwelt, daraus neue Dinge entstehen zu lassen.

Haben dir Kreativität oder Eigensinn schon mal bei irgendwas geholfen? Wobei? Und wie ging das? Wie hast du es erkannt? Hast du es aufgegriffen, irgendwie in dein Leben integriert – und wie wichtig war dabei, was andere vielleicht über dich und/oder dein Leben, deine Arbeit gesagt haben?

Kreativität hilft mir bei allem, was ich tue. Sie ist ein Herz, das in mir schlägt. Das hat nichts mit anderen Menschen oder damit zu tun, was sie über mein Leben oder meine Arbeit sagen. Wichtig ist, was ich über mein Leben und meine Arbeit denke. Und dass ich mir im Klaren darüber bin, was ich warum tue. Dann kann ich in Ruhe schlafen. Mein Herz klopft einfach vor sich hin.

Wenn es das „ideale eigensinnige Leben" gäbe – wie würde das für dich aussehen? Und wäre es überhaupt erstrebenswert? Wenn ja: warum? Und: Was könnten/müssten wir tun, um das zu erreichen?

Ich halte ein eigenverantwortliches Leben für erstrebenswerter. Ich bin zuständig für mich und mein Glück, das ich unter anderem in der Kreativität finde. Eigensinn hat eine starre Komponente, die sich sehr auf ein Ich bezieht. Das passt mit meiner Kreativität und Denkweise irgendwie nicht zusammen, die mir erlauben, mich immer wieder neu zu erfinden und alle meine Bausteine, die ich im Laufe meines Lebens und meiner Erfahrungen ansammele, neu zusammenzusetzen.

Ruth Frobeen lebt in Hamburg, ist Schriftstellerin, Texterin und Übersetzerin. Vor allem glaubt sie an Talente, Ideen und Geschichten. Ihre Webseite: https://www.ruthfrobeen.de/

Der Mut und das Älterwerden

Mut spielt bei allen Geschichten, die in diesem Buch erzählt werden, eine Rolle – mal mehr, mal weniger. Ich möchte hier noch einmal Daniela Pucher zitieren, die weiter oben sagte: „Dass ich meinem Eigensinn gefolgt bin, hat sogar etwas Heldenhaftes, finde ich – wenn ich dran denke, wie viele Menschen von was auch immer träumen und die Realisierung nie wagen! Ihnen fehlt der entscheidende Mut – das Attribut, das Helden auszeichnet, oder?"

Doch es geht auch ganz anders: Wenn eine Frau, die überzeugt davon ist, dass sie nie heiraten will, es mit über 50 dann doch tut und auch noch vehement betont, dass Eigensinn „lebensnotwendig" für sie sei, dann spielt Mut wohl auch eine Rolle. Dann bleibt der Eigensinn ein zuverlässiger Kompass, der gleichzeitig jederzeit einen kompletten Richtungswechsel erlaubt. Davon erzählt gleich Claudia Dabringer.

Eigensinn macht uns mutig(er).

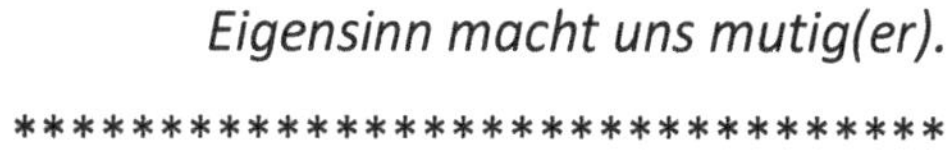

Was passieren kann, wenn wir – zumindest zeitweise – eben nicht genug Mut aufbringen, um dem Weg unseres Eigensinns konsequent zu folgen, habe ich als harte Lektion selbst erleben müssen. Hatte natürlich zur Folge, dass ich, als die Episode endlich überstanden war, nur umso entschiedener an meinem Eigensinn festhalten wollte. Tue ich noch. Wichtig ist hier vielleicht, dass ich nicht angefangen habe zu hadern. Sondern das, was da geschah, als notwendige, in gewisser Weise folgerichtige Lerneinheit meines Lebens begreifen konnte.

Und wenn eine 74-Jährige genau weiß, dass der Mut ihr ganzes Leben geprägt hat, dann ist sie natürlich auch mutig genug, das zu erzählen. Genau das tut Angelika Kindt am Ende dieses Kapitels.

Was uns alle drei eint, ist, dass wir uns durchaus bewusst mit dem Älterwerden auseinandersetzen. Es wäre verkürzt gedacht, jetzt zu sagen, dass gelebter Eigensinn und Älterwerden zwingend zusammengehören. Aber je älter wir werden, desto leichter fällt uns der Blick auf den Weg unseres Eigensinns – das bringt die gelebte Zeit ja schon mit sich. Dann wird Eigensinn zu einer Erfahrung, mit der wir bewusster umgehen können als in jungen Jahren – Zeiten, in denen wir vielleicht nur ansatzweise geahnt haben, was der Weg des Eigensinns bedeuten könnte.

Manchmal entfaltet der Eigensinn
seine volle Kraft erst mit dem Älterwerden.

****

Mut dagegen hat gar nichts mit unserem Alter zu tun ... sondern eher mit Dingen wie Eigenverantwortung oder Selbstbestimmung. Das wird Angelika Kindt gleich näher erläutern. Doch jetzt erst einmal das Interview mit Claudia Dabringer:

Warum Eigensinn lebensnotwendig sein kann

Liebe Claudia Dabringer, wie kommst du zu der Aussage, dass Eigensinn lebensnotwendig für dich ist? Was bedeutet das? Wie kam es dazu?

Eigensinn ist deshalb lebensnotwendig, weil er unser Selbst zum Ausdruck bringt. Und warum ist das wichtig? Weil viele Menschen in

einer Tretmühle feststecken und dadurch oft gar nicht die Möglichkeit haben, darüber nachzudenken, dass sie es tun. Sie fühlen vielleicht, dass ihnen manches nicht dient, auch ihr Körper reagiert in
einer für sie unerklärlichen Weise. Aber unsere Gesellschaft ist vielfach nur darauf aus, die Symptome zu bekämpfen und nicht ihren
Ursprung zu suchen.

Wenn wir mutig genug sind, uns und unserem Wesen auf den Grund
zu gehen, werden wir entdecken, dass uns vieles, was wir tun, gar
nicht entspricht. Und damit ist bereits der erste Schritt zum Eigensinn gemacht. Wenn wir davon sprechen, dass Selbsterkenntnis
ebenfalls der erste Schritt zur Besserung ist, sind wir schon auf einem
guten Weg zum Eigensinn. Wir machen uns vielleicht nicht unbedingt beliebt damit, weil unsere Umgebung es eben gewohnt ist,
dass wir sind, wie wir bis dahin waren. Die werden dann eher nicht
bei uns bleiben. Doch wer damit zurechtkommt, bleibt – möglicherweise entstehende Lücken werden sich dann mit den richtigen Menschen sehr schnell füllen.

Ich war nach den Worten meiner Eltern immer schon eigensinnig,
doch sie haben diesen Eigensinn stets mehr oder weniger ignoriert.
Nachdem ich mich jahrelang (auch noch als Erwachsene) darauf ausgeruht hatte, die Schuld für mein Sein den Eltern in die Schuhe zu
schieben, machte ich mich eines Tages auf und schaute auf die Situation mit anderen Augen.

Und siehe da: Ich erkannte, dass Eigensinn immer eine Definition anderer Menschen für mich ist. Dass ich immer dann als eigensinnig
bezeichnet wurde, wenn ich mich anders verhielt, als es von mir erwartet wurde. Das kann im Gegenüber sehr viel Unsicherheit hervorrufen, wenn plötzlich ein Verhalten nicht mehr vorhersehbar ist.

Als Eltern muss man wohl damit umgehen lernen. Wenn es um
Freundschaften geht, kann man das flexibler handhaben. Und ich
habe im Laufe meines 57jährigen Lebens einige Freundschaften

kommen und gehen sehen – genau aus diesem Grund. Doch die Erfahrung hat gezeigt: Wenn sich eine Türe schließt, geht eine andere dafür auf. Inzwischen habe ich fast ausschließlich Menschen in meinem Leben, die ebenfalls eigensinnig sind und viel Verständnis dafür haben, wenn man „sinngemäß" lebt.

Hast du Beispiele dafür, wie dein gelebter Eigensinn aussieht?

Ich war in der Wahl meiner Partner vermutlich sehr eigensinnig, weil ich stets nach Ergänzungen meiner Persönlichkeit gesucht habe. Glücklicherweise habe ich eines Tages festgestellt, dass ich „ganz" bin und diese Lernräume schließen kann.

Als eigensinnig kann man auch meine Art der Kleidung bezeichnen. In einer Rede an meinem 50. Geburtstag hörte ich, dass niemand Kleidung so kombiniert wie ich und das auch nicht möchte. Trotzdem würde es bei mir gut aussehen.

Mein Friseur hat es als äußerst eigensinnig (und geschäftsmindernd) angesehen, dass ich mit 50 beschlossen habe, meine Haare wachsen, statt zu einer altersgemäßen Kurzhaarfrisur stutzen zu lassen. Dem Färben widersetzte ich mich ebenso und liebe meine grau melierten, langen Haare. Eine Freundin (feuerrot gefärbt) sagte kürzlich, dass sie niemanden außer mir kenne, bei dem das gut aussähe. Meine Mutter fragte mich nach meinem 50. Geburtstag, wann ich denn endlich die Schere ranließe. „Gar nicht", war meine Antwort. Sie lebt sehr gut damit, wie alle andere inzwischen auch.

Ich lebe meinen Eigensinn praktisch jeden Tag, auf unterschiedlichen Ebenen, aber immer mit dem Hintergedanken, was mir entspricht. Beispielsweise habe ich gelernt, dass ich Entscheidungen nicht unbedingt sofort treffen muss. Mein Gefühl sagt mir sehr schnell, was richtig oder falsch ist. Antwortet es nicht unmittelbar, weiß ich, dass die Zeit für diese Entscheidung noch nicht reif ist. Für diese Erfahrung bin ich sehr dankbar, denn sie erspart mir das dauernde Hin-

und Herüberlegen, das einen wahnsinnig machen kann und zeitraubend ist. Diese Energie kann man sinnvoller verwenden. Und die Entscheidung kommt schon. Irgendwann, zum richtigen Zeitpunkt.

Eine weise Entscheidung war es beispielsweise, mit ayurvedischer Ernährung zu beginnen. Denn abgesehen davon, dass es meinem Körper guttut, darf ich tagtäglich in mich hineinhören und herausfinden, was er gerade braucht. Und das ist eben immer anders, genau wie Befindlichkeiten sich ständig ändern. Der Eigensinn in diesem Zusammenhang kann sich dann so ausdrücken, dass ich in einem Restaurant nach einem Nahrungsmitteltausch frage oder die Zusammensetzung eines Drinks durcheinanderbringe. Zum Beispiel trinke ich einen Gin&Tonic als Gin&Ginger Ale, weil Ingwer gut für mich ist. Das irritiert manche Barleute.

Irritiert sind auch viele, wenn ich ihnen erzähle, dass ich selbst nach der Trennung von meinem Expartner 2014 immer noch Weihnachten mit ihm und den Kindern feiere. Dass wir viel Zeit miteinander verbringen und unsere Partnerschaft in eine einzigartige Beziehung transformieren konnten. Wir haben (und tun es noch immer) „conscious uncoupling" praktiziert, damit die drei Kinder lernen, dass Beziehungen auch ohne Katastrophen gewandelt werden und wir nach wie vor eine Familie bleiben können. Das ist stete Arbeit, doch die hat sich über alle Maßen gelohnt. Viele sagen, dass sie das auch möchten, doch kaum jemand ist bereit, über seinen Schatten zu springen und diese Arbeit zu tun.

Glaubst du, dass Eigensinn mit dem Älterwerden besser oder leichter zu Er-Leben ist? Wie war oder ist das bei dir?

Eigensinn wird definitiv mit dem Alter leichter, wenn man es schafft, sich bewusst zu machen, dass man für manches einfach tatsächlich zu alt ist. Und das ist jetzt nicht unbedingt an Jahre gemessen, sondern eher an Erfahrungen. Grundsätzlich war ich immer hungrig nach neuen Erfahrungen, um mich selbst besser kennenzulernen. Inzwischen kann ich gut abschätzen, welche mir noch fehlt und welche ich für mein gedeihliches Dasein auslassen kann. Den Satz „Ich bin zu alt für den Scheiß" verstehen sogar die Jungen und beneiden mich manchmal dafür, das spüre ich.

Eigensinn mit Happy End

Liebst du deinen Eigensinn? Wenn ja, in welchen Situationen? Und wann vielleicht doch eher nicht?

Ehrlich gesagt habe ich gar keine Wahl, denn ich bin zu jeder Zeit bereit, die Konsequenzen für diesen Eigensinn zu tragen. Natürlich fällt es nicht immer gleich leicht, dem eigenen Sinn gemäß zu leben, doch meine Erfahrung ist, dass es langfristig nur so geht.

Ich will keine Kompromisse machen, doch bin stets gewillt, an Lösungen zu arbeiten, die besser als ein Kompromiss sind. Und auch das liebe ich an meinem Eigensinn, weil dadurch meine Kreativität gekitzelt wird und das Leben spannend bleibt.

Was ist die schönste Geschichte deines Eigensinns?

Mein Eigensinn hat auch vor dem Mann, mit dem ich seit einigen Wochen verheiratet bin, nicht Halt gemacht. Ich war ein überaus glücklicher Single, vollkommen in meiner Mitte und absolut gegen eine Beziehung, oder gar eine Heirat. Der Sinn einer Ehe hat sich mir noch nie erschlossen. Was ich in meinem Leben vorrangig in anderen Ehen beobachtet hatte, waren Eintönigkeit, Mangel und eben Kompromisse. Deshalb wollte ich meinen ehemaligen Partner nicht heiraten – wir hatten immerhin 18 Jahre auch ohne Trauringe zusammen geschafft!

Nach dieser Zeit war mir nach Alleinsein, nach Nachdenken über die vergangenen Jahre, nach Freiheit für mich selbst. Und das habe ich über die Maßen genossen. Deshalb habe ich sehr bald zu meinem jetzigen Mann gesagt: „Mach' mich nie weniger glücklich, als ich es alleine war."

Wir haben uns an einem Strand in Kapstadt kennengelernt, als er mit den Worten auf mich zukam: „Ich würde es für den Rest meines Lebens bedauern, wenn ich Ihnen nicht sagen würde, wie schön Sie sind." Jetzt könnte man sagen, dass das eine ziemlich schwache Anmache war, doch mein Eigensinn sagte, dass es dieser Mann genauso meinte. Die Verbindung war sofort da, und alles, was danach kam, nur eine logische Konsequenz aus dieser Verbundenheit.

Mein Umfeld war streckenweise ganz verzaubert durch diese Geschichte, doch es gab auch Skeptiker, die meinten, dass wir uns ja gar nicht gut genug kennen würden, als wir beschlossen, zu heiraten.

Weder er noch ich hatten diesen Plan auf dem Zettel, aber auch das war eine natürliche Konsequenz dessen, was uns von Anfang an zu einem „Match" gemacht hat. Und mein Eigensinn ließ mich auch der Hochzeit zustimmen, weil es sich einfach richtig angefühlt hat – trotz der 9.000 Kilometer zwischen uns. Sein Eigensinn lässt ihn übrigens im nächsten Jahr nach Österreich übersiedeln – zwei über 50-Jährige machen eben keine halben Sachen!

Claudia Dabringer ist Journalistin, Autorin und Schreibpädagogin. Sie hebt mit ihrem Projekt „Voll50" Frauen zwischen 50 und 60 ins Rampenlicht, für mehr Mut, Selbstwert und Lebensfreude: www.facebook.com/voll50 und www.instagram.com/vollfuenfzig/

Eindeutige Zeichen sollten nie ignoriert werden

Ich habe es selbst erlebt. Leider. Dachte, ich könnte den Eigensinn austricksen. Hoffte, ihn nicht (mehr) zu brauchen. Dachte, ich sei bei mir angekommen. Habe nicht mehr gefragt. Weder: „Maria, was brauchst du?" Noch: „Eigensinn, wohin willst du?" Sehnte mich so nach Ruhe, Kontinuität, Angekommen-Sein. Bloß keine Veränderungen mehr!

Ich muss es wiederholen: Der Weg des Eigensinns ist ein Prozess – den wir für und mit uns selbst durchlaufen. Durchlaufen müssen. Prozesse verändern sich, verändern uns. Das lebt. Wenn wir versuchen, uns dieser Lebendigkeit, den ständigen Veränderungen zu entziehen, kann das nicht gut ausgehen.

Ich war 39, als ich jene Stelle übernahm, bei der ich mir schwor: „Hier bleibst du bis zu deiner Rente!" Es war mein Traumjob.

Davor habe ich im Vier- bis Sieben-Jahres-Rhythmus die Arbeitsstellen gewechselt, mal selbstständig, mal fest angestellt. Das schien mir normal, zu sein – bis zu jenem Zeitpunkt, an dem ich als Selbstständige viel zu viele verschiedene Jobs gleichzeitig hatte. Beim Aufwachen fragte ich mich täglich, oft schon recht verwirrt: „Und, was bist du heute? Layouterin, Fotografin, Journalistin, Redakteurin?" Zu meiner Verwirrung trug noch bei, dass ich für jeden Job in anderen Redaktionen präsent sein musste. Immer wieder andere soziale Milieus, ein anderer Umgangston ... Ich fühlte mich zerrissen und wollte unbedingt mehr Sicherheit, mehr Klarheit, eine Festanstellung. Die hatte ich dann. In der war alles gebündelt, was ich gelernt hatte. Sinnvoll fand ich das meiste, was ich dort tat, auch noch – perfekt!

Nach all den Job-Wechseln dachte ich: Ich habe genug getan, viel gelernt, war lang genug flexibel. Ab jetzt darf es ruhiger werden, ich habe meinen Weg gefunden, bin bei mir angekommen. Und bin sicher im richtigen Job.

Ich wurde stellvertretende Pressesprecherin eines großen evangelischen Verbands, meine Dorfgemeinde war ein lebendiger Haufen, in dem sich Presbyter:innen stritten und die deutschlandweit erste erlaubte Segnung einer gleichgeschlechtlichen Lebenspartnerschaft feierten. Ich war mittendrin und dachte: Gemeinschaft funktioniert ja doch! Sogar für mich. Davon hatte ich so lang geträumt – ohne mich jedoch zu trauen, daran zu glauben, dass das mal wahr werden könnte.

In diesem Jahr war ich so glücklich wie nie zuvor. Alles stimmte, schien zueinander gefunden zu haben. Ich fühlte mich vollständig, traute mir viel zu. Und konnte es auch.

Das war, wie nach langer Krankheit gesund zu werden. 39 Jahre lang Außenseiterin – endlich angekommen. Nie irgendwo dazu gehört – jetzt schon. Akzeptiert, eine berufliche Heimat gefunden, privat übrigens auch. Das alles wollte ich bitte behalten dürfen. Verteidigte es mit allen Mitteln. Auf Kosten meiner Gesundheit, gegen all die überaus deutlichen Zeichen, die mein Körper mir ständig sandte. Ich habe die Zeichen konsequent falsch gedeutet. Dachte, ich müsse mich „nur" (noch) besser integrieren, mehr anstrengen, leiser werden, angepasster sein. Wollte unbedingt dazugehören. Das hielt ich 15 Jahre lang durch – bis ich wirklich gar nichts mehr konnte. Zwei schwere Krankheiten hatten mich vollkommen in die Knie gezwungen.

Eigensinn will konsequent gelebt werden.

****

Mein Eigensinn wäre mein Weg gewesen, meine Lebendigkeit. Ich wollte es nicht sehen. Wollte ihn hinter mir lassen, nicht mehr hadern. Wollte nicht immer wieder von vorn anfangen, mir ständig neue Fragen stellen müssen, einsame Wege gehen, getrennt von anderen sein, in Ecken stehen und sie lachen hören, ohne mitlachen zu dürfen.

Das Dazugehören-Wollen war zu meiner Falle geworden. Ich hatte mich selbst verloren, schleppte aber jede Menge psychischer Altlasten mit mir rum. Die verwiesen immer wieder auf den Weg des Eigensinns – in weiter Ferne, neblig und unklar. Ansatzweise hatte ich meinen Weg schon gefunden, ich ahnte, dass er da war, wollte es aber nicht sehen, nicht hören, nicht wahrhaben. Zu anstrengend, zu ungewiss, zu einsam.

Ich redete mir ein: Ist doch auch gar nicht mehr nötig, nach diesem Weg zu suchen! Hab schließlich schon genügend einsames Lehrgeld gezahlt. Und es sieht doch alles in allem noch relativ gut aus … Und das, was nicht so gut aussieht, wird schon wieder vorübergehen.

Wie sehr ich im Irrtum war, lernte ich auf die harte Tour. Durch Brustkrebs, Panikattacken und in depressiven Schüben.

Nein: Eigensinn ist nicht einfach. Aber er schickt uns Zeichen. Auf die wir hören sollten. Er kann für uns sorgen – wenn wir das zulassen. Er bleibt bei uns – wenn wir bei ihm bleiben. Dann bleiben wir auch bei uns, also: lebendig. Schönreden, aussitzen, abwarten, sich blind oder taub stellen, nicht handeln – das alles sind keine Alternativen.

Ja, oft bedeutet Eigensinn auch, mutig zu sein. Das hat Angelika Kindt ihr ganzes Leben lang bewiesen. Wieder und wieder:

Angelikas Geschichte – ein Gesprächsprotokoll

Ob ich eigensinnig bin? Ja, auf jeden Fall. Ich glaube, mein Eigensinn ist schon verdammt alt, zumindest so alt, wie ich bin. Ich bin ja aufgewachsen unter drei Brüdern. Und was machte das mit mir als Mädchen? Ich hatte nur zwei Möglichkeiten: untergehen oder eigensinnig alles durchzuziehen.

Und so habe ich mich, glaube ich, unbewusst schon sehr früh für meinen eigenen Sinn entschieden. Rückblickend war mein Leben eigensinnig, anstrengend, außergewöhnlich und das schönste Leben, was ich mir selber gestalten konnte.

Denn: Eigensinn hat für mich sehr viel
mit Eigenverantwortung zu tun.

Eigensinn, konkret? Da fallen mir ein paar Punkte ein. Immer geht es ums Handeln. Das begann schon in ganz frühen Jahren. Ich bin ja ein Modell der Nachkriegsgeneration, aufgewachsen in den 50er-Jahren. Aufgewachsen mit Traditionen, in Normen und Werten, die für uns Mädels beziehungsweise Frauen nicht gerade innovativ waren. Der Krieg war zwar schon vorbei, aber wir hatten kriegsgeschädigte Eltern und die waren natürlich auch von der Ideologie geprägt.

Da fällt mir zum Beispiel ein, dass für mich ganz klar war: Ein junges Mädchen schminkt sich nicht, fällt nicht auf, muss leise sein. Ich bekam im Grunde alles mit, was nicht den eigenen Sinn fördert. Denn was ich damals alles nicht durfte, das war relativ viel.

Ich liebe bis heute mit unglaublicher Begeisterung Lippenstifte. Davon habe ich auch mindestens immer zehn Stück zur Auswahl. Lippenstifte sind für mich auch ein Inbegriff von Eigensinn, denn noch mal: Ein ordentliches Mädchen schminkt sich nicht, also eine Fortsetzung von „ein deutsches Mädchen schminkt sich nicht."

In diesem Milieu wurde ich groß. Das war nicht außergewöhnlich, das war eher der Klassiker, Großbürgertum. Ich wurde mit Ballett und Musik groß, was sehr schön war. Aber das sind natürlich alles Dinge, die nicht den Eigensinn fördern. Sowohl Ballett nicht als auch nicht, wenn du im Orchester oder im Quartett spielst.

Und dann kam eine meiner ersten großen eigensinnigen ... tja, was? Nicht – Entscheidungen ... Die gab es damals für mich nicht. Also eher: Vorkommnisse. Ich lernte meinen ersten Mann kennen. Von dem ich heute im Rückblick weiß: Der war tatsächlich die große Liebe meines Lebens.

Ich war 16 und bei einer Tanzveranstaltung, wo ich natürlich nicht hindurfte. Aber eigensinnig, wie ich war, doch hinging. Warum? Weil diese Tanzveranstaltung von ausländischen Studenten organisiert wurde. Ich komme aus einer Stadt mit einer Hochschule und da gab es eben auch ausländische Studenten. Und da ging ich hin. Und war hin und weg, denn im Gegensatz zu meinen Brüdern, die so ein biss-chen hölzern waren, war das natürlich toll: Wie sich diese Männer bewegten, benahmen! Mir gegenüber – ich war gerade mal 16 – trotzdem extrem höflich. Da lernte ich meinen ersten Mann kennen. Aus Kamerun war er. Tatsächlich war das 1966 wirklich nicht üblich, mal so den Ehemann aus Kamerun kennenzulernen. Und ich besaß halt dann den Eigensinn, mein Ding zu machen.

Klar, ich war total verliebt, wenig aufgeklärt und wurde ratzfatz schwanger.

Auch da galt es, Eigensinn zu bewahren, nämlich: „Ja, ich will jetzt ein anderes Leben führen – als ganz junge Frau."

Es war eine Entscheidung. Ich war inzwischen 18. Und tatsächlich heirateten wir. Klar einerseits, weil wir mussten, aber ich wollte es auch. Und so war ich schon mit 18 verheiratet.

Das war dann wirklich eine ziemlich eigensinnige Übung. Zu meinem Eigensinn passt natürlich, dass ich ganz klar auch mit nach Afrika ge-hen wollte. Aus Neugierde, aus Interesse, aber auch, weil ich von der Familie unglaublich so toll aufgenommen wurde.

Mein Mann hat genau das gemacht, was alle Männer auf dieser Welt tun, nämlich, sich um seine Karriere gekümmert, er hatte ja einen exzellenten Studienabschluss, und ich langweilte mich mehr oder weniger mit unserem Sohn.

Und entschied drei Jahre später: Ich will wieder aus Afrika zurück. Nicht nach Hause, sondern ich habe mir überlegt:

Es gibt noch mehr Leben in meinem Leben!

Und so bin ich nach drei Jahren raus aus dieser Beziehung dahin zurück gegangen, wo ich herkomme. Was große Empörung nach sich zog.

Damals war das Familienrecht noch so, dass ich sowieso schuldig geschrieben wurde. Jede geschiedene Frau wurde schuldig geschrieben. Ich weiß zwar nicht, was ich mir habe zuschulden kommen lassen, aber es war halt so. Das waren alles so Dinge, die mich eigentlich auch anstachelten und mich dann ganz klar in die Anfänge der Frauenbewegung trieben.

Einfach so sein eigenes Ding machen!
Das war mir sehr, sehr wichtig.
Heute weiß ich, dass das auch was mit Eigensinn zu tun hat.

Ja, nun war ich wieder zurück, mein Sohn war sehr jung. Und dann? Was tun? Ich habe natürlich erst mal wie unzählige andere Frauen irgendwas in einem Büro gemacht, um Geld zu verdienen. Aber mein Eigensinn trieb mich voran und ich machte noch auf sehr kreative Art mein Abitur nach. Wo ich herkam, in diesem Bundesland, da konnte man die Sonderbegabtenprüfung zur Erlangung der Hochschulreife ablegen – was für ein kantiger Begriff!

Und eine sehr eigensinnige Entscheidung war dann auch, eben nicht – wie fast alle – zur Pädagogischen Hochschule zu gehen, sondern sofort ab nach Berlin. Und zwar an das legendäre Otto-Suhr-Institut, um politische Wissenschaften zu studieren. 1978 nicht gerade ein üblicher Weg. Kaum unter jungen Frauen und schon gleich gar nicht von alleinerziehenden Müttern.

Ich zog es durch.

Im Nachhinein betrachtet, war das für mich eine der besten Entscheidungen. Bis heute.

Was ich da lernte, auch für mein eigenes Leben, das kann ich nicht aus Büchern lernen, das kann ich nur durch Leben lernen. Außerdem musste ich uns beide irgendwie ernähren und über die Runden bringen. So putzte ich dann. Das ganze Studium über. Aber das hat mich nicht groß gestört, ich wusste ja, was ich wollte.

Und der nächste Eigensinn war dann, dass ich mich tatsächlich nach Beendigung des Studiums relativ schnell selbstständig gemacht habe. Warum? Zum einen: Wer wollte schon eine junge Frau als Politikwissenschaftlerin haben? Zum anderen: wohin denn mit einer Festanstellung? Vielleicht in eine Verwaltung – die hätte ich aber bestimmt innerhalb von einer Woche durcheinandergebracht. Also entschied ich mich wieder für meinen eigenen Sinn und habe mich selbstständig gemacht, 1984.

Der Faden des Eigensinns durchläuft mein ganzes Leben.
Ich finde, Eigensinn ist eine tolle Sache!

Warum Selbstständigkeit? Ich hab ja schon mal gesagt: Es geht um Selbstverantwortung. Und all diese – nennen wir es mal – Lebensknoten, die sind ja entstanden aus Entscheidungen, die ich ganz allein so getroffen habe, wie ich sie getroffen habe. Und darüber bin ich bis heute sehr, sehr froh. Darüber, dass und wie ich es gemacht habe. Heute, jetzt bin ich 74, bin ich nach wie vor berufstätig – vornehm ausgedrückt. Ich bin noch beschäftigt. Davon erzähle ich gleich.

Doch erst mal noch was ganz anderes:

Falls gerade eigensinnigen Frauen immer mal schnell unterstellt wird, sie seien besonders schwierig, nicht pflegeleicht genug, würde ich sagen: Das kann man von außen so sehen, zumal die meisten eigensinnigen Frauen, die ich kenne, irgendwann die Entscheidung für sich getroffen haben, selbstständig und mit Selbstverantwortung durch ihr Leben zu gehen. Dass man da vielleicht nicht so ganz „einfach sein" kann, ist möglich.

Und wie ist das bei mir? Ich halte mich für einen der unkompliziertesten Menschen der Welt, allerdings weiß ich genau, wie ich meine Entscheidungen treffe. Und das ist meistens schon eigensinnig, nämlich nicht angepasst an all an die Normen und Werte, die uns nach wie vor als Frauen auferlegt sind.

Eigensinn hat sicher auch was damit zu tun,
rebellisch zu sein.

Aber ich würde nicht sagen, dass ich rebellisch durchs Leben gegangen bin. Dann hätte meine Selbstständigkeit niemals 45 Jahre lang so gut funktionieren können, ich hätte nie so ein gut gehendes Business aufbauen können. Es war eher so: Irgendwann kannte ich meinen Weg, wusste, wie er läuft. Und da gehört ganz sicher manchmal auch ein Stück rebellisches Verhalten dazu.

Ich will da jetzt gar nicht alle Einzelheiten aufzählen … Lieber möchte ich jetzt noch mal zum Eigensinn im Alter kommen:

Für mich bedeutet Eigensinn im Alter auch,
eine eigene Haltung zum Alter zu haben.

Ich habe mich 2020, als wir die Pandemie hatten, entschieden, mich noch mal digital komplett neu zu erfinden. Und habe mir den Namen

Working Silverlady verpasst. Mit diesem Namen segle ich seit gut drei Jahren sehr erfolgreich wieder durchs Business. Ich bin digital äußerst gut aufgestellt und finde es absolut interessant, was sich da heute alles bewegt, was alles machbar ist, das ist einfach fantastisch. Hat wahrscheinlich auch was mit Eigensinn zu tun.

Jetzt engagiere ich mich ganz stark für das, was ich bin – nämlich für mein Alter. Für das, wofür stehe: Dafür, dass Alter eine Haltung ist, dass man Menschen nicht einfach in eine blaue Mülltüte packen kann, um sie loszuwerden. Sondern, dass wir inzwischen auch zu einem ganz wichtigen – sehr wichtigen – Faktor im Wirtschaftsleben geworden sind. Und dass man die, die wirklich Lust haben, noch weiterzuarbeiten, nicht einfach ausmustern sollte.

Das ist meine Mission, die ich verfolge, hinter der ich stehe.

Das Schöne ist, dass ich über Soziale Medien – über die viele in meinem Alter sich negativ äußern, obwohl sie relativ wenig Ahnung davon haben – dass ich über diese Sozialen Medien, genauer gesagt, über das Karrierenetzwerk LinkedIn, meine aktuellen Arbeitgeber gefunden habe. Tatsächlich! Fast 50 Jahre lang stand ich nie in einem Arbeitnehmerverhältnis. Und hier habe ich freiwillig eingewilligt – und das auch noch mit absoluter Begeisterung.

Ich wurde angesprochen von zwei jungen Gründern, die mit der Firma Zeitsilber eine digitale Plattform für Senioren gegründet haben. Ob ich Corporate-Influencerin werden wolle? Sozusagen das Gesicht von Zeitsilber?

Ja, da gehört auch eine Menge Eigensinn dazu – dazu zu stehen, etwas zu machen und das durchzuziehen.

Aber ich weiß auch, jetzt nach einem Dreivierteljahr: Es war eine gute, eine richtige Entscheidung und ich bin sehr froh, sie getroffen zu haben. Und rückwirkend betrachtet, war auch das eine eigensinnige Entscheidung. Denn ich erlebe häufig, wenn ich begeistert davon erzähle, was ich mache, wo ich mich beruflich engagiere, dass ich irritiert gefragt werde: „Haben Sie es denn noch nötig zu arbeiten?"

Ja! Mein Geist freut sich darüber.
Und meinen Eigensinn beglückt es.

Denn ich kann uns bei Zeitsilber genau das Gesicht geben, das ich für richtig halte. Somit wurde selbst dieser Eigensinn jetzt im Alter im wahrsten Sinne des Wortes belohnt.

Ja, ich bin eine Anhängerin von Eigensinn. Ich würde zu gern so viele Frauen ermutigen, die zwar darüber reden, aber im Grunde nur in kleinen Trippelschrittchen durch die Welt gehen: „Mädels, zeigt eigenen Sinn, Eigensinn in Selbstverantwortung. Für euer Leben. Ihr habt nur dieses eine Leben!"

Noch mal: Eigensinn hat nichts damit zu tun, dass ich mich absondere, dass ich Einzelgängern bin, sondern damit, dass ich mein Leben nach meinem eigenen Sinn führe.

Angelika Kindt lebt in Bad Nauheim, ist Dipl. Politologin, Working Silverlady, Podcasterin, Bloggerin, Autorin, Coach und Dozentin. Geboren 1950. Webseite: https://www.working-silverlady.de/

Das Leben kreativer machen

Nachdem hier schon so viel von kreativen Menschen in allen Bereichen die Rede war, möchte ich noch ein kleines, ziemlich praktisches Buch etwas ausführlicher würdigen: „Denken wie ein Künstler" von Will Gompertz. Untertitel: „Wie Sie Ihr Leben kreativer machen".

Gompertz wurde 1965 geboren, war Kunstkorrespondent der BBC, hat für den Guardian und die Times geschrieben und leitet heute das Sir John Soane's Museum in London. Ich finde ganz einfach seine Herangehensweise an das Thema Kreativität erfrischend. Und praxisnah. Er hat zehn Thesen dazu, wie kreative Menschen denken. Die untermauert er jeweils sehr konkret, indem er von seinen – oft hautnahen – Begegnungen mit Künstlerinnen und Künstlern erzählt.

Wenn also Kreativität ein Weg sein kann, unseren Eigensinn zu leben, helfen die manchmal recht überraschenden Erkenntnisse von Will Gompertz dabei tatsächlich ein Stückchen weiter. Er hat sie in zehn Thesen unterteilt:

These 1: Künstler denken unternehmerisch. These 2: Künstler scheitern nicht. 3.: Künstler sind ernsthaft neugierig. 4.: Künstler stehlen. 6.: Künstler sehen das große Ganze und die kleinen Details. 7.: Künstler haben einen Standpunkt. 8.: Künstler sind mutig. 9.: Künstler machen Denkpausen. 10:. Alle Schulen sollten Kunstschulen sein.

Hier nur eben mal kurz was zum Thema „Standpunkte" – denn damit spricht er mir besonders aus dem Herzen: „Einer der erfreulicheren Aspekte der Kreativität ist die Art, wie sie unsere Schrullen und Eigenheiten zelebriert und belohnt." Das klingt noch recht harmlos. Aber schnell erwähnt er auch Dinge wie Kriegstraumata – etwa bei Francisco de Goya oder Otto Dix. Und deren Kriegserfahrungen fanden sehr unmittelbar in ihrer Kunst Ausdruck.

Doch noch nicht mal die Wahl des Themas sei das Wichtige, betont Gompertz, sondern das, was die jeweiligen Kunstschaffenden dazu zu sagen haben, ihre Haltung also. Gelingt es nicht auf Anhieb, sie zu finden, kann ein Perspektivwechsel manchmal Wunder bewirken. Und manchmal auch wieder gar nicht ...

****

Peter Doig etwa. Der 1959 geborene, schottische Maler erkannte nach langer Suche: "Ich muss einen Ort verlassen, bevor ich ihn malen kann." Denn dann beinhalte die Botschaft seiner Bilder vor allem Erinnerung, sagt er. Das ist es, was ihn vor allem inspiriert. Und dann kommt die Schlussfolgerung von Gompertz: „Es gehört zum Künstlerberuf, auf Anregungen zu achten, den eigenen Gefühlen und Instinkten zu trauen." Diese Anregungen sind so individuell wie alles andere ...

Das wohl wichtigste Beispiel kommt am Ende des Kapitels: Da stellt Gompertz die Maler Rembrandt van Rijn und Kerry James Marshall unmittelbar einander gegenüber: einen weißen und einen schwarzen Künstler. Aber nicht „einfach so", sondern mit einem sehr expliziten Standpunkt. Was vor allem bei Rembrandt wichtig ist, den die meisten von uns wenigstens ansatzweise zu kennen glauben.

Nein, tun wir vermutlich nicht. Denn Gompertz macht uns auf einen sehr speziellen Aspekt aufmerksam: Rembrandt habe sich einen klaren Standpunkt erarbeitet, indem er sich irgendwann „dem melancholischen Charakter des Alterns" widmete. Kann auch als die „Verwundbarkeit der menschlichen Seele" gesehen werden: „Der neue, einsame Rembrandt belud seine Pinsel und trug die dicke Ölfarbe in breiten Schwüngen und kraftvollen Klecksen auf die Leinwand auf.

Diese Veränderung gab seinen Bildern eine neue Dimension, ein neues Gewicht."

Kerry James Marshall malt natürlich ganz anders – er wurde 1955 geboren. Sein „überwältigendes Gefühl", wenn er Kunst betrachtete, war immer: Abwesenheit. Kein schwarzer Mensch weit und breit. Und so war sein Projekt, als Erster schwarze Menschen in den Kunstkanon der Weißen einzuführen – mit „Witz und Intelligenz", schreibt Gompertz. Der Standpunkt ist klar: Schwarze Menschen fehlen – und kein schwarzer Mensch sollte sich scheuen müssen, auf allseits bekannte Maler wie Rembrandt, Manet oder Velázquez Bezug zu nehmen. Genau das tut Kerry James Marshall, wie Gompertz unschwer nachweist. „Beispielsweise lässt Rembrandt seine weißen Figuren aus einem schwarzen Hintergrund mit hellem Vordergrund auftauchen [bei der Nachtwache]. Marshall dreht diese Komposition betont um, indem seine schwarzen Figuren vor einem weißen Hintergrund mit schwarzem Vordergrund erscheinen."

Das alles korrespondiert natürlich eng mit dem nächsten Punkt auf der Liste von Gompertz: dem Mut. Georgia O'Keefe beispielsweise sagte: „Es erfordert Mut, in irgendeiner der Künste eine eigene Welt zu erschaffen."

Wenn Eigensinn eine geometrische Form hätte ...

... wäre er eine Ellipse, niemals ein Kreis.

In einem Kreis kann der Mensch immer in der Mitte stehen, er dreht sich aber auch schnell im Kreis – und merkt es oft nicht mal. Das Außen ist immer gleich weit weg, es muss nicht mal sonderlich gut im Blick behalten werden, denn es ist ohnehin immer da. Immer im gleichen Abstand, etwas Festgesetztes, Unabänderliches. Orientierung funktioniert da fast von allein, Achtsamkeit ist kaum nötig.

In einer Ellipse dagegen wird das mit der Orientierung schwierig. Wer sich da auf das Außen verlassen will, eiert schnell durch den Raum, durch sein Denken, alles wird un-rund. Da hilft nur eines: Das Zentrum in sich selbst zu suchen. Dann habe ich auch die Wahl, welchem der beiden Pole – denn eine Ellipse hat ja immer zwei Pole – ich näherkommen möchte. Oder ob ich in der Mitte blieben will. Aber dort sind die Abstände zum Außen überall anders – ich muss sie also im Blick behalten, darf nichts als gegeben hinnehmen.

Dazu kommt: Kreis-Denken hat auch oft was mit Machtspielchen zu tun. Wer seine Welt als Kreis begreift, fühlt sich schnell als Herrscherin, Herr seines Zentrums. Blicke nach außen oder über Tellerränder werden überflüssig, ich muss auch keine Balance halten – die ist ja immer schon da.

In einer Ellipse dagegen muss ich immer wieder ausloten: Stimmen die Abstände noch, bin ich im Gleichgewicht von innen und außen, von mir und der Welt? Denn das Zentrum ist ja allein in mir, es liegt in meinem Eigensinn. Und der ist alles andere als statisch.

Der Philosoph Ernst Cassirer beispielsweise sah die Ellipse als Symbol für die Freiheit des Denkens, unter deren Einfluss keine Art von Autorität bestehen könne, wohingegen das ‚Ich‘ viel (Spiel)Raum habe.

Es war übrigens Johannes Kepler, dem es zu Beginn des 17. Jahrhunderts als Erstem gelungen ist, die Umlaufbahn des Planeten Mars zu berechnen – und die ist ellipsenförmig. Das war eine bahnbrechende Entdeckung, denn bis dahin galten alle astrologischen Bewegungen als harmonisch, rund und gleichförmig. Das sind sie aber ganz und gar nicht.

Sehr überspitzt lässt sich sagen: Auch Planeten sind eigensinnig. Oder:

Eigensinn gab es schon immer!

****

Ekstase? Energie? Grenzen?

Die Frau, die sich da mit Händen, Hinterteil und Fersen in den Boden stemmt, sieht, spürt und hört nichts mehr. Es schreit, stöhnt, singt, vibriert, kreischt und bebt in ihr.

Deutlicher als je zuvor spürt sie ihre Lust, das Unsagbare, Unnennbare, Ungreifbare. Doch das ist derart tief in ihr, dass sie ganz im Ernst sagen würde: „Ich sehe, spüre und höre nichts!" So tief, dass sie es nie, nie, niemals wird auf die Leinwand bringen können. Tierische Lust, unstillbares Verlangen, Sehnsucht – nach unerreichbarer Nähe, Selbstauslöschung. Schmerzhaft, mit und ohne Musik, rotes Pulsieren, weißes Außer-Sich-Sein, neongelbes Von-Innen-nach-Außen, oranges Zucken, blaues Glimmen, türkises Ziehen, Aufbäumen in allen Farben, verhasstes Braun. Sie zuckt, pulsiert, flüstert und schreit. Sie sieht in sich, steht in sich, windet sich um sich selbst, um ihre Vulva, ihre Bauchmuskeln, die Sehnen in Händen und Fersen, die Armvenen, den zu engen Brustkorb, den Hals, der sich wie ein Blumenstängel bewegt, die ewig wachen Schultern. Alles zuckt, stampft und tanzt. Will leben. Und sich auflösen.

Sie ist 73. Und Malerin.

Sie weiß genau, dass eigentlich gar nicht geht, was da gerade geschieht. Dass da eine Grenze ist. Eine Grenze, die nicht überschritten werden darf. Sonst ist alles kaputt, ihr ganzes Leben als Malerin, das sie mit jahrzehntelanger Disziplin aufgebaut, zusammengehalten, wieder und wieder infrage gestellt und neu ausgerichtet hat. Diese Grenze zu überschreiten, könnte auf direktem Weg in den Wahnsinn führen. Ein bisschen Wahnsinn war immer schon dabei, doch sie hat gelernt, damit zu leben. Reine Vernunft. Und trotzdem „mad for art" – so der Name ihrer Webseite.

Mit Eigensinn kann sogar unsere Vernunft Grenzen einrennen. Viele Grenzen. Aber immer noch nicht genug. Wer jahrzehntelang dieses

Außer-Sich-Sein kennt, dem ist irgendwann auch egal, ob das, was hinter dieser Grenze kommt, nützt oder schadet.

Wir sind uns nie begegnet. Ich sehe sie jahrelang nur in ihrer überaus präsenten Onlinewelt. „Grenzen sind zum Überschreiten da – wo kämen wir denn sonst hin?", hat sie mal auf Facebook gefragt. Ihr Name:

Etelka Kovacs-Koller

Dieses Kapitel ist ein Vermächtnis. Das Vermächtnis einer Frau, der ich vor drei Jahren sehr spontan meinen ersten Band der Trilogie des Eigensinns geschickt habe. Denn ich wusste sofort: Etelka Kovacs-Koller ist eigensinnig. Allein ihre Website war ein Feuerwerk aus Kreativität und Eigensinn. Texte und Bilder explodierten förmlich, außerdem gehörte es zu ihrem Geschäftsmodell, ganzen Arbeits-Teams die Magie von Action-Painting nahezubringen ... Teambuilding-Maßnahmen der ganz besonderen Art. Es war ihr wichtig, dass „Menschen sich selbst als Gestalter begreifen und erleben".

Sie war nahbar, offen, flexibel, ebenso geschäftstüchtig wie kompromisslos. Und völlig unbeirrbar – in allem, was sie tat. Gleichwohl konnte sie Perspektiven, Themen, Sujets und die Art ihrer Kreativität variieren – je nachdem, was ihr Eigensinn gerade von ihr forderte. Von nur scheinbar abstrakten Acrylbildern zu farbig explodierender Blumenmalerei, von Malerei zu Text, immer die Kopfhörer auf den Ohren – mit eigens zusammengestellten Playlisten, die exakt zu dem passten, was sie gerade tat – tun musste.

Alles bebt. Alles ist so voll. Alles ist so leer. In der Leere, aus der Fülle malt sie. Wie besessen. Aus der Leere raus schreit sie, direkt in meine Richtung: „Und wo sind die Frauen?!"

Ihr Schrei trifft mich, durch geschlossene Türen und über große Entfernungen – sie lebt weit weg von mir. Ich sehe sie trotzdem vor mir, sehr direkt. Mehrere Tausend Bilder hat sie schon gemalt.

Noch immer sitzt sie da auf dem Boden. Das ist hart, so verdammt hart. Sie merkt es nicht. Und wieder ein Schrei, ein bisschen leiser diesmal: „Ich musste erst 73 werden, um festzustellen, dass das, was und wie ich male, purer und exzessiver Sex ist!"

Paff! Das sitzt.

Das ist das eine: Darüber redet so gut wie nie jemand. Diese Energie – auch mit über 70 noch – wird bestenfalls Männern zugestanden. Etelka ging es immer darum, alle Energie in ihre Bilder zu bringen. Immer. Genau das hat sie tausendfach getan. Unbeirrt und eigensinnig. Ja, sie war eine der Ersten, die sofort verstanden, was ich mit meinen Gedanken über den Eigensinn sagen wollte.

Eigensinn kann uns an Grenzen gehen lassen.

****

Und plötzlich verstehe auch ich, was eins meiner Lieblingszitate zum Älterwerden tatsächlich bedeutet: „Es gibt kein Verbot für alte Weiber, auf Bäume zu klettern." Das leicht despektierliche „alte Weiber" habe ich immer als Beweis für die Bodenständigkeit Astrid Lindgrens gesehen – von ihr stammt der Satz nämlich. Bodenständig ist auch die Malerin, von der ich hier erzähle. Aber dieses „Klettern auf Bäume", das kann auch für die sexuelle Energie stehen. Inzwischen bin ich überzeugt davon, dass es so ist.

Doch der eigensinnigen Malerin geht es um weit mehr: um die sexuelle Energie in der Kunst. Und ganz besonders bei Frauen. Wo ist diese Energie? Wo kommt sie vor? Wo darf sie leben? Am ehesten noch auf Musik-Bühnen – da kann ein Mick Jagger gern über 80 sein und sich ganz ungeniert seiner sexuellen Energie bedienen, manchmal durfte das ein bisschen vielleicht auch Tina Turner.

Es geht darum, die Bühne zu einem Ort der Orgien machen.

Orgien?! Ja. Orgien. Allein das ist ja schon ein fast verpönter Begriff. Aber es ist genau das, was sich die Malerin wünscht. Und – nicht zuletzt aufgrund ihres Alters – weiß sie ganz genau: Das war mal völlig anders. Wir sind so brav, vernünftig, fast steril geworden! In unserem Denken, Handeln und Fühlen.

Wo bleibt die Lebendigkeit?

****

Außerdem erklärt sie mir: „Es sind immer die elementaren, animalischen Triebe, die in meinen Bildern landen." Sie kann es noch deutlicher benennen: „Es geht um Ekstase, Mordlust, Blutrausch, Jagd, Todessehnsucht, Libido. Doch Frauen sind nie dazu erzogen worden, auch solche Energien zuzulassen."

Henry Miller, Charles Bukowski, André Masson, Hermann Nitsch, Pierre Klossowski, Günter Brus, Charles Baudelaire, Arthur Rimbaud, Jim Morrison, Max Ernst, Isidore Lucien Ducasse als Comte de Lautréamont, Joris Carl Huysmans, Georges Bataille. Die konnten das. Lauter Männer – bitte selbst ergänzen.

Diese Liste hat Etelka Kovacs-Koller begonnen, ich habe sie nur fortgesetzt – und es sind noch lang nicht alle Namen, die mir dazu einfallen.

Die Frage bleibt: Wo sind die Frauen?

Das Leben von Etelka Kovacs-Koller war intensiv. Und nie einfach. Sie hat zwei Söhne allein großgezogen. Mehr kann ich zu ihrer Biografie gar nicht sagen. Sie wollte noch ein Buch über ihr Leben, dessen Anfänge und auch ihren Vater veröffentlichen. Doch während ich dies schreibe, stirbt sie. Die Ärzte hatten ihr maximal noch ein halbes Jahr Leben vorausgesagt. Und was tut diese eigensinnige Frau, die zeit ihres Lebens vor Kreativität nur so zu beben schien?!

Sie will kein Hospiz, keine Palliativstation. Sie will nach Hause. Und dort weitermalen. Dazu startet sie in den Sozialen Netzwerken einen Aufruf: „Freunde, kauft meine Bilder! Sofort! Damit finanzieren wir meine häusliche Pflege. Und ich kann bis zur letzten Sekunde meines Lebens malen."

Ich hätte es ihr so sehr gewünscht! Denn das konnte nur eine. Das konnte nur Etelka Kovacs-Koller. Sie war nicht nur eigensinnig, sie war einzigartig. Ja, das sind wir alle. Aber sie war einzigartiger als viele.

Eigensinnige Lebenslust

Heute besitze ich ein Foto, das Etelka Kovacs-Koller auch bei Facebook gepostet hat, darauf hält sie lachend mein Buch und meine Grußkarte in die Kamera. Und ich sitze seit einigen Wochen an meinem Schreibtisch unter einem Bild, das sie gemalt hat. Das ich unter größten Schwierigkeiten ob der riesigen Auswahl online bestellt habe. Eigentlich wollte ich mit diesem Kauf vor allem ihren Wunsch unterstützen, dass sie zu Hause sterben konnte – malend. So kam es leider nicht.

Etelka Kovacs-Koller ist am 28. September 2023 gestorben, noch im Krankenhaus.

Sie liebte das Leben. Sehr sogar. Viele ihrer Bilder leuchten regelrecht. Ich vermute, darin spiegelt sich vor allem die grundlegende

Erkenntnis, die sie auf ihrer Website 12 als das „Schwierigste in einem Künstlerleben" beschrieben hat: die „ungeheure innere Spannung nicht nur auszuhalten, sondern sogar zu nutzen, um daraus zu malen."

Natürlich wusste sie gleichzeitig immer, dass es einen „richtigen Moment" gibt, zu dem beendet werden muss, was nicht überschritten werden darf, weil sonst alles „endgültig" in die Obsession abkippt.

Das Entscheidende, ihre grundlegende Erkenntnis aber war wohl dies: „Es gibt nur eines, das mir seit Dekaden dabei hilft, in diesem Ozean von Wahn und Irrlichtern nicht zu ertrinken: Das ist mein abgrundtiefes Vertrauen in das Gute, das letzten Endes immer gewinnt."

Sie war alles andere als naiv. Und sah sehr klar. Natürlich schrieb sie auch von „unzähligen Momenten des Zweifels, des Verzweifelns und der Angst." Trotzdem: Ihr Vertrauen blieb. Und fand seinen Niederschlag in ihren Bildern: „Wenn ich male, dann träume ich [...] Geschichten von Sehnsucht, von Weite und Freiheit [...] die Welten haben keinen Anfang und kein Ende, das Oben ist ebenso das Unten und umgekehrt. Meine Bilder sind Einladungen für Kurzbesuche in dieser anderen Welt; sie sind Einladungen zum Weiterträumen und zum Verweilen in einem Raum, in dem alles möglich und alles gut ist."

Wo sind die Frauen?!

Wie gesagt: Wir sind uns nie begegnet. Und doch hatte mich Etelka Kovacs-Koller offensichtlich noch präsent, als sie sich zwei Jahre nach meiner Büchersendung mit dem Hilfeschrei an mich wandte: „Und wo sind die Frauen?!" Da war sie mir ungeheuer nah.

---

12 www.madforart.de – die Seite gibt es nicht mehr. Ich habe mir Ende 2022 einiges ausgedruckt, daraus zitiere ich hier.

Ich reagierte erst mal ziemlich hilflos ... Sie sah ihre Frage im Rahmen meiner Arbeit über den Eigensinn. Und ich wusste nicht so recht, wie ich das, was sie mir da schrieb, mit meinem Eigensinn zusammenbringen sollte.

Alle Alarmglocken in mir klingelten gleichzeitig. Denn es ging um nichts Geringeres als um Ekstase. Eine Frau, die mit allen Sinnen ausbrechen wollte, wirklich „mad for art". Sich einerseits all ihrer Grenzen bewusst war, andererseits dagegen angehen wollte.

Dummerweise kenne ich solche Zustände zwischen Ekstase und Ich-weiß-nicht-weiter nur allzu gut. Im Gegensatz zu Etelka Kovacs-Koller haben sie mich aber nie auf lebbare Wege, zu konstruktiven Ansätzen, sondern immer nur bis kurz vor die Grenze zur Selbstzerstörung geführt.

Ich habe lang gebraucht, um mit meinen eigenen Erinnerungen an Grenzüberschreitungen aller Art im Licht von Etelkas Aufschrei klarzukommen. Denn was sie von mir wollte, war sehr klar: Schreib' was über eigensinnige Grenzüberschreitungen – aus der Sicht von Frauen!

Ein extremer Appell. Er zwang mich dazu, mich wieder einem Thema zu nähern, das ich vor gut 30 Jahren für mich abschließen wollte ... Doch wahrscheinlich geht das gar nicht. So etwas lässt sich weder ab- noch wegschließen. Wer immer wieder an den Grenzen zum Extremen landet, kann das nicht einfach ignorieren. Aber wir können beschließen: Ich will es nicht mehr in meinem Leben haben. Das hatte ich getan. Aber auch dieses Thema gehört zu meinem Eigensinn, ob ich nun will oder nicht.

Noch mal von vorne: Wo sind die Frauen?! Etelka Kovacs-Koller führte aus, dass allen Menschen beim Nachdenken über weibliche Malerei immer nur Frida Kahlo einfalle. Leider wahr. Tatsächlich kam auch ich nur um eine Malerin weiter: Dorothea Tanning, für mich eine außerordentliche Malerin, aber sie wird – beschämend genug – fast immer nur die „Frau von Max Ernst" genannt. Ende der Malerei.

Etwas besser sah es bei Aktions-, Installationskunst und in der Bildhauerei aus: Rebecca Horn, Louise Bourgeois, Meret Oppenheim, Marlene Dumas und Marina Abramovic. Das war meine erste, spontane „Ausbeute". Ich hätte alle hier mit ins Buch nehmen können, denn mit allen verbindet mich einiges. Diesmal nicht persönlich, aber über ihre Arbeiten.

Meine Geschichte mit Marina Abramovic reicht jedoch am weitesten zurück, also wähle ich sie.

Grenzüberschreitungen – Grenzen des Eigensinns, das hat mich lange umgetrieben. Lässt sich darüber überhaupt schreiben?! Ich will es versuchen. Denn Etelkas Schrei traf mich, das Thema be-trifft mich. Zutiefst.

Marina Abramovic

Sehr lang hing an der Wand meines kärglichen Dachzimmers in den 1980er-Jahren das aus einer Zeitschrift rausgerissene Foto von Marina Abramovic und Ulay, jenem Künstler und Partner aus Solingen, mit dem sie lange lebte und arbeitete – und der doch immer in ihrem Schatten blieb. Zwischen den beiden: ein gespannter Bogen mit einem Pfeil drin, der direkt auf Marina zielt. Auf ihr Herz. Beide ziehen an dem Schießgerät, konzentriert zurückgelehnt. Äußerste Spannung. Sollte einer von beiden ausrutschen, sich falsch bewegen oder auch nur feuchte Hände kriegen – Marina wäre sofort tot.

Diese Aktion hat mich fasziniert, das Foto mich unendlich lang begleitet. Und dazu geführt, dass mich alles, was mit Marina Abramovic zusammenhängt, in einer Weise berührt, wie es nicht allzu oft vorkommt. Auch sie kommt mir immer unendlich nah vor.

Sie hat Skulpturen, Videos, Installationen und Performances geschaffen und ist inzwischen zu einer Ikone geworden – was mich manchmal ein wenig irritiert, denn selbst singende Popstars haben Workshops bei ihr gebucht und PR-wirksam laut davon erzählt. Inszenierungen reinsten Wassers.

Angekommen im Mainstream? Nein, ich denke, dem entzieht sich Marina Abramovic. Hat sie immer getan, wird sie immer tun. Sie hat diese Art von Eigensinn, der sie vor jeder Art von Vereinnahmung schützt. Ja, das geht – ich vermute, bei ihr ist es so:

Eigensinn kann auch ein Schutzschild sein.

****

Will Gompertz hat ebenfalls über Marina Abramovic geschrieben. Und festgestellt, dass die Tatsache, dass sie sich durchsetzen konnte und heute als eine der einflussreichsten Künstlerinnen ihrer Generation akzeptiert wird, daran liege, dass der Ansatz, mit dem sie an ihre Arbeiten geht, immer kompromisslos, „rigoros" sei. Das stimmt sicher. Doch vor allem sei sie durch diese Rigorosität integer. Und durch ihre Integrität „unbezwingbar", so Gompertz weiter.

Ich habe nachgesehen – Integrität, was ist das eigentlich, ganz exakt? Es ist ein Begriff aus der Ethik. Und steht dafür, dass unser Handeln immer mit unserem Wertesystem übereinstimmt. „Fortlaufend", definiert Wikipedia sogar noch, ausdrücklich.

Wenn das stimmt, geht es weit über das hinaus, was ich bisher „Haltung" genannt habe. Ich frage mich sogar, ob es überhaupt möglich ist ... Mir kommt es vor wie eine Art militärischer Definition von Eigensinn: fortlaufende Übereinstimmung all unserer Handlungen mit unserem Wertesystem – wirklich aller Handlungen?!

Da beginnt für mich eine Grenze: Nichts geht mehr spielerisch. Und wie entwickle ich mich dann jemals weiter, ohne meine Integrität zu verlieren? Darf ich nie Fehler machen, nicht auch mal scheitern? Das ist ein ständig doppelter Anpassungsprozess: Die Definition meiner Werte kann sich ja immer nur parallel zu meinen Handlungen entwickeln – und umgekehrt. Weil das so schwierig ist, kann es leicht passieren, dass da was „verrutscht". Ja: Das geht nur mit Rigorosität, da hat Gompertz sicher recht. Aber ist es dann noch eigensinnig?

Das ist die Grenze. Eine Grenze, über die Abramovic immer geht. Ständig und in alle Richtungen. Sie wurde 1946 in Belgrad geboren, der Deutschen Welle sagte sie 2023: „Ich spüre deutlich, dass ich vom Balkan komme. Wir machen aus allem ein großes Drama. Entweder aus persönlichen Lebensereignissen oder aber aus dem ganz grundsätzlichen Drama des menschlichen Daseins."

„Drama" – das ist noch reichlich untertrieben ... In ihren Aktionen geht es oft um Gewalt und (Selbst-)Zerstörung, immer um Grenzerfahrungen – manchmal allein, häufiger aber unter der ausdrücklichen Aufforderung an alle, die ihre Aktionen besuchen, sich aktiv zu beteiligen.

Das wichtigste Material von Marina Abramovic bei alldem ist immer der eigene Körper. Es ist schmerzvoll. Fast mehr, als sich allein beim Betrachten ertragen lässt. Sie ist rigoros, bei all ihren Aktionen.

Die Grenzen des Eigensinns

Was an Marina Abramovic hat mich so fasziniert, dass das beschriebene Foto jahrelang an meiner Wand hing? Damit bin ich tatsächlich bei jenen Grenzüberschreitungen angelangt, die auch Etelka Kovacs-Koller im Sinn hatte: Ihr ging es um „puren und exzessiven Sex". Das waren gleich zwei Grenzüberschreitungen auf einmal. Zum einen das Aufbegehren angesichts der Tatsache, dass so etwas bei Frauen noch immer kaum gefeiert werden kann, gefeiert werden darf – schon gar nicht in der Malerei.

Und zum anderen war sie 73, als sie mir das schrieb. Als ich mir das Foto von Ulay und Marina Abramovic an die Wand hängte, war ich Anfang 30. Und rasend verliebt. Mit genau jener Raserei, die schnell auch Selbstzerstörung fordern kann. Jedenfalls bei mir. Damals.

Darum ist mir jetzt, noch mal 30 Jahre später, zumindest mit Blick auf mich völlig klar: Das war kein Eigensinn. Im Gegensatz zu Marina Abramovic oder Etelka Kovacs-Koller konnte ich nichts Produktives daraus schaffen. Für mich war es eine Grenze.

Doch Eigensinn hat immer auch das Potenzial dazu, aufzubegehren, zur Rebellin zu werden – und das schreibe ich jetzt ganz bewusst allein in der weiblichen Form. Darum ist das, was ich den „Hilfeschrei" von Etelka genannt habe, sicher auch eine äußerst eindringliche Anstiftung zum Eigensinn.

Geht es um Sex, Energie und Grenzüberschreitung, zeigt sich leider einmal mehr: Frauen sind noch lange nicht am Ende ihres Weges. „Ich musste erst 73 werden, um festzustellen, dass das, was und wie ich male, purer und exzessiver Sex ist", rief Etelka Kovacs-Koller aus – und hat damit den Finger in zwei Wunden gleichzeitig gelegt: Älterwerden und jene Energie, die unter Umständen auch im Exzess wurzelt. Eine Energie, die Frauen sich selbst erlauben müssen – denn „die Gesellschaft" wird es ganz bestimmt nicht tun.

Wenn eine Frau – wie die großartige Etelka Kovacs-Koller – ihre Exzesse leben will, muss sie mit vollem Eigensinn dafür sorgen, dass sie genau das tut. Etelka konnte es. Denn sie kannte auch die Grenzen.

Wo also sind die die Grenzen zwischen Eigensinn und Selbstzerstörung? In der Theorie ist das leicht zu beantworten: Dort, wo wir uns selbst verletzen. Denn Eigensinn soll heilen, nicht verletzen – so jedenfalls meine Sicht auf ihn.

Doch in der Praxis ist diese Grenze oft schwierig zu finden, noch schwieriger einzuhalten. Wir haben hier schon von Punk, Hilflosigkeit, Angst, Verzweiflung und Depressionen gesprochen. Davon, dass Eigensinn keineswegs immer „easy-cheasy" (Daniela Pucher) sein wird. Was mehr als logisch ist, vor allem, wenn wir dabeibleiben, dass Eigensinn auch viel mit Selbstreflexion zu tun hat ...

Und dabei würde ich wirklich gern bleiben – denn das stimmt für mich noch immer:

Eigensinn hat sehr viel mit Selbstreflexion zu tun.

****

Auch bei dem Gedanken, dass Eigensinn aus Sinn geboren wird, würde ich gern bleiben. Und er sollte Sinn schaffen – nicht Zerstörung.

Abstand nehmen würde ich dagegen gern von meiner Faszination für die Selbstzerstörung. Die ist in meinem Fall mittlerweile durch Eigensinn ersetzt worden. Und das macht mich unendlich froh.

Bei Etelka Kovacs-Koller war das Aufbegehren, das Rebellische tatsächlich Eigensinn – denn sie hat ihre unendlich große Kreativität dazu genutzt, äußerst Sinnvolles zu schaffen: Aktionen und Bilder, mit denen sie sehr viele Menschen glücklich gemacht hat.

Als ich bei Facebook schrieb, dass ich mich endlich doch dazu durchgerungen hatte, unter all den vielen Bildern eines auszuwählen, antwortete mir Petra Plaum, eine der vielen Etelka-Bewunderinnen: "Freu dich darauf. Die Bilder sind live noch intensiver und bringen jeden Raum zum Leuchten." Stimmt.

Gestalten!

Ich liebe ja schon die Vieldeutigkeit dieses einen Wortes. Ich kann und möchte etwas gestalten. Dunkle Gestalten laufen durch die Nacht. Oft haben "Gestalten" etwas Zwielichtiges, sind schwer greifbar, nicht immer sind es Menschen. Wolf, Hund oder Werwolf? Gern ist es dunkel, wenn sie auftauchen, Mythen, Lyrik und viel Literarisches liegen auf ihrem Weg.

"Du hast eine schöne Gestalt". Meistens menschlich, oft ebenfalls geheimnisvoll-vieldeutig. Da geht es nicht um klassische Schönheit, denn Gestalt kann ja auch metaphorisch sein. Eine Lichtgestalt. Oder ein kleiner Junge, der tot auf dem Pferd seines Vaters liegt. Erlkönig lässt grüßen.

Gestaltung, Gestaltungswille – Kreativität wird aus dieser Perspektive zum übergeordneten Sammelbegriff, eher etwas Theoretisches. Gestalten aber ist immer konkret. Es erschafft etwas, gern mit den Händen. Gestaltetes lässt sich fast immer anfassen. Oder mit eigenen Händen schaffen. Dann nimmt es langsam Gestalt an. Das Gestaltete. Das kann auch unser Leben sein/werden.

Gestalten können vieles sein. Und viele. Gestaltung ist völlig offen, gibt weder Form noch Material vor. Die ursprüngliche Bedeutung von Gestalt vereint ausdrücklich beides: Aussehen und Beschaffenheit. Raum für Eigensinn ist da allemal. Reichlich.

Und dann gibt es noch die Gestalttherapie. Sie gehört zu den Integrativen Therapieformen – wer mehr darüber wissen möchte, dem sei Wikipedia 13 empfohlen. Als einer der Mitentwickler der Gestalttherapie gilt Fritz Perls (1893 bis 1970). Er definiert sie folgendermaßen:

---

[13] https://de.wikipedia.org/wiki/Integrative_Therapie

Sie sei "keine Technik, kein therapeutisches Schnellverfahren, sondern ein ernster Weg, sich selbst zu finden und zu wachsen. Wachstum aber ist ein Prozess, der Zeit braucht", sagte er.

Jetzt habe ich mich schon so lang mit dem Eigensinn beschäftigt ... Aber dieser Ansatz ist mir bisher völlig entgangen. Sich selbst finden – wachsen – Prozess – sich Zeit lassen. Lauter Punkte, auf die ich in meinem Bemühen um eine Definition des Eigensinns auch schon gekommen bin, mehr oder weniger aus eigener Denk-Kraft.

Doch für die Sache mit der Gestalttherapie musste erst eine Frau kommen, die mit 73 Jahren beschlossen hat, noch Krimiautorin zu werden. Zwar gab es vieles auf ihrem Lebensweg, was sie regelrecht dorthin zu führen schien. Völlig selbstverständlich, quasi ein Selbstläufer, war das Schreiben von Krimis dennoch nicht. Gleichwohl etwas, das sie jetzt unbedingt noch tun wollte, tun musste. Annefried Hahn heißt sie. Und mehr über die Frau und ihre Bücher kommt gleich noch.

Als ich auf Annefried Hahn stieß, fand ich das, was sie jetzt tut, so folgerichtig, überzeugend und beeindruckend, dass ich auf der Stelle wissen wollte: Ist sie nicht auch eine Frau, die ganz offen ihren Eigensinn lebt?

Ja, ist sie. Ich glaube, sie hat keine Sekunde gezögert, mir das zu bestätigen.

Ganzheitliche Therapieform: Komm zu deinen Sinnen!

In meinem ersten Gespräch mit Annefried Hahn tauchte recht schnell die Tatsache auf, dass die Gestalttherapie ein wichtiger Punkt in ihrem Leben war. Steht auch in ihrer Vita auf der Über-mich-Seite im Netz: Ausbildung in Gestalttherapie. Begleitende Weiterbildung:

Körperpsychotherapie, Traumatherapie und vieles mehr. Gestaltsupervision.

Wofür also steht Gestalttherapie – und was genau bedeutet „Gestalt" in diesem Zusammenhang? Ich halte mich mal an Fritz (Friedrich) Perls. In einer Podiumsdiskussion von 1957 tauchte recht schnell die Frage auf, was es denn mit dem Wort Gestalt auf sich habe. Die Antwort von Perls: „Eine Gestalt ist ein zusammenhängendes ‚Eines', das man nicht in verschiedene Teile zerlegen kann." Dann erläutert er, dass man ein Haus in all seine einzelnen Bestandteile zerlegen kann – doch dann ist es alles Mögliche, nur eben kein Haus mehr. So einfach – und sagt doch noch nicht allzu viel – das war mein erster Gedanke. Annefried Hahn wendet sofort ein: „Er spricht hier über seine Auffassung von der Ganzheit des Menschen in seiner Umwelt. Ein zentrales Element der Gestalttherapie."

Leichter zugänglich war mir die Definition, die Fritz Perls 1966 gab: „Die Gestalttherapie ist eine der rebellischen, humanistischen, existenziellen Kräfte in der Psychologie, die gegen eine Lawine von selbstverhindernden, selbst-zerstörerischen Kräften ankämpfen wollen." Es gehe um Erfahrung, und zwar um „unmittelbare" Erfahrung. Genau darum merkt man Fritz Perls in den meisten seiner schriftlich festgehaltenen Äußerungen auch immer einen gewissen Unwillen an, über sein – wirklich eigensinniges – Angebot zu sprechen. Es will und muss gelebt werden. Denn: „Die Bewusstheit von unseren Körpergefühlen und von Empfindungen und Wahrnehmungen stellt unser sicherstes Wissen dar – vielleicht unser einziges sicheres Wissen."

Wenig später kommt Perls zu der Kurzformel: „Lass deinen Verstand los und komm zu deinen Sinnen!" Schon wieder etwas, das so unglaublich einfach klingt!

An anderer Stelle spricht er davon, dass viel zu viele Menschen immer wieder „errechnen", was sie tun, wie sie sich verhalten müssen, um „von der Gesellschaft akzeptiert" zu werden. Aufgrund solcher

Gleichungen berechne der Mensch dann oft auch noch eigenen Reaktionen. Was selbstverständlich Folgen hat: „Um den ‚Sollens'-Forderungen der Gesellschaft zu entsprechen, lernt er, seine eigenen Empfindungen, Wünsche und Emotionen zu missachten." Es komme damit zur „Entfremdung von den eigenen Sinnen" sowie einer „Blockierung seines Potenzials" und der „Verzerrung seiner Perspektive."

Bingo! Hier liegt der Schlüssel dafür, warum Eigensinn so unglaublich wichtig ist. Und Perls hängt gleich noch einen Satz hintendran: Wenn der Mensch seine eigenen Empfindungen, Wünsche und Emotionen missachtet, „sagt er sich auch von der Tatsache los, dass er ein Teil der Natur ist." Zu Ende gedacht, hat dieser Satz weitreichende Folgen. Ich für meinen Teil setze hier mal „Natur" mit Lebendigkeit gleich.

Der Gegenentwurf zur Missachtung der eigenen Empfindungen, Wünsche und Emotionen ist die Gestalt als Zusammenhängendes, Unteilbares. Um sie zu bewahren, gehe es allein darum, selbstständig und aus eigenen Stücken handeln zu können. Sagt Perls. 14 Ich nenne es Eigensinn.

Wenn der Mensch in seiner Ganzheit betrachtet werden soll,
ist Eigensinn ein wunderbarer Ansatz.

****

Wer sich weiter mit dem Thema befassen möchte, dem sei unter anderem das Buch von Patricia Baumgardner – einer Perls-Schülerin – empfohlen: „Das Vermächtnis der Gestalttherapie". Ich finde alles, was sie schreibt, ungleich plastischer und lebensnaher als das, was ich von Perls gefunden habe. Und auf diesem Buch prangt gleich

---

14 Alle Zitate von Friedrich S. Perls – Gestalt, Wachstum, Integration.

schon auf dem Cover ein Zitat von ihr, das eins zu eins meine Gleichsetzung von Eigensinn und Lebendigkeit untermauert: „Es ist nicht möglich, große Teile unserer Lebens- und Handlungsweise, die unser Selbst ausmachen, aufzugeben, ohne dafür mit einem Verlust an Vitalität zu bezahlen."

Und ein letzter Nachtrag von ihr: „Jedes Mal, wenn Fritz Perls über Gestalttherapie sprach, sprach er am liebsten über Verantwortung, eines der Hauptziele der Gestalttherapie ist es, eine Person dazu zu bringen, Verantwortung für sich zu übernehmen, für ihr eigenes Leben, um Selbstständigkeit zu erlangen."

Genau das würde ich auch über den Weg des Eigensinns sagen.

Gemeinsam in verschiedenen Welten? Annefried Hahn

Sie ist einer dieser „Fälle", bei denen meine Intuition sofort laut gerufen hat: Ja! Eine eigensinnige Frau! Hat schon so viel gesehen, getan und erlebt, war beziehungsweise ist Autorin, Journalistin, Redakteurin, Politikwissenschaftlerin, Sozialpsychologin, Gestalttherapeutin – und einiges mehr. Hat mit 58 promoviert und jetzt, mit 73, wird sie mal eben noch zur Krimiautorin.

Sie sagt beispielsweise: „Ich schreibe, was ich kenne. Was ich erlebt habe." Da steht natürlich schnell die Frage im Raum: „Hast du etwa schon einen Mord erlebt?" Nein, antwortet sie dann, „bloß die Ermittlungen, die Folgen, Verwandte, Zeugen. Entsetzen, Wut, Trauer. Krimis erzählen und verwandeln das Trauma der Gewalt. Wenn du so willst, ein Stück Befriedung. Ich schreibe Krimis, in denen alle Betroffenen mit ihren Reaktionen vorkommen. Denn die meisten Morde und Misshandlungen passieren in Familien, unter Verwandten und Freunden. Zwischen Menschen, die sich mochten und liebten. Der Anteil von (enttäuschter) Zugehörigkeit und Liebe kommt in den meisten Krimis zu kurz. Mord und Gewalt sind ganzheitliche Prozesse."

Krimis als „Befriedung" von Traumata! Ich finde, das ist ein großartiger Gedanke – und ohne Frage ein höchst sinnvolles Unterfangen.

„Chili sieht rot", heißt der erste Band aus Annefried Hahns Krimireihe. Ich mag das Buch sehr: Da geht es um etwas. Nichts ist seicht – und doch wird die für Krimis notwendige Gewalt nie als Selbstzweck, im Buhlen um das Interesse von Leser:innen missbraucht. Alle Figuren haben sichtbar deutliche Ecken und Kanten. Und eigentlich ist der Hauptschauplatz der Handlung das, was zwischen den Menschen geschieht. Na gut, Bremerhaven ist auch Schauplatz. Und die Nordsee.

Nein, das wird keine Buchrezension – wer sich für die Krimis rund um Chili Keller interessiert, wird auf der Webseite von Annefried Hahn, besser gesagt: in ihrem Krimi-Blog 15 fündig.

Viel wichtiger war mir die Frage: Ist die Frau nun wirklich eigensinnig? Ihre erste Antwort auf meine Frage wurde online von einem Emoji begleitet, das Tränen lachte: „Also, dass du mich für eigensinnig hältst – erstaunlich!" Ich denke: Das war ein Ja.

Dafür spricht auch, dass sie sich ungern festlegen lassen will: „Da ich Geschichten genauso sehr liebe wie auch die Wissenschaft, war ich im Berufsleben fast immer umstritten, während der neun Jahre in einer Fachredaktion oder an den Universitäten. Zeitweilig nannte man mich ‚Grenzgängerin', weil ich Forschungsergebnisse seit jeher praktisch anwenden wollte. Und es tat. Ich sehe mich als eine, die verbindet."

---

15 https://annefried-hahn.de/krimi-Blog-mit-Chili-Keller/

Ich vermute, das lässt sich auf viele Bereiche beziehen. Unter anderem auch auf meine Idee von der verbindenden Kraft des Eigensinns, auf die Schnittstellen zwischen „Ich" und „Wir".

An anderer Stelle spricht Annefried Hahn von dem „allgegenwärtigen Konflikt zwischen Eigensinn und Sehnsucht nach Gemeinsamkeit". Ihre Beobachtung: „Immer häufiger kommt es zu Gewalt. Gegen andere und sich selbst. Zur Versöhnung des inneren (und äußeren) Streits können wir eine gemeinsame Welt mit vielfältigen Möglichkeitsräumen kreieren. Eine Welt, in der alle Menschen und Gruppen ihren eigenen Platz finden."

Mit „wir" meint sie nicht nur diejenigen, die Krimis schreiben, sondern auch jene, die sie lesen. Im Grunde alle Menschen. Denn: Es sind die Geschichten, die uns verbinden können – wenn wir bereit sind, zuzuhören. Darum lässt sich Annefried Hahns Gedanke sehr weit ausdehnen – hin zu allen Geschichten, die erzählt und gehört werden. Das müssen nicht unbedingt Krimis sein, das kann jede Art der Begegnung sein – virtuell, im Wartezimmer eines Arztes oder an der Bushaltestelle.

Das Spektrum für Geschichten ist riesig. Annefried Hahn etwa hat sich vorgenommen: „In jedem Krimi dieser Reihe greife ich die Thematiken aktueller Krisen auf. Und zwar auf der Ebene von Einzelpersonen, Unternehmen, Traditionen, Familien, Freunden usw." Es kommen vor: „Gespräche, Gefühle, Meinungen, Gewalt, Freude, Lust, keine Analysen" – mit anderen Worten: alles so direkt gelebt, erzählt, vermittelt wie nur irgend möglich.

Vermutlich ist genau das dringend notwendig – auch und gerade dann, wenn es um gelebten Eigensinn geht. Denn es ist wichtig, dass wir alle für uns selbst einstehen, unseren individuellen Weg des Eigensinns finden. Aber wie können wir damit zusammenleben, alle zusammen? Geht das überhaupt – „gemeinsam in verschiedenen

Welten?", fragt Annefried Hahn folgerichtig in einem ihrer Blogbeiträge. Und stellt fest, wie stark „die Welten" unserer Lebensrealität voneinander getrennt sind.

Das ist ganz und gar nichts Theoretisches – Annefried Hahn besteht auf Praxisbezug. Und hat völlig recht damit: Unsere Lebensrealitäten sind meilenweit voneinander getrennt: zugewandert oder nicht, wohlhabend oder nicht, jung oder alt, irgendwo dazwischen, am Neuanfang von etwas oder mitten in einem Krankheitsprozess, völlig isoliert oder gesellschaftlich hoch aktiv, kinderlos oder nicht, in Care- oder Erwerbsarbeit, Leiharbeiter oder Professorin, in Umweltbelangen engagiert oder nicht – und so weiter. Allein mit Eigensinn lässt sich das niemals verbinden, viel zu stark klaffen unser aller Lebensrealitäten auseinander.

Doch Annefried Hahn hat eine Hoffnung – und die ähnelt meiner stark: „Ich glaube, dass wir die Zukunft gemeinsam so gestalten können, dass alle unterschiedlichen Menschen sich darin wiederfinden. Einfach, weil sie sich dafür einsetzen. Weil sie ihre Wünsche und Ansichten äußern können und sich gegenseitig zuhören. Weil sie mitreden und ihre Meinung genauso viel zählt, wie die aller anderen. Die Brücke in meinen Krimis bilden die Dialoge, ob freundlich oder unfreundlich: Dialoge zeigen, wer versteht, wer gehört werden will, wer nicht zuhört, wer beharrt oder kämpft, wer liebt. Verständigung, die verbinden oder trennen kann."

Wenn Menschen „Verständigung" auf diese Weise verstehen, nenne ich es gelebten Eigensinn. Wenn wir so leben, denken und handeln, übernehmen wir, in Abwandlung der Worte von Patricia Baumgardner oben, Verantwortung für uns, unser eigenes Leben, erlangen Selbstständigkeit, können in Kontakt miteinander bleiben. Und das hoffentlich selbst dann, wenn wir in „verschiedenen Welten" leben.

Dr. phil. Annefried Hahn wurde 1950 an der Nordsee geboren, ist Politikwissenschaftlerin und Sozialpsychologin. Heute schreibt sie Kriminalromane und einen Blog zum Schreiben von Krimis. Webseite: https://annefried-hahn.de/

Endspurt

Gibts hier nicht doch noch ein paar gute Ratschläge?

Um gleich zu antworten: Nein, die gibt es nicht. Kann ich nicht machen, geht nicht.

Warum? Vor allem deshalb, weil ich glaube, dass immer dann, wenn es um Sinn geht, höchste Vorsicht geboten ist.

Fängt ja schon damit an, dass die einen in Witzen, Comics oder Trash-Filmen Dinge entdecken, die sie zu einem Aspekt von Sinn führen, der sie lebendig werden lässt. Andere brauchen lückenlos dokumentierte Forschungsergebnisse oder die Kultur der alten Pharaonen. Ich brauche Bücher, bestimmte Ankerpunkte, manchmal das Reisen, wieder andere brauchen Musik, eine Liebesbeziehung, das berufliche Erfolgserlebnis, spirituelles Leuchten oder die Rituale ihres Glaubens.

Ganz zu schweigen von der gefährlichen Grenze, an der der „Sinn" in den Rang eines Dogmas aufsteigt, starr, schlimmstenfalls zum neuen Glaubenssatz wird ... Eine Warnung wie die von Ruth Frobeen ist da sicher nicht verkehrt.

Wir alle finden uns in eigenen Sinn-Zusammenhängen wieder – und können uns sowohl mit dem Blick nach außen wie nach innen im jeweils eigenen Leben orientieren. Da ist für mich der Sinn des Eigensinns vor allem: Er ist meine wichtigste Orientierungshilfe. Zumindest in meiner eigenen Lebensrealität – damit aber noch lange nicht in der Realität anderer Menschen. Doch das allein ist ja schon viel.

Was genau soll Orientierungshilfe bedeuten? Gibt es ein Woher und ein Wohin? Spielt das überhaupt eine Rolle?

Eine Bekannte erzählte mir mal von einer Griechenland-Rundreise: „Ich war so froh, als wir all die toten Steine endlich abgehakt hatten!"

Weil ich diese Frau als Menschen kenne, der sich durchaus intensiv Gedanken über ein sinnvolles Leben macht, war ich verblüfft: „Ja, findest du es denn gar nicht wichtig zu wissen, wo wir herkommen?" Ihre Antwort: „Nö, ich finde viel interessanter, wie unsere Zukunft aussehen kann. Und wo wir jetzt stehen."

Für das biografische Schreiben beispielsweise sind das wichtige Grundfragen. Aber auch in anderen Situationen kann es hilfreich sein, zu wissen, in welche Richtung ich gucken möchte. Je nachdem, wie die Entscheidung ausfällt, wird das, was für mich Sinn macht, völlig anders sein:

Will ich wissen
   a) wo ich herkomme
   b) wo ich stehe oder
   c) wo ich hinwill?

Um das zu klären, ist es nicht schlecht, innezuhalten. Im Innehalten reflektieren wir den Weg, den wir gegangen sind, können ihn würdigen, mit all seinen Aufs und Abs, Herausforderungen und Lernschritten. Uns im Wissen um all das, woher wir kommen, wiederfinden. Das kann unser Selbstbewusstsein enorm stärken – aber meine Bekannte hat schon recht: Das sind „tote Steine". Lebendigkeit erwächst daraus nur schwer ...

Trotzdem: Je nachdem, was ich erlebt habe, kann es Sinn machen, diese Steine so lang zu betrachten, bis sie mir ihren Sinn verraten haben. Bis sie mich vielleicht beflügeln, mir meine Zweifel genommen oder mir Mut gemacht haben ... Vielleicht werden in diesen Steinen ja auch alte Wunden von mir erkennbar – dann ist das Wichtigste, das, was im Moment für mich am meisten Sinn macht, diesen Wunden erst einmal Zeit zu geben. Bis sie geheilt sind.

Sinn und Eigensinn sind also sicher keine Aufforderung, sofort und um jeden Preis loszurennen – auch, wenn meine Betonung der „Lebendigkeit" hier dazu vielleicht verführen könnte.

Kurz: Ich kann gar nicht wissen, was für Sie Sinn macht! Darum fände ich es regelrecht dreist, wenn ich hier Ratschläge geben wollte! Meiner Ansicht nach liegt es in der Natur der Sache, dass jeder Weg des Eigensinns so individuell, so einzigartig sein muss, dass sich Ratschläge von selbst verbieten.

Alles, was ich tun kann, ist, Anregungen, Inspirationen zu geben, ein paar meiner „Leuchtfeuer des Eigensinns" aufzuzeigen, Menschen zu Wort kommen zu lassen, die zu ihrem Eigensinn gefunden haben oder ihn noch suchen, von Geschichten, Erfahrungen und Erlebnissen zu erzählen, die plastisch und lebendig zeigen, wie Eigensinn aussehen kann. Mehr geht nicht. Alles andere muss jeder und jede für sich selbst herausfinden und leben. Ganz sicher sind all diese Geschichten Anstiftungen zum Eigensinn.

Der Weg des Eigensinns ist relativ einfach beschrieben, selten einfach umzusetzen.

✶✶✶✶✶✶✶✶✶✶✶✶✶✶✶✶✶✶✶✶✶✶✶✶✶✶✶✶✶✶

Wir straucheln und scheitern, testen und probieren Neues aus. Können uns immer wieder irren, auf falsche Stimmen – auch in unserem Inneren – hereinfallen. Hören nie auf, uns selbst zu reflektieren. Doch irgendwann wissen wir: Ja, das ist es! Das ist meins! Mein Weg, mein Eigensinn. Die Bandbreite dafür ist riesig. Und gelebter Eigensinn kann überall und immer stattfinden.

Wichtig finde ich, Respekt zu haben. Respekt vor unserem Eigensinn und dem anderer Menschen.

Wem die Beispiele hier nicht konkret genug sein sollten: Etwas konkreter wird es in Band 1 und 2 dieser Trilogie, da geht es um Bücher
und besonders um den jeweils eigenen Blick auf das Schreiben. Aber
auch um Kreativität und die Welt unserer Wahrnehmung, unserer
Sinne: Wie kann ich schreiben? Was entspricht mir?

Mit dem Schreiben kenne ich mich nun mal am besten aus, da kann
ich auch konkret(er) werden. Doch auch da geht es immer nur um
Anregungen, Anstiftungen, Inspirationen, Fragen. Mehr ist nicht
möglich – den Rest können allein Sie leisten. Nur Sie finden Ihren
Sinn, wenn Sie erkannt haben, wohin Sie wollen. Oder ob es für Sie
wichtig ist zu wissen, woher Sie kommen. Nur Sie können diesem
Sinn Richtung, Raum und Leben geben.

Mir ist außerdem klar, dass nicht alle Wege des Eigensinns über das
Schreiben realisiert werden können. Darum habe ich hier versucht,
den Blick in mehrere Bereiche zu weiten. Es sind Schlaglichter, die zu
einem eigensinnigen Leben inspirieren können – wenn wir uns darauf einlassen.

Danach muss eine Art Übersetzungsleistung kommen. Wie bringe ich
Eigensinn in mein Leben? An welchen Stellen kann ich lebendig(er)
bei mir selbst bleiben? Für mich einstehen, Verantwortung übernehmen, mich abgrenzen, intensiver ich selbst sein und bleiben? Was
geht mir schon so lang auf den Keks, dass ich es nicht mehr in meinem Leben haben möchte? Was schadet mir, was lähmt, was hindert
mich? Was kann und will ich hinter mir lassen? Wovon träume ich,
wohin möchte ich aufbrechen?

Der vielleicht einzige Rat, den ich geben kann, lautet:

Sehen Sie den Eigensinn als Abenteuer,
als Abenteuerreise zu sich selbst!

****

Genau hier hat der inzwischen oft als Bonmot gebrauchte Satz von Hermann Hesse seine Wurzeln: „Eigensinn macht Spaß", hat er gesagt. Das stimmt. Wir dürfen – nein, müssen – uns das erlauben. Menschlich, lebendig wir selbst sein. Wer sonst könnte es tun?

Eine letzte Geschichte aus meinem Leben. Mit etwa 20 wollte ich mich umbringen, nicht nur einmal. Es war der klassische Hilfeschrei. Ich war völlig zerrissen, hatte zugelassen, dass mehrere Menschen regelrecht an mir rumzerrten. Nichts fühlte sich mehr richtig an. Alles war falsch. Ich fand keinen Ausweg. Doch kurz bevor ich auf die Autobahn sprang, kam sie, diese eine, alles entscheidende Erkenntnis: Ich habe nichts. Gar nichts, außer diesem einen, meinem Leben. Seitdem ist Selbstmord keine Option mehr für mich.

Niemand sollte es so weit kommen lassen.

Eigensinn bietet verlässlichen Halt – in uns selbst.

****

Wenn ich also von Lebendigkeit spreche, meine ich nicht nur Spaß, Freude und Eigensinn. Doch, das auch. Aber außerdem das, was wir hüten sollten – wie unseren größten Schatz. Denn das ist er: Wir haben nur dieses eine Leben.

Wir sollten gut, freundlich, unverwechselbar, eigensinnig, lebendig mit und in uns selbst sein. Denn wir sind unser Leben. Ohne uns ist unser Leben nichts. Umgekehrt natürlich genauso.

Ich weiß: Hier bin ich weit ins sehr Persönliche geraten ... War mir allerdings ein Bedürfnis. Umso lieber übergebe ich das Schlusswort jetzt an Astrid Stockinger. Denn was sie über ihren Eigensinn sagt, hat Kraft, gibt Leichtigkeit, macht Mut. Und genau das will ich mit diesem Buch bewirken ...

Danke, mein Eigensinn! Astrid Stockinger

Grundsätzlich haben viele Menschen bei dem Adjektiv „eigensinnig" wahrscheinlich eher das dreijährige Kind an der Supermarktkasse im Kopf als Menschen, die etwas für die Allgemeinheit bewegen.

Zugegeben, ich kann mich an Situationen in meiner Kindheit erinnern, die durchaus das Adjektiv „eigensinnig" verdient haben. Aber was bedeutet es, als erwachsene, eigensinnige Frau durchs Leben zu gehen?

Ist Eigensinn eigentlich zu irgendetwas gut, außer, anderen Menschen auf die Nerven zu gehen oder Widerstand zu erzeugen? Ich denke: ja. Denn mein Eigensinn hat auch schon einiges bewirkt. In der Gemeindepolitik etwa die Errichtung einer dringend nötigen Krabbelgruppe.

Oder wie jüngst erst, nach zehn Jahren Traum davon, „Strom regional produzieren und nutzen zu können", wurde jetzt der erste Schritt gesetzt und in meinem Wohnort konnte eine Energiegemeinschaft gegründet werden. Dank vieler Informationsabende, guter Unterstützung und dem Suchen und Finden von gleichgesinnten Menschen und eben meiner tiefen Überzeugung, dass das total viel Sinn macht, auch wenn andere dachten, dass ich eine Träumerin bin.

Also macht Eigensinn durchaus auch allgemein Sinn.

Ob Eigensinn bei Frauen eher als störend empfunden wird als bei Männern, kann ich nicht sagen. Aber als eigensinnige Frau habe ich des Öfteren Widerstand herausgefordert. (Ex-)Partner finden es mitunter nervig, wenn ich an meinen Zielen dranbleibe, Arbeitskolleginnen mitunter auch.

Aber: Wenn ich von etwas überzeugt bin, kann mich ein erstes Nein des Gegenübers nicht abbringen, das Ziel weiter zu verfolgen. Dann suche ich halt weiter Argumente, Vorteile und Möglichkeiten. Wenn ich die nicht finde, kann es durchaus sein, dass ich ein Projekt verwerfe, denn tatsächlich – auch ich kann mich irren.

Eigensinnig, Eigensinn – oder doch eher Eigen-Sinn? Ich habe mich mit meinem Eigensinn mittlerweile angefreundet, er gehört zu mir und verhilft mir ab und an zu ungeheuren Energieschüben. Und Eigensinn als Kraftquelle für Projekte kann viel Gutes bewirken.

Heute bin ich überzeugt davon, dass mein Eigensinn weniger Schatten meiner Persönlichkeit ist, als vielmehr Inspiration und Kraftquelle, um Projekte nicht nur zu denken, sondern auch auf den Boden zu bringen.

Und beim Schreiben dieser Zeilen umarme ich meinen Eigensinn wie einen guten Freund und sage zum ersten Mal: Danke, mein Eigensinn!

Astrid Stockinger studierte Publizistik und Soziologie/Psychologie und ist diplomierte Bildungs- und Berufsberaterin. Sie liebt es, das Leben für sich und andere bunter zu machen und engagiert sich politisch. Außerdem ist sie leidenschaftliche Netzwerkerin und reicht gerne die Hand, ist jedoch überzeugt, dass die Menschen ihren Weg selber gehen müssen.

Das waren Astrids Worte ... Und sie decken sich so sehr mit meinen Überlegungen, dass ich sehr froh bin, dass wir uns „begegnet" sind – auch, wenn es „nur" per Social Media, Telefon und Mail geschah ...

Wenn ich mir was wünschen dürfte

Mittlerweile mag ich kaum mehr über den Eigensinn sprechen oder schreiben. Und obwohl ich beim Schreiben der drei Bücher immer mal wieder dachte: „Na, jetzt hast du den Bogen aber endgültig überspannt! So viel gibt das Thema Eigensinn doch gar nicht her! Drei ganze Bücher – bist du verrückt geworden?" Trotzdem merkte ich immer wieder: falsch!

Eigensinn hat es in sich. In jeder Hinsicht. So viele Dinge, die sinnvoller werden, rückt man sie nur in einen ungewohnten, lange nicht oder noch nie gesehenen Zusammenhang. Dafür war ich schon immer prädestiniert – als Frau, die sich immer zwischen allen Stühlen sitzen sah ...

In „Trotzdem", ihrem Gespräch während Corona über Himmel und Hölle, Sterne und Verantwortung, „normale" und nicht normale Zeiten, erzählt Ferdinand von Schirach, eine Journalistin habe ihm mal gesagt, für alle Menschen, die schreiben, „sei der beste Platz zwischen den Stühlen". Und sein Gesprächspartner, Alexander Kluge, findet, das sei wahr: „Die besten Themen liegen zwischen allen Themen. Das noch nicht Geschriebene, das ist unser Arbeitsfeld."

Ein bisschen Rundum-Blick gehört schon auch dazu, sonst ist der Platz „zwischen den Stühlen" schnell immer nur der eigene Hosenboden. Oder die Welt der Stuhlunterseiten ...

Dieses „Rundum" habe ich ebenso versucht herzustellen wie das Mäandern, das ich im Erzählen so liebe. Alexander Kluge übrigens auch. Das „noch nicht Geschriebene" – oder Gedachte – ist ein Arbeitsfeld, das wunderbar auf der Grundlage von Eigensinn gedeiht. Darum geht es. Unter anderem.

Auch um den Nutzen, den ich allen Menschen ans Herz legen möchte. Wieder und wieder. Den Nutzen von Eigensinn. Das Eigene. Den Sinn. Und die eigenverantwortliche Aneignung all dessen, was dem innewohnt, was Sinn macht. Selbstbestimmung und Reflexion. Nie schwarz-weiß, sondern in Abermillionen Schattierungen. Das war und ist meine Absicht. Und ich finde: Diese Art des eigenverantwortlichen Handelns ist eminent wichtig, für uns alle. Kreativ und mit allen Sinnen. Praktisch und praxisnah. Sinnvoll abgewägt – für uns, unsere Gesundheit, unsere Geschichte(n), Träume, Fundstücke und Erlebnisse, zugunsten einer inneren Haltung, mit der wir angemessen leben und immer wieder auch im Dienst von anderen stehen können. Gern auch systematisch, mathematisch, logisch – doch, das geht bestimmt auch. Ich gebe zu: Das kommt ein wenig zu kurz hier – ist ein Bereich, in dem ich mich selten aufhalte.

Ja: Mein Credo ist, dass zuerst immer das ‚Ich' kommen sollte. Aber nur, um damit auch anderen nützen zu können. Und welcher Mensch kann das – außerhalb eines Klosters – schon, wenn er sich selbst dabei vergessen hat? Wie entstehen neue Wege, wenn es niemanden gibt, der sich voranzugehen traut? Wie können wir solche Wege gehen, wenn wir kein Ziel und vor allem keine eigene, innere Haltung dazu haben?

Diese Selbstermächtigung, die wünsche ich mir. Von uns allen. Und auch nach etwa vier Jahren der Beschäftigung mit dem Eigensinn fällt mir noch immer kein Begriff ein, der das alles besser zu packen kriegen würde als eben: Eigensinn. Der legt niemanden fest, lässt alles offen – für völlige Individualität. Zementiert niemals, was sinnvoll sein könnte – und was nicht. Das entscheidet jeder und jede Einzelne. Für sich. Aufgrund eigener Wünsche, Fähigkeiten, Befindlichkeiten, Erinnerungen, Erfahrungen, Eigenheiten ... Wir bleiben frei.

Und doch ist Eigensinn alles andere als beliebig: Er ist immer exakt das, was für mich Sinn macht. Für dich Sinn macht. Für Sie Sinn macht. Alle Pronomen im Singular sind hier zulässig ... Im Plural allerdings nicht – denn dann würde ich ja über andere (mit)bestimmen. Genau das soll nicht geschehen.

Ich kann geben – wie Mutter und Sohn Uschtrin, großzügig teilen –
auch sehr spezielles Wissen wie Michael Braungart. Dann beziehe ich
andere Menschen ein. Das geht hervorragend. Der Eigensinn bleibt
immer bei den „Urheber:innen".

Wir eigensinnigen Menschen können anstiften – zu Neuem, hoffentlich Besserem. Können durch das Leben, das wir leben, vorangehen.
Können uns mithilfe unseres Eigensinns wie der legendäre Baron
Münchhausen selbst aus jedem Sumpf ziehen. Können mithilfe unseres Eigensinns glücklich werden – und damit auch andere Menschen glücklich machen. Können Dinge realisieren, die kein Mensch
– außer uns – für realisierbar gehalten hat. Können dadurch, dass wir
unserem Eigensinn vertrauen, anderen Menschen etwas geben, oft
Liebevolles, Zugewandtes. Können die Unbeirrbarkeit unseres Eigensinns in den Dienst von anderen stellen. Können Kreativität und
Farbe in die Welt bringen. Können uns der Vereinheitlichung – durch
KI oder andere, meist wirtschaftlich getriebene Entwicklungen – entgegenstellen, mit aller Kraft des Menschlichen, des Unperfekten,
Sinnlichen, Zufälligen, Visionären oder einfach dem, was für uns gerade naheliegt. Können mutig Wege gehen, die noch niemand vor
uns gegangen ist – weil sie für uns sinnvoll sind. Und sehr oft werden
uns die weniger mutigen Menschen im Nachhinein recht geben,
manchmal sogar dankbar dafür sein, dass wir getan haben, was andere sich nicht getraut haben.

Von alldem wollte ich erzählen. Es ist für mich gelebter Eigensinn.
Das gute Beispiel. Das ungewöhnliche, das mutige Leben. Die sehr
eigenen Gedanken, die Konsequenzen nach sich ziehen. Die völlig eigene Sicht auf die Welt – und das, was für die oder den Einzelnen
daraus folgt. Reflektiert, aber ohne Zeigefinger, ohne Lehr-Attitude,
immer voll mit gelebter Individualität. Wieder und wieder neu ... Das
noch nicht Geschriebene, das noch nicht Getane, noch nicht Gelebte. Und doch so vertraut, so menschlich – weil Eigensinn immer
schon da war.

Weil Eigensinn einen Anwalt oder eine Anwältin braucht. Die ich sehr gern sein möchte. Getreu den Worten von Hermann Hesse, der sich zeitlebens für den Eigensinn eingesetzt hat: „Meine Dichtungen sind ohne alle Absichten, ohne Tendenzen entstanden. Wenn ich aber nachträglich nach einem gemeinsamen Sinn in ihnen suche, so finde ich allerdings einen solchen [...] eine Verteidigung (zuweilen auch einen Notschrei) der Persönlichkeit, des Individuums [...] Der einzelne, einmalige Mensch mit seinen Erbschaften und Möglichkeiten, seinen Gaben und Neigungen ist ein zartes, gebrechliches Ding, er kann wohl einen Anwalt brauchen."

Ja, das wäre schön. Wir können uns diesen „Anwalt" aber auch selbst stellen: Indem wir unsere Verletzlichkeit ebenso wie unsere Individualität, unser Streben nach Sinn und den Wunsch nach einer Gemeinschaft in gegenseitigem Respekt einfach dem Eigensinn anvertrauen.

Einfach?! Ja. Ich bin überzeugt davon, dass es einfach sein kann – wenn wir uns mal die Zeit nehmen, gründlich darüber nachzudenken. Dann werden wir unseren Weg finden – jede und jeder von uns einen anderen. Auch, wenn wir völlig verschiedene Lebensrealitäten haben. Dennoch kann der Wunsch nach Eigensinn, der Respekt vor jedem eigensinnigen Weg uns vereinen. Wir wissen, was uns wichtig ist, können Haltung zeigen. Und uns in und mit dieser Haltung gegenseitig respektieren.

Hier nun endlich mein Wunsch: Diese Haltung, diese jeweils neuen, unvoreingenommenen, unterschiedlichen Blicke auf die Welt plus das genau darum notwendige, selbstbestimmte Leben – das möge bitte so selbstverständlich werden, dass ich nie mehr erklären muss, was Eigensinn bedeutet, was er beinhaltet, welche Chancen er bereithält – für uns alle ...

Weil wir alle es wissen. Und berücksichtigen.

Literatur, Quellen

Baumgardner, Patricia (und Perls, Fritz) – Das Vermächtnis der Gestalttherapie. Stuttgart, 1990

Bregman, Rutger – Im Grunde gut. Eine neue Geschichte der Menschheit. Hamburg, 2020

Gompertz, Will – Denken wie ein Künstler. Wie Sie Ihr Leben kreativer machen. Köln, 2016

Handke, Peter – Wie ein Letzter, ein Erster. Rede auf Helmut Färber zur Verleihung des Petrarca-Preises 1994, online: https://www.petrarca-preis.de/helmut-faerber (abgerufen am 15.11.2023)

Hüther, Gerald – Rettet den Eigensinn! In: „Wege", Ausgabe 3+4 2020, online https://www.gerald-huether.de/free/Eigensinn_Huether.pdf (abgerufen am 16.11.2023)

Kelly, Ian – Vivienne Westwood. Köln, 2014

Klix, Bettina: Rezension von Helmut Färber: „Arbeit an der Geschichte des Sehens", https://arthist.net/reviews/24663 (abgerufen am 1.9.2023)

Kluge, Alexander – Die Kunst, Unterschiede zu machen. Frankfurt, 2003

Kolberg, Roland – Claus Peymann. Berlin, 2000

König, Gaspard – Das Ende des Individuums – Reise eines Philosophen in die Welt der Künstlichen Intelligenz. Köln, 2021

Ders.: Mit Montaigne auf Reisen – Abenteuer eines Philosophen zu Pferde. Köln, 2022

Minkmar, Nils – Montaignes Katze. Frankfurt/M., 2022

Montaigne, Michel de – Essais. Gesammelte Schriften. Historisch-kritische Ausgabe, herausgegeben von Otto Flake und Wilhelm Weigand, München und Leipzig bei Georg Müller 1908-1915

Perls, Friedrich (Fritz) – Gestalt, Wachstum, Integration. Aufsätze, Vorträge, Therapiesitzungen. Paderborn, 1985

Schwarze, Dirk – Über Jan Hoet in: Kunstforum international 112. Köln, 1991. Und im Documenta-Archiv: https://www.documenta-archiv.de (abgerufen am 21.11.2023)

Storch, Wolfgang (Hrsg.) – Joseph Beuys: Hiermit trete ich aus der Kunst aus – Vorträge, Aufzeichnungen, Gespräche. Hamburg 2021

Stranglers, The – Northwinds. Auf: Aural Sculptures, 1984, Plugshaft Ltd./ EM Musik Co. Ltd

Von Schirach, Ferdinand und Kluge, Alexander – Trotzdem. München, 2020

Zweig, Stefan – Montaigne. Stockholm 1948. Neuausgabe: Göttingen 2019

Die Autorin

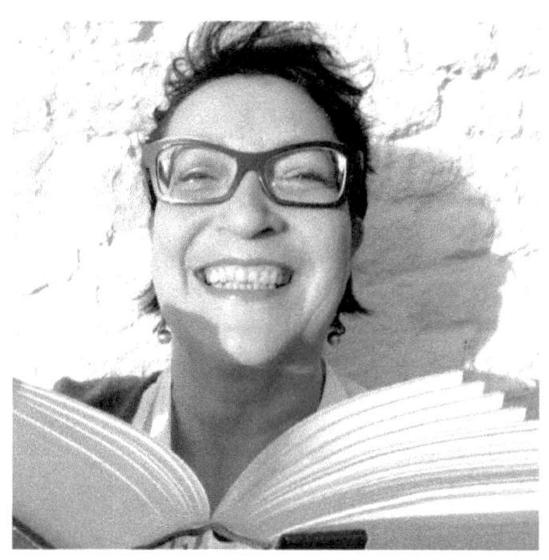

Maria Almana wurde 1960 zu Füßen des Herkules in Kassel geboren, lebt inzwischen mit Mann und Hund an der Mosel und fand immer schon, dass Sprache die aufregendste Heimat der Welt bietet.

Sie ist Magistra Artium der Germanistik, Geschichte und Philosophie, zertifiziert als Schreib- und Systemischer Coach, selbstständig als Texthandwerkerin, Buchhebamme, Lektorin und Schreibcoach.

Sie sagt: „Die Selbstständigkeit ist ganz sicher Teil meines gelebten Eigensinns – seit nunmehr zehn Jahren. Ich lerne jeden Tag etwas Neues dazu. Und alles, was ich gelernt habe, gebe ich jederzeit gern an meine Kundinnen und Kunden weiter."

Kontakt
Die Buchhebamme, www.buchhebamme.de
Mail: maria@buchhebamme.de

Ein weiterer „Heimathafen" online ist die Texthandwerkerin: www.texthandwerkerin.de

Die von mir begleiteten Bücher erscheinen in aller Regel in der **www.edition-texthandwerk.de.**

Und mehr Eigensinn finden Sie genau unter diesem Namen: **www.mehr-eigensinn.de**

Noch mehr Eigensinn

Sie haben hier ja Band drei einer Trilogie in der Hand ... Alle Bücher lassen sich wunderbar im Shop der Autorenwelt bestellen. Es gibt sie als Hardcover oder Taschenbuch. Wer alle auf einen Blick sehen möchte, gibt am besten im Shop der Autorenwelt (https://shop.autorenwelt.de/) meinen Namen ein: Maria Almana. Dann sehen Sie alle Ausgaben.

Sollten Sie lieber bei Amazon, Hugendubel, Thalia oder woanders kaufen wollen: funktioniert dort genauso wie in jeder Buchhandlung bei Ihnen um die Ecke, vor Ort.

Buch 1 „Mein Kompass ist der Eigensinn. Grundlagen, Vorbilder & Nutzen. Ermutigung zum eigensinnigen Schreiben" zeigt vor allem die geisteswissenschaftlichen Grundlagen von Eigensinn und Schreiben:

- Wie lässt sich Eigensinn definieren, wo kommt er in Literatur und Philosophie vor?
- Wie und warum kann er mir beim Schreiben nützlich sein?
- Wie lässt er sich von anderen Begriffen abgrenzen, wie kriegen wir ihn so klar wie möglich zu fassen?
- Wie, beziehungsweise warum können und sollten wir jetzt endlich den ‚schlechten Ruf' des Eigensinns hinter uns lassen?

Da gibt es ebenfalls Helden, Heldinnen und Vorbilder, Hermann Hesse zum Beispiel. Oder René Descartes. Oder Marianne Sägebrecht und Alice B. Toklas. Und viele mehr.

Sie alle zeigen: Als eigensinnig schreibender Mensch bin ich in äußerst guter Gesellschaft. Und: Eigensinn ist keine Modeströmung, es gibt ihn schon sehr lang.

Buch 2: „Wer schreibt, darf eigensinnig sein" Kreativität, Selfpublishing & Eigensinn. Ein Plädoyer, kein Schreibratgeber. Inklusive einer spielerischen Suche nach dem eigenen Schreibtyp

Da steht eigentlich schon alles Wichtige im Titel: Es geht um die praktische Realisierung des Schreibens mit Eigensinn, um Kreativität, aber auch um Selfpublishing.

Im Zentrum steht die Frage: Wie nehme ich die Welt wahr? Ich allen, ganz eigensinnig ... Mit welchen Sinnen, über welche Kanäle, mit welchem Ansatz?

Für all das gibt es in diesem Band jede Menge Praxistipps, Übungen und sehr konkrete Beispiele. Auch die Spiellust kommt nicht zu kurz, denn meiner Ansicht nach ist sie ein wichtiges Instrument der Kreativität.

Natürlich geht es vor allem um das Schreiben, darum habe ich dafür auch eigens einen Selbsttest erfunden: „Welcher Schreibtyp bin ich?" Der zieht sich – augenzwinkernd bis ernst – durch das ganze Buch.

Am Ende wartet eines von zwölf interessanten Tieren als Ergebnis. Keine Löwen oder Skorpione, eher Maulwürfe, Fledermäuse, Eichhörnchen, Fohlen oder Katzen ...

Danksagung

Es ist mir ein Bedürfnis, mich ein letztes Mal bei all jenen zu bedanken, die mit mir hier über ihren, unseren Eigensinn nachgedacht haben. Ich finde, wir waren ein wunderbares Team! Und wünschte mir, wir hätten alle gemeinsam an einem riesigen Tisch sitzen können, im Sommer, unter Apfel-, Kirsch- und Kastanienbäumen ... Ich hätte euch bewirtet, wir hätten gegessen und getrunken, gelacht, philosophiert, getanzt ... So nehmt bitte jetzt als kleines Trostpflaster dieses Buch!

Zu diesem großen Sommerfest hätte ich in jedem Fall auch meine langjährigen Buchbegleiterinnen eingeladen: Renate, ohne deren kritischen Korrekturblick alle drei Bücher vor Fehlern nur so strotzen würden. Susanne Taggruber, weil ich mich in jedes von ihr gezeichnete Coverbild verliebt habe, immer verliebt bleiben werde. Uschi Ronnenberg, deren grafischer Sachverstand das alles gekonnt in Szene gesetzt hat. Ich würde auch gern Karen Hartig einladen – eine Weile sind wir nebeneinander gegangen, auch in „Sachen Buch". Das war so schön, ich habe es genossen, dann brach es plötzlich ab, ich weiß bis heute nicht, warum.

Bei unserem Sommerfest wird Charlotte uns alle um Essen anbetteln und niemand wird nein sagen können – dieser Hund ist einfach zu niedlich. Mein Mann bekommt das dickste Stück vom Kuchen, den besten Platz am Tisch – und all meine Liebe.

Ich danke euch. Von Herzen.